法治建设与法学理论研究部级科研项目成果

中国少数民族习惯法通论

ZHONGGUO SHAOSHU MINZU
XIGUANFA TONGLUN

吴大华　潘志成　王　飞　著

知识产权出版社

全国百佳图书出版单位

图书在版编目（CIP）数据

中国少数民族习惯法通论／吴大华，潘志成，王飞
著．—北京：知识产权出版社，2014.4
　ISBN 978-7-5130-1175-4

　Ⅰ．①中…　Ⅱ．①吴…　②潘…　③王…　Ⅲ．①少数民
族—习惯法—研究—中国　Ⅳ．① D922.154

　中国版本图书馆 CIP 数据核字（2014）第 080481 号

内容提要

本书作为以少数民族习惯法为对象的系统性研究著作，对我国少数民族习惯法的内涵、表现形式、性质特点、结构功能、发展变迁、遗存状态及未来发展等问题进行了系统性研究。

责任编辑：张筱茶　　　　　　　责任出版：刘译文

中国少数民族习惯法通论

吴大华　潘志成　王　飞　著

出版发行：知识产权出版社有限责任公司	网　　址：http://www.ipph.cn
社　　址：北京市海淀区马甸南村 1 号	邮　　编：100088
责编电话：010-82000860 转 8180	责编邮箱：baina319@163.com
发行电话：010-82000860 转 8101/8102	发行传真：010-82000893/82005070/82000270
印　　刷：北京中献拓方科技发展有限公司	经　　销：各大网上书店、新华书店及相关专业书店
开　　本：700mm×960mm　1/16	印　　张：16
版　　次：2014 年 4 月第 1 版	印　　次：2014 年 4 月第 1 次印刷
字　　数：278 千字	定　　价：56.00 元

ISBN 978-7-5130-1175-4

目录 CONTENTS

前言

　　我国是一个多民族的统一国家，各少数民族在繁衍生息中延续本民族的历史，并在历史延续的过程中形成本民族的习惯法。这种习惯法包括本民族的价值观念、行为方式、礼仪习惯以及各种物质载体和符号系统，这是该民族以社会的方式实现历史形态中的生存和发展所必不可少的价值要素。习惯法是民族历史的精神写照，是民族生命中的智慧之花，是民族生存与发展的内力源泉。

一

　　"习惯法"一词，是近代西方法学、民族学等传入我国后采用的。"习惯法"，英文为 Customary Law，美国的《韦伯斯特词典》（1923 年出版）解释为："习惯法是成立已久的习惯，是不成文法，因公认既久，遂致发生效力。"美国的《牛津词典》（1970 年再版）解释："习惯法是一种已获得法律权力的形成已久的习惯，特别是某一特定地区、贸易、国家等所形成的习惯。"目前我国对习惯法的解释和定义，主要有以下几种：

　　第一种认为，所谓习惯法就是在阶级社会以前，符合社会全体成员的要求，为社会全体成员所"制定"，所认可的一种历史形成的习惯约束力量。它没有用文字规定下来，它是对社会成员一视同仁而没有偏向，

1

它为社会全体成员遵守着[1]。

第二种认为，在原始社会，公共的联系、社会本身、纪律以及劳动规则是靠传统的习惯力量（或称习惯道德规范）来维持的。新中国成立前，西盟佤族的母系氏族早已不存在了，父系氏族也已解体，处于原始社会最后一个公社形态，原始农村公社的发展阶段，亦即从原始社会向阶级社会过渡的阶段。在这一阶段，强迫他人意志服从的暴力的手段是不存在的。佤族社会仍然依靠长期的历史形成的习惯和传统，来调整人们之间的各种关系，维持社会的秩序。佤族没有文字，这些传统习惯和道德规范，没有用文字固定或记录下来，所以也可称为习惯法[2]。

第三种认为，鄂伦春人在长期的原始共产主义生活中，很自然地形成了一整套的传统习惯，也就是我们所说的不成文的习惯法。他们世世代代即依据这些来维持社会秩序和调整社会成员之间的关系[3]。

第四种认为，在原始社会，作为阶级专政暴力工具的国家与法律，在那时是不存在的，也没有凌驾于群众之上的统治者，一切按照传统的、具有普遍约束力的习惯行事，古籍中的许多记载描绘了原始民主制和习俗统治的图景[4]。

第五种认为，在人类历史上，曾长期存在过没有阶级的原始公社社会。那时候，没有国家，也没有法律。但仍然有着一定的社会秩序，人们必须按照一定的规则办事。这些规则就是代表集体意志和集体利益的习惯，也是礼仪和风俗的要求，同时又是宗教的戒条[5]。

第六种认为，习惯法乃是这样一套地方性规范，它在乡民长期的生活与劳作过程中逐渐形成；它被用来分配乡民之间的权利、义务，调整和解决了他们之间的利益冲突，并且主要在一套关系网络中被得以实施[6]。

第七种认为，习惯法是维持和调整某一社会组织或群体及其成员之间关系的习惯约束力量的总和，是由该组织或群体的成员出于维护生产和生活需要而约定俗成，适用一定区域的带有强制性的行为规范[7]。

[1] 云南调查组：《云南西盟佤族的社会经济情况和社会主义改造中的一些问题》，载《民族研究工作的跃进》，科学出版社1958年版，第163页。

[2] 田继周，罗之基：《西盟佤族社会形态》，云南人民出版社1980年版，第98—99页。

[3] 张晋藩等：《中国法制史》第一卷，中国人民大学出版社1981年版，第16页。

[4] 秋浦：《鄂伦春社会的发展》，上海人民出版社1978年版，第202页。

[5] 陈春龙等：《法学通论》，吉林人民出版社1981年版，第16—17页。

[6] 梁治平：《清代习惯法：社会与国家》，中国政法大学出版社2000年版。

[7] 俞荣根：《羌族习惯法》，重庆出版社2001年版。

第八种认为，原始社会就存在法[1]。理由是：（1）法和法律是两个完全不同的概念；法律的产生、发展是一个复杂的孕育、演化过程，不能以国家作为法产生的"分水岭"而进行简单的一刀切。（2）禁忌是原始社会最早的法，法律的源头。（3）习惯是原始社会基本的法，现代法律的前身和萌芽。

上述八种说法的共同点是，习惯法产生于没有阶级的原始社会，是不成文的。分歧是，有的人认为，只有维持社会秩序和调整社会成员之间关系的习惯约束力量，才能称为习惯法；另一些人认为，凡原始社会的习惯、传统习惯或道德规范，都可以称为习惯法。这就产生习惯与习惯法是否一样，是否可以当一个词或一回事来使用、处理的问题。由于习惯与习惯法的界限不清，甚至混淆在一起，因此，在一些少数民族的论著、调查报告中，往往把氏族的名称、禁忌等当成习惯法或法规来处理。我们认为，习惯与习惯法是不一样的。古代"法"字的含义是定罪判刑的准绳。习惯或风俗习惯包括的范围很广，有衣、食、住、行、婚姻、丧葬、节日和禁忌等。但衣、食、住、行方面的习惯，并不会妨碍别人的生活，也不会扰乱社会秩序。习惯是本民族全体成员共同自觉遵守的规则。习惯法则是民族内部或民族之间为了维护社会秩序，调整、处理人们的相互关系，由社会成员共同确认的，适用于一定区域的行为规范，它的实质是惩处破坏社会秩序的法则。显然，习惯和习惯法是不相同的。我们所理解的习惯法是相对于国家制定法而言的，依靠某种社会组织、社会权威而实施的具有一定强制性的行为规范。这种理解在一定情况下可以与"民间法"、[2]"固有法"[3]和"原始法"[4]在同一意义上使用的。它是独立于国家制定法以外的，依据特定社会组织和权威，以习惯权力和习惯义务为内容的，具有一定强制性、惩罚性的行为规范的总称。[5]少数民族习惯法的形成原因既有自然地理、生活环境、经济状况和风俗习惯的因素，也有文化发展、历史传统不同的因素。[6]习惯法作为国家制定法的另一端，弥补了国家法留下的空隙，对于少数民族地区秩序的维持起到了重要作用。

---

[1] 田成有：《原始法探析——从禁忌、习惯到法起源的运动》，载《法学研究》，1994 年第 4 期。

[2] 苏力：《法治及其本土资源》，中国政法大学出版社 1996 年版，第 61—66 页；张晓辉等：《云南少数民族民间法在现代社会中的变迁与作用》，载《跨世纪的思考——民族调查专题研究》，云南大学出版社 2001 年版，第 161 页。

[3] 周勇：《法律民族志的方法和问题》，载《人类学与西南民族》，云南大学出版社 1998 年版。

[4] 田成有：《原始法探析——从禁忌、习惯到法起源的运动》，载《法学研究》1994 年第 6 期。

[5] 吴大华：《民族法学前沿问题研究》，法律出版社 2010 年版，第 105—106 页。

[6] 高其才：《中国少数民族习惯法研究》，清华大学出版社 2003 年版，第 12 页。

二

本课题以我国少数民族习惯法为基本研究对象，运用法社会学、法人类学的视角与理论，深入考察我国少数民族习惯法的内涵、表现形式、性质特点、结构功能、发展变迁、遗存状态及未来发展等问题，需要综合运用法学、历史学、民族学、人类学和文化学等多学科的研究方法。

早期少数民族习惯法研究多采取制作法律民族志的方法，列举一种理性规范的方式，将少数民族习惯法按照现代法律制度体系归类，试图描画出特定人群或社会的法律制度。但是，它的缺陷是理想的规则极易成为假象的规则，容易受外在假象的蒙蔽而不能发现真实情况，它抹杀了被研究民族内部不同群体不同历史阶段的习惯法之间的差异，也难以显示出习惯法存在的层次性。并且，这种方式的记录，对于一个族群的法的生活，实在是遗漏得太多而涵盖得太少。因此，到了 20 世纪 70 年代，西方的法人类学家逐渐抛弃了这种法理学式的寻找规则的研究模式，转向了对与纠纷相关联的行为的描述和分析[1]，亦即从"以规则为中心的研究范式"转向了"以过程为中心的范式"。由此，西方的法人类学家对于什么是构成"法律"现象的可能内容采取了比较宽泛的视角，并将冲突的问题当成社会生活固有的本土特征，因而也是出现在整体社会文化背景之下的现象。近年来，以"规则"为中心的研究者更加稀少，大多数的法人类学家把法律的研究放置在纠纷解决的场景下分析。应该说，这种转变当是现代法人类学的一个飞跃。[2]

不过，尽管笔者也赞同这种"以过程为中心"的研究范式较"以规则为中心"的研究范式更能揭示不发达社会中"法律"的一般特质，但我们绝不能忽略西方法人类学的发展与社会需要之间的联系。西方法人类学的兴起，本就是与西方国家的殖民地治理有着莫大的关系。"以规则为中心"的研究范式，重在描述初民社会（即西方的殖民地）的法律，法人类学家通过这种研究，试图使殖民地的官员相信，殖民地的民众有他们自己的规则。即使相对于西方国家发达的法律制度来说，这些非西方的法律在进化的阶梯中尚处于低级阶段，也应该受到这些殖民地官员的尊重。而"以规则为中心"研究范式的衰弱则在一定程度上是因为"二战"

---

[1] Laura Nader and Harry F. Todd. The Disputing Process: Law in Ten Societies. New York, 1978.

[2] 赵旭东：《秩序、过程与文化——西方法律人类学的发展及其问题》，载《环球法律评论》2005 年第 5 期。

后的去殖民化。在有这样一个基本认识之后，研究者应对当前我国少数民族习惯法研究任务有一定的清醒意识。我国各少数民族在中华法系的产生与发展过程中都作出过重要的贡献，其习惯法是中华民族传统法文化宝库中的重要组成部分。近代以来，我们一直在学习西法、移植西法，这种以西方法律为体现的现代法文化与我国各民族的传统习惯法（包括汉族）之间的冲突及其调适应当是法学研究领域中一个不可忽视的部分。本课题所要研究的少数民族习惯法，不仅是历史的法，而且在一定程度上也是现实的法，在民族社会依然起着解决纠纷、维护乡土社会秩序的作用。因此，在我国民族地区的法制建设和现代化进程中，需要特别注意其特殊性，这是实现中国各民族共同繁荣和建设多民族国家法制文明的重要内容。[1] 就这个意义而言，我国目前的少数民族习惯法研究正面临着"二战"前西方法人类学相同的境遇，也即同样面临着异文化下的法律移植与传统习惯法的冲突问题。此外，虽然纠纷更能凸显规则的意义，但纠纷在日常生活中所占的比例毕竟是很小的。少数民族习惯法存在于人们的日常生活实践中，并非只有在纠纷出现时才会有运用规则的必要性。因此，上海大学的人类学学者张佩国教授提出不应只盯着纷争不放，而要去追寻"个体和群体是如何利用法律资源来达到他们的目的的"，"纠纷"只不过是对其进行解释的一个素材而已。[2] 有鉴于此，"以规则为中心"的研究范式在当前不仅是可能的，同时也是必需的[3]。

　　当然，除规则研究、纠纷研究之外，还应指出的是，对少数民族习惯法的研究应当秉持"法律多元"的立场和"文化相对主义"的观点。之所以在对待少数民族习惯法的问题上会产生这样或那样的错误认识，根本原因在于我们是站在文化他者的立场上看待少数民族习惯法的发展，我们认可或否认的都是习惯法对他者的价值；至于少数民族社会群体自身的需要和感受，我们则很少去触及。文化人类学中以博厄斯为代表的美国历史学派主张放弃欧洲中心主义，持一种价值取向上的"多元立场"，主张种族平等并提出文化相对主义思想，认为每一种文化

---

[1]　马克林：《回族传统法文化研究》，中国社会科学出版社 2006 年版，第 308 页。

[2]　详见张佩国：《民间法秩序的法人类学解读》，载《开放时代》2008 年第 2 期。

[3]　还应指出的是，我国西南地区的民族社会与西方法人类学家笔触下的太平洋岛民或是非洲部落此类没有中心化国家（centralized state）的社会显然是有着本质区别的。明清以来，特别是清朝改土归流之后，我国西南民族社会始终是处于中央王朝的统辖之下的。虽然源于中央王朝因俗而治的政策，西南民族地区保持了较大的自我运行空间，但是如纳税、财产、犯罪等内容，因直接关系到国家的治理、社会的秩序，也是国家法律始终予以规范的，不可能对少数民族地区毫无影响。对于这一点，研究者不应视而不见。

都有其独创性和充分的价值，每一种文化都有自己的价值标准，一切文化的价值都是相对的，"只有在每种文化自身的基础上能深入每种文化，只有深入研究每个民族的思想，并把在人类各个部分发现的文化价值列入我们总的客观研究的范围，客观的、严格科学的研究才有可能"。因此，在本课题的研究中，笔者尽量尊重文化主体者自身的愿望，从文化主体自身的需要出发来探讨少数民族习惯法的现代发展，而不是简单地将自己的想法强加给习惯法的主体，以自己的需要代替他人的需要。

本课题的研究内容分为三个部分，即"上篇 中国少数民族习惯法总论"、"中篇 中国少数民族习惯法分论"和"下篇 中国少数民族习惯法的未来发展"。

上篇主要研究少数民族习惯法的内涵、表现形式、性质特点和结构功能等内容。

作为一项对少数民族习惯法的全面系统研究，本课题首先对少数民族习惯法的研究现状进行了回顾。进入20世纪80年代以来，少数民族习惯法展示了一个全新的学术视野，同时也提供了一套全新的研究方法，学者在这一研究领域取得了丰硕的成果。当然，不足与问题也是明显的，习惯法研究的扩展和深入，必须处理好以下三个问题：理论上需要不断突破与创新，需要有多样化的研究方法，必须突出习惯法研究的现实价值。此外，国外学者尤其是日本和欧美学者也长期关注我国的少数民族习惯法。特别是改革开放以后，国外学者具有了较多的实地考察中国少数民族社会的机会，陆续到我国少数民族地区进行参观、访问和田野考察，撰写了不少研究中国少数民族社会生活、风俗习惯等方面的论著，取得了丰硕的研究成果。

中国是一个统一的多民族国家，各民族在长期的历史发展过程中，通过彼此接触而混杂、联结和融合，形成了一个"你来我去、我来你去、我中有你、你中有我，而又各具个性的多元一体"[1]，共同创造、促进和发展了长达数千年的中华法制文明。我国少数民族的习惯法是中华法制文明的重要内容之一，它根源于各少数民族在长期的生产和生活实践中对自然及社会的认识和理解，是千百年来一代又一代的人不断总结、积累、继承、创新的历史写照。其在维护民族地区的社会治安、保障社区民众的生命财产安全、维持日常生活和劳动生产的正常进行等方面起过诸多积极作用。即使是在今天，习惯法在少数民族的社会生活中仍然具

---

[1] 费孝通：《中华民族多元一体格局》（修订本），中央民族大学出版社1999年版，第3页。

有举足轻重的地位，特别是在涉及司法实践方面更是发挥着重要的影响。

中篇是对少数民族习惯法具体内容的研究。

过去，学者们研究少数民族习惯法时，往往下意识地按现代法制的主要部门把习惯法划分为民事法、刑事法乃至程序法等。事实上，西方人类学家早就意识到这一分类的错误之处，指出这种分类方法并非研究对象的"本原"状态。在本课题的研究中，我们将尽量避免采用现代法律的解释体系，而是根据少数民族法律生活的不同领域将习惯法分为社会组织习惯法（包括家族、氏族和部落组织的习惯法，以及村寨和区域社会组织的习惯法）、社会治安习惯法（包括维护社会公共秩序的习惯法及维护地方经济秩序的习惯法两部分）、婚姻家庭习惯法（包括婚姻缔结习惯法、再嫁及离婚习惯法、婚姻纠纷的处理以及家庭习惯法等内容）、财产习惯法（包括土地习惯法、财产权利变动习惯法及财产继承习惯法）以及纠纷解决习惯法这五个部分，通过对这五个部分习惯法规则的描述及探讨，来了解我国少数民族习惯法的内容。当然，在这里需要指出的是，我国各少数民族经济和社会发展极不平衡，加之其所处之地理环境又极不相同，故其习惯法的内容繁杂，形式多样，虽然具有一定的共性和普适性，但其内容上的差异性和特殊性却也极为明显。即使是在同一民族内部，因其居处不同或经济条件不同，其习惯法亦有一定程度的差异。因此，在对这一部分的研究中，我们在突出少数民族习惯法共性的同时，也需兼顾不同民族在习惯法具体内容上的差异，力图避免以偏概全。

下篇是对少数民族习惯法发展变迁、遗存状态及未来发展等问题的探讨。

作为一项立足解决现实问题的研究，本课题对少数民族习惯法的现状及今后的发展问题更为关注。近代以来，中国社会发生巨大变化，传统的社会结构格局出现一定程度的变动。少数民族习惯法受国家统一法制和现代法文化的双重冲击，无论形式还是内容均发生了深刻的变化。在今天的少数民族地区，国家统一法律制度史无前例地深入少数民族社会中，虽然这在法律的形式意义上构筑了一个简单的"一元"状态，但是随着习惯法的复兴，在今天的少数民族社会，尤其是边远的少数民族乡村，实质上存在两套不同的社会控制机制。一是由国家统一法制和民族区域自治法规维系的现代法理机制，一是由乡土村落维持的传统的补救型、自治型的习惯机制。也就是说，在法律的运行和功能发挥层面上，导致了法律多元状况，也使得以国家法律为体现的现代法律与少数民族的传统习惯法陷入一种紧张和尴尬的两难境地。

在这种情形下，我国少数民族的传统习惯法亦受到了严重冲击。新中国成立以后，国家和执政党的权力不仅深入社会基层，而且扩展到乡土社会的各个领域，这不能不对延续了上千年的少数民族传统习惯法产生深刻的影响。同时，少数民族习惯法作为一种传统法文化，其在现代社会中失去了合理、良性生存与发展的土壤，其消极因素自然也随之暴露无遗，使少数民族习惯法在当代的发展遭遇了极大的困境。

如何在现代法治建设的背景下，创新和发展少数民族的习惯法，这是本课题研究的核心内容。这一问题的实质在于：在我国建立现代法治秩序的过程中，如何充分整合国家法律与少数民族习惯法的合理因素，协调处理好两者的关系。文化载体的多样性和各自所处的具体历史条件的多样性，决定了各民族社会基本形态及其所采取的具体社会制度的多样性。现代法治文明和少数民族习惯法完全可以而且必须结合成既一体又多元的文化复合体，共同为少数民族地区的经济发展和社会进步服务。具体而言，本课题从两个方面来探讨现代法治建设背景下少数民族传统法的文化创新和发展问题。

其一，我国各少数民族有着不尽相同的文化、经济和社会基础，因此在现代化进程中，必须认真对待各少数民族传统法文化的特殊性。社会是由多种规范机制共同控制的复杂系统，这些规范机制的功能经常是互相交叉渗透、共同协同作用的。而多种社会规范机制的存在根源，恰在于人们向社会提出的管理模式的不同需求。少数民族的传统法文化作为一种久经历史检验、行之有效的文化遗产，经过扬弃是能够而且应该与国家制定法整合起来，为当代法治建设以及少数民族经济社会健康发展服务的，我国法治建设应当充分吸收和借鉴各少数民族传统法文化的优秀成果。

其二，少数民族的传统法文化在当代社会如何发展，这无疑是值得我们关注的话题。放眼世界，不同文化形态相互渗透、交融，预示人类文化将在一个新的层面超越当前所面临的分裂和冲突，一次空前的文化整合呼之欲出。今日的少数民族社会也不例外，随着封闭状态的终结，民族社会与外界的联系日益密切，其社会成员的价值观、文化观正在不断地发生着新的变革。这一方面对民族文化包括法文化的发展构成了强大的压力，另一方面也为其发展提供了难得的机遇。因为它开拓了人们的文化视野，能够用一种全新的目光环顾世界，审视自身的民族文化。并且通过比较，加深了对本民族文化的认识，以便采取相应对策推进民族文化的发展。各少数民族的法文化这一大趋势中必须适应国家统一法制和商品经济、民主政治等新的因素，不断作出自我调整，从而在民族社会的变革中发挥积极作用。

三

在今天，我国各少数民族的习惯法虽然已经发生了急遽的变化，但作为少数民族独特历史在民族心理上的积淀，作为少数民族习惯法孕育的产物，其在少数民族社会中将长期存在，其发挥的作用和影响也是不容忽视的，关注少数民族传统文化的发展就显得特别重要，有着非同一般的意义。

首先，对少数民族习惯法的研究有助于弘扬少数民族的优秀传统文化。党的"十八"大提出要建设优秀传统文化传承体系，弘扬中华优秀传统文化。习近平总书记在 2013 年全国宣传思想工作会议上指出，中华优秀传统文化是中华民族的突出优势，是中华民族自强不息、团结奋进的重要精神支撑，是我们最深厚的文化软实力。我国各少数民族的习惯法及其相应的法文化是中华民族传统文化不可分割的重要组成部分，这就要求必须充分尊重和保护少数民族的非物质文化遗产，尊重其精神智慧和创造，推动民族文化的创新和发展。具体在法文化领域，允许习惯法的存在和发展、保障多元法文化的和谐发展又是构建和谐社会战略思想的题中应有之义。传统并不都是应被抛弃的历史包袱，也包含适用于现代和未来的合理成分，现代化离不开传统的肥沃土壤。少数民族的习惯法作为一种久经历史检验、行之有效的文化遗产，在少数民族和谐社会的构建中仍然具有直接经验、智慧借鉴作用。我国少数民族的习惯法内容博大精深，包含着丰富的历史智慧和时代精神，尤其是各个少数民族由于处于特殊的历史和自然环境之中，他们的习惯法中蕴含着丰富的智慧、情感和精神，例如少数民族习惯法中普遍蕴含着的尊重个体与集体意识并重，崇尚尊老爱幼，邻里守望互助，朴素的社会公平、公正的思想，以及保护生态环境，强调人与自然的和谐相处等。这些观念不仅存活于少数民族成员的观念、情感、习惯和行为中，而且对少数民族社会的变迁发挥着独特作用，是构建少数民族和谐社会所必须充分利用的宝贵精神资源。同时，我们还应注意到，民族地区和谐社会的构建也为少数民族习惯法的发展提供了一个新的平台和新的机遇，它要求我们用全新的目光来审视习惯法，甄别和利用其中的优秀人文资源，并赋予它当代价值。

其次，研究少数民族的习惯法有助于少数民族地区的民主法制建设。民族地区的民主法制建设是我国依法治国、建设社会主义法治国家的重要组成部分，也是少数民族地区实现经济、社会全面快速发展的重要保障。少数民族地区的民主法制建设与其他地区相比，有着一定的特殊性。我国是一个多民族的统一国家，各少数民族处在不同的社会、经济、文化的发展阶段。根据我国宪法第 4 条的规定："中华人民共和国各民族一律平等。国家保障各少数民族的合法的权力和利益，维护和发展各民族的平等、团结、互助关系。禁止对任何民族的歧视和压迫，禁止破坏民族团结和制造民族分裂的行为。各少数民族聚居的地方实行区域自治，设立自治机关，行使自治权。各民族自治地方都是中华人民共和国不可分离的部分。各民族都有使用和发展自己的语言文字的自由，都有保持或者改革自己的风俗习惯的自由。"宪法的这一条款是我国少数民族地区民主法制建设的基本原则。依法合理保障各少数民族的习惯法特色，赋予少数民族习惯法发展创新的自主性，这是我国宪法赋予的合法权利，也是我国民族区域自治法律制度的逻辑基础和实践目标之一。

少数民族的习惯法如何与国家统一法制相融合，与现代法治文明相适应，可以说是少数民族地区民主法制建设最为重要的课题之一。我国少数民族多处于边远山区、经济欠发达地区，国家统一法律在这些地区的推行和统一适用过程中，由于地理环境、交通和文化传播方式等因素，其社会调控功能很难触及上述地区尤其是民族乡村社会的山隅角落。这里的人们或多或少依然生活在祖辈形成的民情土俗中，习惯于以传统的方式解决内部纠纷，缺乏国家法律为之提供权利保护的情感体验，习惯法在一定程度上仍影响着少数民族群众的法律生活。这种影响，甚至对国家司法权构成了某种威胁。如青藏高原上的牧民仍以传统的赔命价、赔血价私了杀人案、伤害案，西南地区边远民族村寨普遍存在国家法和民族习惯法对犯罪人重复制裁，凡此种种，造成了民族地区习惯法与国家法治建设二者间的冲突与紧张。一方面，法制统一的原则意味着国家法律的普遍性和排他性；另一方面，少数民族习惯法是少数民族独特历史在民族心理上的积淀，一定时期内将长期存在，从而造成了传统与现代二元结构的冲突和矛盾。这种情况，要伴随着现代化的进程经过文化整合，才能逐步解决。否则，将会对法律秩序产生较大的冲击和影响。如何解决少数民族习惯法的现代发展问题，使其与国家统一法制相融合、与现代法治文明相适应，这是关系到少数民族地区民主法治建设进程和我国民族区域自治制度实施的重大课题，也是少数民族习惯法研究责无旁贷的学术使命。

本课题作为一项以少数民族习惯法为对象的系统研究，虽对我国少数民族习惯法的内涵、表现形式、性质特点、结构功能、发展变迁、遗存状态及未来发展等问题进行了系统研究，但笔者学识浅薄，而各少数民族"大杂居、小聚居"，习惯法之内容又博大精深，故本课题之研究只是一个初步的尝试，不足之处尚有很多。进入 21 世纪以来，人们已普遍认识到挖掘、抢救、保护和利用少数民族传统文化的必要性和迫切性，各地开展了声势浩大、形式多样并且卓有成效的少数民族传统文化保护工作。但是在这种保护运动中，主要是对少数民族传统文学艺术、民俗风物和宗教信仰的保护，而少数民族习惯法虽然是少数民族传统文化的重要内容，但受种种因素的影响，却往往成为文化保护中最容易被人们忽略的一个内容。但正如笔者所指出的那样，对少数民族习惯法的研究有着非同一般的意义，对少数民族习惯法的研究不仅是非常必要的，而且是极具研究空间的一项课题，希望能有更多的学者关注这一领域的研究，共同为少数民族传统文化的保护和民族地区的法制建设及和谐社会构建作出应有的贡献。

上　篇

中国少数民族习惯法总论

少数民族习惯法研究概况

第一节 国内研究概况

进入 20 世纪 80 年代以来，少数民族习惯法逐渐成为学术研究的热点领域之一。无论是法理学、法律史学还是部门法学，甚至是人类学、民族学研究，都对少数民族习惯法表现出越来越浓厚的兴趣。就法学领域的研究而言，少数民族习惯法展示了一个全新的学术视野，同时也提供了一套全新的研究方法，学者在这一研究领域取得了丰硕的成果。本章将对我国少数民族习惯法的研究现状及研究趋势等问题作一论述。

一、研究现状

（一）调查研究不断深入

少数民族习惯法研究在我国最早是在人类学、民族学领域展开的。早在 1927 年，蔡元培任中央研究院院长之初，即开始筹划建立社会科学研究所民族学组，1928 年亲自担任民族学组主任兼研究员。在他的领导下，民族学组的研究人员有计划有组织地分赴我国广西凌云、台湾、松花江下游、湘西、浙江、云

南等地分别开展对瑶族、高山族、赫哲族、苗族和畲族等民族的田野调查工作，为以后的调查提供了宝贵经验，形成了以田野调查为基础的研究程序和规范，实现了与现代世界民族学学科的直接对接和学术意义上的沟通。此后，国民党政府蒙藏委员会组织的边事研究和共产党在陕甘宁边区对蒙古族和回族的调查，对少数民族的习惯法也有涉及。

新中国成立初期，面对异常复杂的民族问题，1956年春，由全国人大民族事务委员会领导、国家民委协助，全国抽调200多人，开展少数民族社会历史大调查；1958年成立中国社科院民族研究所后，又加强了调查力量；整个调查工作于1964年终止，历时8年。这次调查专门进行了少数民族社会组织、政治制度调查，甚至进行了专门的民族固有法记录。1980年后，各省又陆续进行了第二次调查。这两次民族调查规模巨大、报告详尽，是我们今天研究民族习惯法必不可缺的宝贵资料。另外，一些史学、法史学和民族学的著作也涉及民族习惯法。

民族习惯法研究真正进入法学领域是在20多年前。进入20世纪90年代，西方后现代法学思潮逐渐被引介到中国，这种思潮认为存在着多种可供选择和互不相同的概念体系或假设体系，在各自体系里都可以解释世界，因为不存在权威性的客观的选择方法；它主张视角的多元性、多面化，倡导一种多元主义的方法论，允许各种法律理解的存在。受此影响，矢志于少数民族习惯法、民间法调查研究的学者和学术群体日渐增多。20世纪80年代中期，西南政法大学的杨杯英教授、黄名述教授等人著有《滇西南边疆少数民族婚姻家庭制度与法的研究》（法律出版社1988年版）、《凉山奴隶制习惯法研究》（四川民族出版社1994年版）、广西民族大学范宏贵教授的《少数民族习惯法》（吉林教育出版社1990年版）等研究少数民族习惯法的著作。此后，关注这一领域的学者越来越多，近20年来在调查与研究方面超过了以往任何时候，如中国政法大学的刘广安教授深入四川凉山彝族聚居地区开展习惯法的田野调查；北京大学、中央民族大学人类学者亦对凉山彝族习惯法的调查和研究；云南大学张晓辉教授、徐中起教授和方慧教授等人对云南少数民族习惯法的调查研究；青海、甘肃等省的法律工作者对藏族习惯法的调查和研究；贵州民族大学的吴大华教授、徐晓光教授和邹渊教授等学者对贵州苗侗等少数民族习惯法的研究；中央民族大学苏钦对满蒙等族习惯法的研究等。2002年由云南省委政法委牵头，中国政法大学张晋藩教授任主编的《中国少数民族法制通史》研讨会在昆明召开，这是一次很重要的会议，它几乎聚集了全国55个少数民族习惯法研究者，大家畅所欲言，不仅认识到该领域研究的重要性，而且更重要的是对怎样深入研究进行了探讨。这次会议带动了更多的学者关注和从事民族习惯法的调查与研究工作，调查与研究的面涉及每一个民族，甚至还包括没被确定民族身份的苦聪人、莽人的习惯法、习俗的调查与研究。

学者们在调查和研究的基础上著述颇丰，主要的著作包括清华大学高其才教授的《中国习惯法论》（湖南出版社 1992 年版）、《中国少数民族习惯法研究》（清华大学出版社 2003 年版）、《瑶族习惯法》（清华大学出版社 2008 年版）、《当代中国婚姻家庭习惯法》（法律出版社 2012 年版）、《当代中国民事习惯法》（法律出版社 2011 年版）、《当代中国少数民族习惯法》（法律出版社 2011 年版）；梁治平先生的《清代习惯法：社会与国家》；中国社会科学院张冠梓教授《论法的生长——来自中国南方山地法律民族志的论释》（社会科学文献出版社 2000 年版）；云南大学徐中起教授、张晓辉教授等人的《少数民族习惯法》（云南大学出版社 1998 年版）；西南政法大学陈金全教授的《西南少数民族习惯法研究》（法律出版社 2008 年版）、《凉山彝族习惯法田野调查报告》（人民出版社 2008 年版）、《彝族、仫佬族、毛南族习惯法研究》（贵州民族出版社 2008 年版）；俞荣根教授的《羌族习惯法》（重庆出版社 2000 年版）；龙大轩教授的《乡土秩序与民间法律——羌族习惯法探析》（香港华夏文化艺术出版社 2001 年版）；王学辉教授的《从禁忌习惯到法起源运动》（法律出版社 1998 年版）等；贵州学者吴大华教授的《侗族习惯法研究》（北京大学出版社 2012 年版）、《民族法律文化散论》（民族出版社 2001 年版）、《民族法学前沿问题研究》（法律出版社 2010 年版）；徐晓光教授的《法律多元视角下的苗族习惯法与国家法》（贵州民族出版社 2006 年版）、《苗族习惯法的遗留、传承及其现代转型研究》（贵州人民出版社 2005 年版）、《原生的法：黔东南苗族侗族地区的法人类学调查》（中国政法大学出版社 2010 年版）、《款约法——黔东南侗族习惯法的历史人类学考察》（厦门大学出版社 2012 年版）；徐晓光、吴大华教授等人的《苗族习惯法研究》（香港华夏文化艺术出版社 2000 年版）；周相卿教授的《黔东南雷山县三村苗族习惯法研究》（贵州人民出版社 2007 年版）、《台江县五个苗族自然寨习惯法调查与研究》（贵州人民出版社 2009 年版）、《者述村布依族习惯法研究》（民族出版社 2011 年版）、《黔东南台江县阳芳寨苗族文化调查与研究》（民族出版社 2012 年版）；中国政法大学李鸣教授的《碉楼与议话坪》（中国法制出版社 2008 年版）；张济民的《藏族部落习惯法研究丛书》（青海人民出版社 2003 年版）、《青海藏族部落习惯法资料集》（青海人民出版社 1995 年版）；周世中的《广西瑶族习惯法和瑶族聚居地

和谐社会的建设》（广西师范大学出版社 2013 年版）、《西南少数民族民间法的变迁与现实作用——黔桂瑶族、侗族、苗族民间法为例》（法律出版社 2010 年版）；冉春桃、蓝寿荣的《土家族习惯法研究》（民族出版社 2003 年版）；吕志祥的《藏族习惯法：传统与转型》（民族出版社 2007 年版）、《藏区生态法研究——从藏族传统生态文明的视角》（中央民族大学出版社 2013 年版）、《藏族习惯法与其转型研究》（中央民族大学出版社 2014 年版）；杨经德的《回族伊斯兰习惯法研究》（宁夏人民出版社 2006 年版）；杜宇的《重拾一种被放逐的知识传统——刑法视域中的"习惯法"的初步考察》（北京大学出版社 2005 年版）；陈秋云等人的《黎族传统社会习惯法研究》（法律出版社 2011 年版）；韩立收的《查禁与"除禁"：黎族"禁"习惯法研究》（上海大学出版社 2012 年版）等。

自 20 世纪 80 年代法学界陆续开展少数民族习惯法的研究以来，我国少数民族习惯法研究的队伍不断扩大，学术阵地不断增多，这是该领域学术建设基础性的环节，更是今后学术发展的有力保障。中央民族大学、云南大学、西南政法大学、兰州大学、西南民族大学、中南民族大学和贵州民族大学等高校在博硕士研究生学位教育中设置了少数民族习惯法的有关研究方向，并且培养了一大批少数民族习惯法的研究人才，这也是未来该领域深入发展的基础条件。中国法学会 1991 年组建了民族法学研究会，四川、贵州等省的法学研究会也相继成立了省级民族法学研究会。中国法律史学会也在 1992 年成立了民族法文化分会，这是法律史学会下设的以少数民族习惯法为重点研究对象的专业分会机构。中国人类学民族学研究会法律人类学专业委员会于 2010 年成立，并举办了三届"法律人类学高级论坛"。此外，谢晖教授、陈金钊教授创办了《民间法》年刊，中国民族法学研究会创办了《民族法学评论》年刊，中国人类学民族学研究会法律人类学专业委员会创办了《法律人类学论丛》年刊，汇集了该领域重要的前沿成果，也为民族习惯法的研究提供了平台和思想理论资源。

（二）研究方法多元化、合理化

新中国成立之初，我国政治法律领域的一切实务和思想皆以马克思主义为指导，阶级性无疑是马克思主义特别是苏联的理论关于法的本质的基本认识。特别是在苏联关于法的阶级性理论传入我国，给新中国的法制建设和法学研究涂上了浓厚的阶级性色彩。长期以来，法学界对少数民族习惯法的研究一直受到这种阶级斗争法学的影响，研究者往往夸大习惯法的阶级性，强调其阶级剥削的本质。

例如，过去研究凉山彝族的学者强调夸大其习惯法的奴隶制阶级性，认为其习惯法是新兴奴隶主阶级为了镇压奴隶的反抗、维护本阶级的统治而制定的新的社会规范，是奴隶主阶级实行阶级统治的工具[1]。

实质上，习惯法在原始氏族时代是没有阶级性的，但随着阶级社会的出现，作为调整社会关系的规范，自然就要被统治阶级利用，习惯法必然要表现出相应的阶级性。例如凉山彝族习惯法宣扬的"豹子天生吃羊子，老鹰天生吃小鸡，没有主子的人，在世界上是没有的"，"人分三个等级，竹有三个节巴"，"兹下为百姓，父下为子，奴上是主子，妇上是丈夫"。这是为奴隶主统治的天然合理性作证明，维护作为凉山奴隶制社会基础的家支组织。但是，存在于阶级社会的民族习惯法同时又具有广泛的超国家的社会性，它有很多的内容是从原始社会承接下来的，符合全体社会成员利益，也不损害统治阶级利益。还有一些内容本身就没有阶级性，或阶级性不明显，如保护自然资源和自然环境、维护生产生活秩序和市场贸易规则等。清代中期，广西大瑶山甚至发生过村民依据习惯法处死 17 个头人的案例，因为这 17 个头人强奸妇女、杀别人的牛、乱罚款、胡作非为。[2] 彝族谚语讲："族内语言如雷轰"，意思是说家支不论贫富贵贱，法律的执行效力是平等的。大凉山流传的"痴呆与德古同条命"的佳话也印证了这种平等性和社会性。[3] 但直到目前为止，我们在对部分少数民族习惯法的研究中，某些学者在一定程度上仍停留在阶级分析的水平上，缺乏深入研究习惯法的社会性和平等性。

"文化大革命"结束以后，我国法学理论和实务界开始反思和质疑苏联的法学理论，特别是在 20 世纪 80 年代中后期，法学界对法的本质属性重新进行思考，开始逐步关注法律的社会公共服务职能。思想的解放和法学研究方法的更新，带来了少数民族习惯法研究领域的蓬勃生机。在研究方法上，逐渐趋于多元化、相对合理化的思维方式有利于揭示民族习惯法丰富多彩的内容和社会历史的复杂性。

（三）基本理论上有突破性贡献

过去，我国法学界普遍认为，习惯法是指国家认可和由国家强制力保证实施的习惯，如中国人民大学孙国华教授主编的《法学基础理论》就主张："习惯

---

[1] 杨怀英：《凉山彝族奴隶社会法律制度研究》，四川民族出版社 1994 年版，第 4 页。

[2] 广西壮族自治区编辑组：《广西瑶族社会历史调查》（一），广西民族出版社 1984 年版，第 77 页。

[3] 海乃拉莫：《略论凉山习惯法》，载《彝族文化》2001 年第 1 期，第 93—94 页。

法是经国家认可并赋予国家强制力的完全意义上的法。"《中国大百科全书卷·习惯法》也持这样的观点，这是一种受到苏联严重影响的传统法律观。实际上，马克思、恩格斯并没有将法与国家必然联系起来，相反，他们从历史事实出发，认为是先有了法，后才产生了政府、国家。恩格斯说："在社会发展某个很早的阶段，产生了这样一种需要：把每天重复着的生产、分配和交换产品的行为用一个共同的规则概括起来，设法使个人有从事生产和交换的一般条件。这个规则首先表现为习惯，后来便成了法律。随着法律的产生，就必然产生出以维护法律为职责的机关——公共权力，即国家。"[1] 显然，恩格斯认为法律产生于国家之前。而且，马克思和恩格斯还通过叙述古希腊雅典和古罗马的历史，说明法律先于国家而产生。我国研究少数民族习惯法的学者通过调查与研究进一步印证了马克思主义经典作家的法律起源论，他们调查和整理的大量的民族志资料表明，处于原始社会末期的各少数民族都有自己的习惯法。云南佤族和景颇族在新中国成立前还处于原始社会末期，但他们已经有了"阿佤里"习惯法和"通德拉"习惯法。贵州的苗族、侗族也有了他们的理词、款等习惯法，瑶族有了石牌习惯法的雏形。即使是刚刚脱离原始生活的苦聪人、莽人，也有了"刻木记事"、"草枝记事"的习惯规则。

因此，民族习惯法研究学者概括了马克思主义经典作家的观点和大量民族志、地方志资料以及田野调查提供的事实，提出了与传统不同的对法、习惯法的认识。认为法律的存在不一定以国家产生为前提，只要有某种实施物质强制的权力人或权力团体即可，这种权力来源于社会公众的授予。赞成这种观点，会使我们关于"法"的思维空间陡然变得开阔。法人类学、法社会学和法文化学等新兴学科的诞生和发展，使法学研究的视角得以拓宽，习惯法的研究已不再是空穴来风。而对习惯法的认识，学者们至今未形成统一的权威定义。许多研究者还借助于西方文学人类学、法律人类学的方法阐释民族习惯法。梁治平研究员就认为："习惯乃是这样一套地方性规范，它在乡民长期的生活与劳作过程中逐渐形成；它被用来分配乡民之间的权利、义务，调整和解决他们之间的利益冲突，并且主要在一套关系网络中被得以实施。"[2]

美国法人类学者霍贝尔在他的名著《原始人的法》一书中指出："在任何社会里，无论是原始社会还是文明社会，法律存在的必要条件是社会授权的当权者

---

[1] 《马克思恩格斯选集》，第 2 卷，第 238—239 页。
[2] 梁治平：《清代习惯法：社会与国家》，中国政法大学出版社 2000 年版。

合法地使用物质强制。"[1] 这就是说，法律的存在不一定以国家的产生为前提，只要有某种能实施物质强制的社会授权的权力或权力机构即可。因此，俞荣根教授认为，照此逻辑，法存在于社会发展的各个阶段，既包括国家认可或由国家制定的各种成文法和非成文法，也包括经过某种社会授权的组织和群体制定的或约定俗成的诸如家规族法、村寨民约、帮约教规和行业规范等，以成文或不成文形式表现出来的法律规范。前者可为制定法，后者多为习惯法。当然，这是一种广义的习惯法定义，而传统的理解则是一种狭义的习惯法。俞荣根教授结合亲身实地考察经验，将习惯法定义为："习惯法是维持和调整某一社会组织或群体及其成员之间关系的习惯约束力量的总和，是由该组织或群体的成员出于维护生产和生活需要而约定俗成，适用一定区域的、带有强制性的行为规范。"[2] 由此可见，对民族习惯法的研究，大大地拓宽了法学研究的视野，丰富了法学研究内容，这不仅促进了民族习惯法本身研究的广度与深度，而且对整个法学理论的建构与发展也起到了推动作用。

总之，20 多年来，无论是对民族习惯法资料的抢救整理，还是对其内容的挖掘、特点分析和价值研究等方面都取得了令人瞩目的成绩。当然，不足与问题也是明显的，比如思想还不够解放，教条主义的思维方式还存在影响，缺乏深入的专题研究，特别是在基本理论方面还很薄弱，一些基本观点尚缺乏法理学的有力支持。研究内容上也普遍存在一些问题：（1）只研究民族习惯法的历史，极少研究民族习惯法的现状；（2）多数研究将习惯法放在一个孤立的民族社会里探讨，但就其他民族文化及国家大一统法文化对民族习惯法发展演变的影响研究不足；（3）局限于法学范畴内研究民族习惯法，缺乏整体思维。

二、研究趋势

由于国家法治建设与民间习惯法的密切关系，而民族习惯法又关乎上亿人口的法律生活与发展，因此，研究少数民族习惯法已引起了学术界愈来愈多的关注。可以预见，少数民族习惯法将成为 21 世纪我国法学研究的一个热点。但是，它的扩展和深入，必须处理好以下几个问题。

---

[1]　［美］霍贝尔：《原始人的法》，严存生译，贵州人民出版社 1992 年版，第 5 页。
[2]　俞荣根：《羌族习惯法》，重庆出版社 2001 年版。

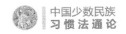
（一）理论的突破与创新

笔者以为，目前我国少数民族习惯法甚至是整个习惯法研究，仍处于混乱的状态，缺乏系统完整的理论支撑，现有的理论"还没有成功地确立起能与国家法理论一较长短的理论基础"[1]，较多的研究成果存在两种较为普遍的理论预设。

第一种理论预设认为，人类社会是不断进步的，并且这种发展是有规律可循的，是一种由低级向高级的进化过程。当代少数民族社会进化的序列，代表了人类社会不同发展阶段及其过渡时期的情况，因此，了解少数民族习惯法可以弥补我们认识的不足。这种理论预设的影响表现在：确定习惯法的历史类型，并以现存少数民族社会的习惯法来推断人类社会法律发展史。有些甚至作为阶级统治的工具，采用阶级分析的方法。近几年来，随着文化模式研究方法的引入，把少数民族存在的多样性的法文化看成是文化选择上的差异造成的，而非社会发展阶段上的差异，很少有学者继续使用这种社会发展阶段论来研究少数民族习惯法，但这种理论预设仍然会不自觉地流露出来。如前不久，一篇以文化人类学方法来讨论习惯法的文章中，有这样的文字："……不仅能认清他们所处的社会历史面貌，有助于阐明人类社会普遍发展演变的客观规律，而且更为重要的在于通过社会科学研究的对比分析，为真正理解和认清这一类型少数民族社会历史的族情提供最生动、最具体的科学依据，以便能为党和政府制定符合这类民族地区社会历史特点的方针政策，能从本民族社会历史特点的实际出发，逐步找到影响和制约该民族社会方针的历史残存的消极因素，早日跻身于社会主义民族大家庭的先进行列。"字里行间，流露出的仍然是那种社会发展阶段的划分思维，这对客观地研究少数民族习惯法是极为不利的。

另一种理论预设是主张社会法律的二元性，认为习惯法是与国家并立的一套法律体系，并以此作为立论的前提，进一步论证其合理性、必然性。这种理论体系的不成熟，已遭到国内外学者的质疑。日本学者寺田浩明指出，将习惯（或民间法）置于与国家法相对的二元理论中进行研究，这种理论的展开和进一步说明相当困难，甚至会让人觉得这种二元法论有时反倒成为深入探讨问题的障碍。[2]

实质上，这两种理论预设均是其他学科领域的"舶来品"，长期以来，我们

[1] 寺田浩明：《超越民间法论》，载谢晖，陈金钊主持：《民间法》第3卷，山东人民出版社2004年版，第1—13页。
[2] 同上。

对少数民族习惯法甚至法学研究多依赖于其他学科领域的理论创新，而本身并不能为学术研究的整体发展贡献力量。

（二）需要有多样化的研究方法

早期的民族习惯法研究多采取制作法律民族志的方法，列举一种理性规范的方式，将少数民族习惯法按照现代法律制度体系归类。但是，它的缺陷是理想的规则极易成为假象的规则，容易受外在假象的蒙蔽而不能发现真实，它抹杀了被研究民族内部不同群体不同历史阶段的习惯法之间的差异，也难以显示出习惯法存在的层次性。并且，这种方式的记录，对于一个族群的法的生活，实在是遗漏得太多而涵盖得太少。即使是今天，文化人类学、法人类学甚至是社会学等相关领域的知识已进入民族习惯法研究者的视野，这种民族志方法也仍被较多地采用，而上述学科领域中频繁使用的个案分析法、参与观察法和主客位研究方法在少数民族习惯法研究中尚未能发挥作用。

笔者认为，少数民族习惯法的研究应多学习和采用社会学、人类学重经验、重个案研究的实证方法，多采用描述的方法，着意记录那些实际发生的行为所依据的模式，不是去研究人类的生活怎样服从于规则，而应该去研究规则怎样适应人的生活。回避抽象规则的叙述，去描述有关行为人的动机及其行为。只有亲身在其所记录的族群社会中进行长期田野工作的人类学或民族学家才可能做到，并不是忽视规范，而是不沉湎于理想的规范之中。

（三）必须突出少数民族习惯法研究的现实价值

法学研究应当是服务于"认知"和"致用"两方面的，少数民族习惯法研究亦不能例外。我们现在所进行的研究和得出的理论，其本身并不真的就很实用，它很难通向实践。

比如目前学者们试图从民间法与习惯法的实证分析中找出本土的法理资源，尽管寻找手段各异，但实际上都还是一种假设，也就是以一种假设的前提出发来研究具体的案例，真正切合中国实际的理论尚未形成，对立法并没有任何影响。当然，笔者并不是说社会不需要理论假设和思想实验，相反，社会科学理论的发展正是一个不断假设和实验的过程。但是目前的糟糕状况是所有的理论假设都不能通向实践，也就是说，研究不仅没有现实价值，理论假设本身也无法获得实践的验证。再如，在经济发展、社会开放和外放型法治秩序的压力下，民族习惯法

如何找到自己的出路，民族地区基层社会的法律规则秩序如何建构，这些本应是民族法研究的重点和中心所在，可惜的是这些问题并没有得到应有的关注。偶有涉猎者，也多持这样一种看法，即"少数民族社会的理想法律状态＝少数民族习惯法的优秀部分＋现代法文化的优点"，这一主张实质上是一种"和事佬主义"和主观的"折中主义"[1]。

此外，在解决习惯法的出路问题上，有很多学者认为，在我国的农村，国家制定法对维护乡村社会秩序所起的作用非常小，主要是用民族习惯、宗法族规和村规民约来维护社会秩序，也有人认为村级自治和村规民约是实现国家法律制度与民族习惯法融合对接的成功做法，既能保证国家法律制度的普适性效力，又给民族传统法文化留下了足够的生存发展空间。这种观点明显地夸大了事实。问题出现的原因是一些学者不去实地调查，仅依靠书面上的资料以讹传讹。我们在贵州民族地区调查时，当地村民告诉我们，村里的村规民约基本上是按上面定下的范本稍事修改而成的，根本无法反映出文化背景和群众基础。我国有 55 个少数民族，155 个民族自治地方（含自治区 5 个、自治州 30 个、自治县旗 120 个），总面积达 646.95 万平方千米，占全国面积的 64.3％，少数民族人口 10846 万。各民族地区的传统习惯法保留情况也不一致，由此给国家司法带来的影响各不相同。今天，如何正确处理好法治建设与少数民族习惯法之间的关系尤为重要，对少数民族习惯法研究来说，少数民族地区的传统习惯法如何为现代法治建设服务，习惯法又如何在现代法治社会获得"合法性"，这都应该是我们研究的重点所在。人类学者周星曾指出，法人类学学者对少数民族习惯法的研究与政治学、宪法学者对民族区域自治制度的研究，长期以来处于相对有隔膜、互不关心的状态，这种状态的存在对少数民族习惯法的研究是极为不利的。少数民族习惯法研究要真正有助于民族传统文化的保护、有助于民族地区和我国的法治建设，应当注意其研究的实践价值和现实意义，注意开辟少数民族习惯法领域的应用型研究。鉴于此，吸收政治学、宪法学的方法和理论，也是必需的。

第二节　国外研究概况

从已有的相关研究成果来看，作为中国少数民族文化之一的民族习惯法，其学术吸引力值得相当程度的肯定。这不但可以从第一节的国内研究现状看出我国

---

[1]　云翼：《法律的一种人类学解释》，载《研究生法学》2003 年第 4 期。

学术界研究旨趣的盎然，而且从国外的研究情形看，实际上不少民族学、人类学和法律人类学方面的外国学者对中国少数民族习惯法也颇感兴趣。这样，为了便于国内学界了解外国学者研究中国少数民族习惯法的情况，本节将对我国少数民族习惯法在国外的研究概况进行简要的综述。[1]

一、总体研究概况

日本学者末成道男曾认为，从时间段上划分，外国学者对中国少数民族的研究主要可以分为新中国成立前和改革开放后两大阶段。[2] 根据我们所收集到的资料看，从对中国少数民族的田野调查（而非文献资料）研究及其学术成果的角度理解，此语甚有道理。

在新中国成立以前，不少国外学者能够相对容易地到中国少数民族地区进行田野考察，因而获得了不少的研究成果。比如，到 20 世纪 20 年代，国外学者仅关于西南少数民族研究的著述就已经有 70 余部。[3] 不过，在 1949 年新中国成立以后的 30 年里，由于受到特殊历史条件的限制，国外学者很难亲自到中国少数民族地区进行田野调查。因此，尽管此时在文献方面的研究并没有停止，但是受收集及考证资料方式有限的影响，相关的成就较突出的研究成果并不多。这种状况一直维持到 20 世纪 70 年代末中国改革开放。进入 20 世纪 80 年代以来，中国践行了改革开放的政策，广泛开展了对外交流，这样国外学者就逐渐具有了较多的实地考察中国少数民族地区的机会。特别是近 20 年来，国外学者陆续到我国少数民族地区进行参观、访问和田野考察，撰写了不少关于中国少数民族社会生活、风俗习惯等方面的论著，取得了丰硕的研究成果。

当然，有必要说明的是，在本书所言及的研究成果中，有些可能并不是专门论述中国少数民族习惯法的。然而，在我们看来，其中不少著述所关注的中国少数民族文化中已经或多或少地包含和描述了民族习惯法。换言之，那些作者大多是把他们所观察到的民族习惯法当成民族文化的表现而加以观察和记录，他们可能不提"少数民族习惯法"，而是提"少数民族的文化"或者"少数民族的宗教"

[1]　王飞，吴大华：《国外研究中国少数民族习惯法综述》，载《贵州民族大学学报（哲学社会科学版）》2014 年第 1 期。

[2]　崔莲：《中国少数民族研究在日本——以建国前日本有关中国少数民族研究文献为中心》，载《西南民族大学学报（人文社科版）》2003 年第 8 期。

[3]　张泽洪：《近代以来的西南少数民族宗教研究——以国外学者研究为中心》，载《西藏民族学院学报（哲学社会科学版）》2004 年第 1 期。

等，但实际上很多少数民族习惯法总是或隐或现地存在于其作品之中，这其实可以视为另一种关照和研究中国少数民族习惯法的形式。所以，本书也就没有刻意地去区分某作是否为专门研究中国少数民族习惯法的论著。同时，考虑到在我们所收集的文献资料中，日本学者的研究要较西方欧美学者的多一些，因此，本书拟分为日本学者的研究和欧美学者的研究两块来概述国外学者的研究情况。

二、日本学者对我国少数民族习惯法的研究

（一）新中国成立前的研究

1. 评价该阶段研究的辩证态度

在评价这一阶段的研究时，特别要注意对日本学者在"二战"结束前的研究应一分为二地辩证看待。尽管国外有学者认为，日本人类学家受日本殖民政策的影响，为进攻中国作直接性的服务并非都是事实，因为大多数研究最初是在学者们的计划指导下进行的。[1] 但是从客观的历史事实看，日本民族学、人类学学者的海外研究兴趣的确是随着日本人武力的不断扩张而向外延伸的，两者在有些方面的联系可以说是非常密切。从 20 世纪初开始，尤其是 20 世纪 30 年代以后，日本为配合侵占我国台湾、东北和蒙古等地区的政治统治和军事统治的需要，曾委派一批学者在我国台湾、东北和内蒙等地进行风俗习惯和习惯法方面的调查。那个时候日本民族学对中国大陆和台湾地区的调查和研究，确与日本的对外扩张国策有关，其有关机构的设置以及调查与研究的实施，也都是在日本有关政府部门的安排下进行的，并没有摆脱殖民主义的桎梏，也就不能否认其殖民主义的色彩。这或许可以看成是时代和历史的局限，因为即便是作为学者的白鸟库吉和鸟居龙藏等人的调查研究也是如此。以在学术界享有较高声誉的学者鸟居龙藏为例，其调查也经常有日军保护，接受军方或殖民当局的委托，并主要是以日本占领的殖民地为调查地域。[2] 所以，有学者认为，从 1840 年鸦片战争至 1949 年中华人民共和国建立的一个世纪中，西方人类学以及日本人类学对中国的研究，其基础是殖民时代产生的殖民地管理需要。[3] 我们认为，这种见解符合史实，是有

[1] 休恩威·米基约：《在日中国人类学面面观》，杨昌儒译校，载《贵州民族研究》1998 年第 1 期。

[2] 金少萍：《日本民族学家对中国大陆的调查与研究》，载《学术探索》1999 年第 1 期；周星：《殖民主义与日本民族学》，载《民族研究》2000 年第 1 期。

[3] 黄才贵：《关于鸟居龙藏贵州学问的研究》，载《贵州民族研究》1996 年第 4 期。

一定道理的。

当然，需要说明的是，虽然主观上有些调查是为日本帝国主义的殖民统治服务的，但客观上这些文献为日后的民族学研究提供了很多珍贵的资料。[1] 比如，以鸟居龙藏为代表的人类学先驱，不但对中国西南少数民族地区进行过深入的考察，而且对东北、内蒙古地区的蒙古族游牧社会也作了较为详细的调查，不但开创了日本人类学家研究中国少数民族的先河，[2] 而且有的观点还具有较高的理论价值意义。对此，早在 1944 年岑家梧教授就曾指出过，鸟居龙藏的著作（《苗族调查报告》和 《从人类学上看中国西南》）可视为黔省民族研究之第一部科学著作。[3] 此外，鸟居龙藏的苗族观对 20 世纪上半期中国学界有关苗族及其分类的讨论产生了一定的影响，为苗族成为近代民族集团的思想奠定一定的基础，而这对于 20 世纪上半期中国民族国家的建构是很有意义的。[4] 因此，鸟居龙藏等人的考察，能够将当时少数民族地区所存在的、得到较好传承的传统生活方式，及其所体现的时代风貌，记录并保留下来，对当代的研究等是很重要的。[5]

2. 该阶段的研究情况

这段时间习惯法方面的研究成果，从研究地域上看，尽管在我国其他地区也有涉及，但主要集中在我国台湾地区、东北地区和海南岛地区。

（1）对我国台湾地区的研究。1895 年中日甲午战争后，日本占领我国台湾长达 50 年，为适应统治台湾各族人民的需要，日本政府加紧了对台湾习惯法的调查研究工作，以台湾总督府为中心采取了大规模的实地考察调研活动。这个阶段被有的日本学者评价为习惯法调查的时期。[6] 1900 年成立的 "临时台湾旧惯习调查会"，对台湾原住民的习惯法进行了大量、详细的实地调查，并在此基础上形成了不少较为系统的调研成果。归结其大致情形，整理出版的调查报告有：《蕃族调查报告》（1—8 卷，1913—1922），该书所涉及的调查项目有各蕃社的社

[1] 崔莲：《中国少数民族研究在日本——以建国前日本有关中国少数民族研究文献为中心》，载 《西南民族大学学报 （人文社科版）》2003 年第 8 期。

[2] 麻国庆：《现代日本人类学的转型和发展》，载《民族研究》2009 年第 1 期。

[3] 黄才贵：《文化的源与流——鸟居龙藏博士的中国西南民族文化观》，载《贵州民族研究》2000 年第 4 期。

[4] 杨志强：《鸟居龙藏的苗族观——论近代民族集团的形成过程》，载《贵州社会科学》2008 年第 2 期。

[5] ［日］大林太良：《〈到中国的少数民族地区去〉中的 "解说"》，黄才贵译，载 《贵州民族研究》1994 年第 1 期。

[6] ［日］末成道男：《日本对台湾原住民的人类学研究（1895—1999 年）》（上），麻国庆译，载《世界民族》2001 年第 3 期。

会组织、生活技术、住居、家族、婚姻、仪式、宗教和神话传说等；《蕃族惯习调查报告》（1—5卷，1915—1922），该书所涉及调查项目有各蕃社的介绍、家族、亲属、婚姻、社会组织、宗教观念、农耕礼仪、生活禁忌和财产制度等方面的习惯。专著有：冈松参太郎著的《台湾蕃族惯习研究》（全8卷，1921），该书以台湾原住各民族的"嫁娶婚"及"招婿婚"关系为中心，论述他们社会生活中的"父系主义"和"母系主义"；冈田谦著的《未开化社会中的家族》（1942），该书根据未开化社会的家族论，运用社会学的方法来探析台湾原住民族的家族情况；其研究分析了邹族、布农族、阿美族的母系大家族的家族生活，并由此证明即使在大家族中，家族生活中的基本单位还是小家族；此外，移川子之藏、马渊东一等著的《台湾高砂族系统所属研究》（1—2卷，1935），是以台北帝国大学土俗人种学研究室为中心所进行的、关于原住民诸种族系统的调查报告，被学界认为是"二战"前日本研究者关于台湾原住民研究的佳作。[1]

（2）对东北地区的研究。日本在1931年9月占领我国的东北地区后，便加紧了对该地汉族、蒙古族社会习俗与习惯法的调查。其主要成果有：兴安总署调查科调查资料第4辑《蒙古民族习惯法》（1934）；满族调查组的《关东法廷中反映的中国民事习惯汇报》都是较早涉及蒙古和东北地区民族习惯法的调查研究报告；[2]满铁调查部的《满洲旧惯调查报告书》（共9册，1913–1915），该书所考察的区域有旅顺、大连、金州等地，其内容涉及土地的地目、典买关系和当地民间惯用的方式等。[3]

（3）对海南岛地区的研究。牧野翼于1943年受日本海军特务部委托，在海南岛北部琼山安定县的5个村落和南部崖县的1个村落里进行了实地调查，其后撰写了题名为《海南岛的村落及宗族组织》的调查报告（1943）。该报告在其序中指出，其调查目的是进行海南岛的司法调查，研究法的旧习惯，特别是村落与宗族自治组织的真相；报告正文叙述了当地的村落裁判权、刑法、保甲制、依据户口簿的通婚圈、婚姻习俗、宗族组织、祠堂、族长、同族集居、族内裁判、族谱和宗族共有财产等问题，并与在广东、台湾等地的研究成果进行了比较具体的

[1] 崔莲：《中国少数民族研究在日本——以建国前日本有关中国少数民族研究文献为中心》，载《西南民族大学学报（人文社科版）》2003年第8期。

[2] 徐晓光：《日本法人类学及民族法学研究的历史与现状》，载《中南民族大学学报（人文社会科学版）》2006年第3期。

[3] 崔莲：《中国少数民族研究在日本——以建国前日本有关中国少数民族研究文献为中心》，载《西南民族大学学报（人文社科版）》2003年第8期。

对比论述。[1]

（二）新中国成立后的研究

1949 年新中国成立后，由于受到不同政治时代背景的制约，日本民族学、人类学学者研究中国少数民族风习的方法及成果，又可以区分为中国改革开放前与后两个时间段来叙述。

1. 改革开放前的研究

这个阶段很少能有日本学者到中国大陆地区进行田野调查，因此，其成果大多是通过研究以前的文献资料而撰写。其著述主要有：千种达夫著的《满州家族制度的习惯》、《满州家族制度的习惯 II 》、《满州家族制度的习惯 III 》（1—3 卷，1964、1965、1967），该著作的第 1、3 卷内容是那些在 1939—1942 年间为当时的伪"满州国"制定亲属继承法而进行的、有关家族习惯调查的基本资料。其调查以居住在伪"满州国"内的满、汉、回、蒙古、朝鲜和白俄罗斯等民族为对象，内容包括各族的亲属、家族、户主、家产、婚姻、家庭关系、宗祧继承和遗产继承等。该著作的第 2 卷围绕同性不婚、妾、宗祧继承、子嗣、养子、家产和大家族等问题，对各民族进行了比较研究。总体上看，该著作对了解当时的家族习惯提供了宝贵资料。增田福太郎著的《未开化社会中习惯法的建立》（1957），作者在"二战"前曾经对台湾原住民社会的婚姻制度、权力与社会统制等问题进行过研究。该著作以台湾原住民资料为依据，对"习惯法"的建立及特点进行了系统的论述。有学者认为，该著述的内容相当于现今的法律人类学研究。[2] 此外，末成道男著的《台湾阿美族的社会组织与变化：从上门女婿到娶媳妇》（1983），该书是在作者于 1968—1969 年对居住在台湾东部沿海地区的台东县阿美族的一个村落进行长期田野调查的基础上，从社会人类学角度对阿美族社会组织进行了记述和分析。[3]

2. 改革开放后的研究

自 20 世纪 80 年代以来，中日双方的交流广泛展开。日本民族学、人类学

[1] 崔莲：《中国少数民族研究在日本——以建国前日本有关中国少数民族研究文献为中心》，载《西南民族大学学报（人文社科版）》2003 年第 8 期。

[2] 崔莲：《中国少数民族研究在日本——以 1949—1979 年文献为中心》，载《西南民族学院学报（哲学社会科学版）》2003 年第 1 期。

[3] 崔莲：《近 20 年来日本有关中国少数民族研究文献简述》，载《西南民族学院学报（哲学社会科学版）》2001 年第 2 期。

家陆续到我国少数民族地区进行田野调查，再次开展了对中国西南、华南等地少数民族的调查研究，写出了许多描写和分析中国少数民族地区历史、文化和风习等方面的论著。在这些研究者中，白鸟芳郎比较突出，他在日本学术界可以称得上是第一位研究华南少数民族历史文化的开拓者，取得了不少有关中国南方民族研究的成果。[1] 就对中国少数民族习惯法的研究而言，近 20 年来有一批日本学者开始关注中国少数民族法律问题，并逐渐取得了一些成果。像加藤美穗子写的《中国现代家族法中的海南黎族家族习惯法的延续与变化》（1993、1994）、西村幸次郎著的《现代中国的法与社会》（1995）、唐立等主编的《贵州苗族林业契约文书汇编》（1—3 卷，2001—2003）、小林正典著的《中国的市场经济与民族法制——少数民族可持续发展与法律制度的变革》（2003）和西村幸次郎编写的《现代中国法讲义》（2005，第 2 版）等都是比较突出的著作。从研究内容上看，在前述作品中，《现代中国的法与社会》一书除了探讨中国改革开放后的一些重要法律问题外，还特别对少数民族法律政策与风俗习惯等问题加以论述。《贵州苗族林业契约文书汇编》一书收入黔东南锦屏县文斗寨和平鳌寨从清代乾隆到民国时期的部分有代表性的，至今还遗存于该地的林业契约 853 件，是研究清代至新中国成立前后贵州黔东南地区林业法律关系的重要资料。《现代中国法讲义》一书以外国学者的视点，对我国民族自治地方立法中的一些问题作出评价，并提出了法律补充和变通过程中所出现的"弹性规定"可能会影响法律稳定性，从而导致走向"人治"的看法。[2] 此外，小林正典近些年来在中国民族法制建设问题上也发表了多篇论文，分析过中国民族习惯法的概念和形式、内容和特征以及民族法制中民族习惯法的意义和课题等。[3]

三、欧美学者对我国少数民族习惯法的研究

（一）新中国成立前的研究

受收集资料的限制，本书在此仅以美籍人类学家葛维汉的研究为例。葛维

[1] 金少萍：《白鸟芳郎与中国南方少数民族研究》，载《云南民族学院学报（哲学社会科学版）》1995年第 4 期。

[2] 徐晓光：《日本法人类学及民族法学研究的历史与现状》，载《中南民族大学学报（人文社会科学版）》2006 年第 3 期。

[3] ［日］小林正典：《中国少数民族习惯法序论——以民族法制及其相关领域为中心》，华热多杰译，载《青海民族研究（社会科学版）》2002 年第 1 期。

汉自 20 世纪初期起就活跃在中国四川地区一带，他对四川汉族及少数民族的宗教和习俗进行了大量的调查，并有较多的研究成果，其在文化人类学上获得的成就主要是对中国西南少数民族的研究。他曾数十次到藏族、彝族、苗族和羌族地区，对当地少数民族进行了大量的民族学田野考察和民族文化研究，比较系统地对 20 世纪三四十年代四川的宗教和习俗做了梳理，并且收集了众多的民俗文物，留下了一些极为珍贵的照片和考察报告。葛维汉有 4 部关于中国西南少数民族风习、宗教方面的专著。除了《四川的宗教》（1928）外，其他三本书都是 1948 年他退休回到美国后，利用自己 37 年来在中国所搜集到的丰富材料写作而成的。它们分别是翻译当地民间故事的《川苗的故事与歌谣》（1954）、《羌族的习俗与宗教》（1958）和《中国西南的民间宗教》（1961）。此外，葛维汉大约还发表过 97 篇相关的文章。[1] 葛维汉的这些关于少数民族调查研究的论著，对今天的西南少数民族研究特别是有关民族风习、宗教等方面的研究工作，具有非常重要的历史参考价值。

（二）新中国成立后的研究

跟上文谈到的情况基本相当，自新中国成立到改革开放这段时间，欧美人类学者对中国大陆少数民族的研究因资料和方法的限制也较少有突出的成果。因此，国外有学者认为，尽管克鲁克斯（Crooks，1966、1979）和辛顿（Hinton，1966、1983）的著述对中国内地村庄有过一些叙述，Myrdal 也通过在 1962 年的短时间访问撰写了有关报告（1965），但是专业人类学家用英文著述的大多数研究仅限于我国香港和台湾地区。[2] 由此可见，那种直接关注中国少数民族的研究也就更是少之又少。不过，这种状况在 20 世纪 80 年代中国实行改革开放之后逐渐有了改观。一个显而易见的事实是，从事中国研究的海外人类学者逐步将他们的研究目光从汉人社区转向少数民族地方，以寻求国家与社会之间另一种可能的互动模式。[3]

---

[1] 耿静：《从惠特曼学院馆藏资料看葛维汉的人类学研究》，载《中华文化论坛》2004 年第 3 期；又见[美] 苏珊·R·布朗：《在中国的人类学家和教士——大卫·克罗克特·葛维汉（上）》，饶锦译，李绍明校，载《中华文化论坛》2001 年第 3 期；[美] 苏珊·R·布朗：《在中国的人类学家和教士——大卫·克罗克特·葛维汉（下）》，饶锦译，李绍明校，载《中华文化论坛》2002 年第 1 期。

[2] J. S. 艾迪思：《外国人眼里的新中国文化人类学》，覃敏笑译，载《贵州民族研究》1998 年第 2 期。

[3] 赵玉中：《中心和边缘——海外中国西南少数民族研究》，载《广西民族大学学报（哲学社会科学版）》2008 年 S1 期（6 月）。

根据美国学者苏姗·布卢姆（Susan D. Blum）在 2002 年发表的研究综述看，20 世纪 90 年代以来，中国少数民族的风习、文化等再一次引起了国外研究者的兴趣，海外出版了一批有关中国少数民族研究的英文文献。以对西南少数民族的研究为例，相关的研究者和成果都是比较突出的，像郝瑞对四川凉山彝族的研究（Stevan Harrell, 1995、2000、2001a、2001b），埃里克·缪格勒对云南楚雄彝族的研究（Erik Mueggler, 2001），海伦·雷丝对云南丽江纳西族的研究（Helen Rees, 2000），李瑞福的广西金秀瑶族的研究（Ralph A. Litzinger, 2000），路易莎·谢恩对贵州西江苗族的研究（Louisa Schein, 2000）等。[1] 其中郝瑞撰写的著作《田野中的族群关系与民族认同：中国西南彝族社区考察研究》，其中文版由巴莫阿依和曲木铁西翻译，于 2000 年在中国出版。[2] 此外，澳大利亚著名人类学家王富文教授（Dr. Nicholas Tapp）不但曾与乔健教授合编过极具影响的 *Ethnicity and Ethnic Group in China*（《中国的族性与族群》，1989），而且还曾到四川省的珙县、贵州省的凯里、云南省的红河州屏边县和文山州马关县、文山县以及昆明市等地，进行过包括中国"蒙"（中国苗族，引者注）在内的田野调查，并著有 *The Tribal Peoples of South-west China: Chinese Views of the Other Within*（《西南中国的部落民》，2000）和 *The "Hmong" of China: Context, Agency, and the Imaginary*（《中国的"蒙"：情境、能动性与想像性》，2001）等著述，对川、滇、黔等地区的苗族进行田野调查和文化解释。[3]

就近年来海外人类学者关注中国少数民族问题的原因看，苏姗·布卢姆在其研究综述中认为主要是两方面的因素：一方面，族群冲突，特别是在欧洲以"族性"（ethnicity）或族裔民族主义（ethno-nationalism）为名而发生的各种暴力事件，再一次激发了不少人类学者研究身份认同意义和性质的兴趣。同时，美国的学者也认识到根据美国经验进行简单的推论，实际上无法更进一步地深入理解或探知"族性"问题。另一方面，自弗雷德里克·巴特（Fredrik Barth）主编的《族群与

---

[1] Susan D. Blum, "Margins and centers: A decade of publishing on China's ethnic minorities," The Journal of Asian Studies, vol.61, No.4 (November 2002), pp. 1287-1310.

[2] 郝瑞：《田野中的族群关系与民族认同：中国西南彝族社区考察研究》，巴莫阿依，曲木铁西译，广西人民出版社 2000 年版。

[3] ［澳］王富文（Nicholas Tapp）：《中国西南与被框定的文化："蒙"和其他民族的研究》，杨公卫，刘源译，彭文斌校，载《西南民族大学学报（人文社科版）》2008 年第 1 期；彭文斌等：《跨越边际与自我的足迹——访澳大利亚著名人类学家王富文（Dr. Nicholas Tapp）教授》，载《西南民族大学学报》（人文社科版）2007 年第 12 期。

族群边界》（1969 年）一书出版以来，族群认同的流动性、情景性的特点逐渐得到西方学术界的认可。这样，就中国少数民族的研究情况而言，自中国大陆对外开放之后，那些在以前只能将我国台湾地区视为研究中国的实验场，并且大多专注于研究宗族、民间宗教和仪式的学者们发现，更具异域情调的非汉族群很自然地吸引了后继研究者的注意力。[1]

布卢姆的上述解释固然有一定的道理，不过还是有些学者有不同的考虑。比如，埃里克·缪格勒就认为，历史学家和人类学家长期以来都将中国想象为一个文化整体；而且遗憾的是，自弗里德曼（Maurice Freedman）以来，这已经成为人类学中国经典研究的奠基原则。他本人正是抱着强烈质疑这种观念和研究范式的想法才踏上了中国少数民族的研究之旅。[2] 再如，路易莎·谢恩在其著作 *Minority Rules: The Miao and the Feminine in China's Cultural Politics*（《少数民族准则：中国文化政治里的苗族和女性》，2000）中，也表达了她对那种长期以来一直为大众提供作为同质化的文化整体和国家—社会截然二分的"中国想象"的不满；并表示要通过她的研究来消解这种想象。她以自己在中国贵州省黔东南地区的凯里和西江苗区的田野调查资料为据，提出了这样一种观点：中国的文化认同一直需要不断地在异质性当中孕育，而且在这个认同的孕育过程中，文化的"他者"们也在发挥着各种各样的作用。[3] 对此，前面提及的王富文教授还曾撰写了一篇书评，简要评述了其优点和不足。[4]

我们认为，海外学者的这些研究，反映了他们对以前泛化的"中国定势"思维的质疑和发现新问题、拓展新理论的努力，能够在一定程度上为国内研究提供对比参考。

---

[1]　Susan D. Blum, "Margins and centers: A decade of publishing on China's ethnic minorities", The Journal of Asian Studies, vol.61, No.4 (November 2002), pp. 1299-1300.

[2]　Mueggler, The Age of Wild Ghosts: Memory, Violence, and Place in Southwest China, California Univer-sity Press, 2001, p. 18.

[3]　Schein, Louisa, Minority Rules: The Miao and the Feminine in China's Cultural Politics, Duke Univer-sity Press, 2000, p. 3.

[4]　［澳］王富文（Nicholas Tapp）：《评路易莎的〈少数民族准则〉》，胡鸿保译，纳日碧力戈校，载《世界民族》2003 年第 3 期。

少数民族习惯法的产生与演衍

中国是一个统一的多民族国家，各民族在长期的历史发展过程中，通过彼此接触而混杂、联结和融合，形成了一个"你来我去、我来你去、我中有你、你中有我，而又各具个性的多元一体"[1]，共同创造、促进和发展了长达数千年的中华法制文明。而作为其文明成果之一的少数民族习惯法则在维护民族地区的社会治安、保障社区民众的生命财产安全、维持日常生活和劳动生产的正常进行等方面起过诸多积极作用。这样，无论是要深化对历史的认识、增进现实的参考，还是要方便将来的借鉴，了解和研究中国少数民族习惯法的产生与演衍都具有不容忽视的重要意义。

第一节　少数民族习惯法的产生

一、少数民族习惯法产生的影响因素

法国著名学者孟德斯鸠在《论法的精神》中认为，法律应该和国家的自然状态有关系，和寒、热、温的气候有关系，和土地的质量、形势与面积有关系，和农、猎、牧各种人民的生活方式有关系。法律应该和政制所能容忍的自由程度有关系，和居民的宗教、性癖、财富、人口、贸易、风俗、习惯相适应。我们应该

---

[1]　费孝通：《中华民族多元一体格局》（修订本），中央民族大学出版社 1999 年版，第 3 页。

通过这些观点仔细考察法律。[1] 尽管孟德斯鸠的主张可能主要是针对现代法律的应然状态所言，不过在我们看来，这种观点对认识少数民族习惯法的产生也同样有帮助。根据我们的考察，在影响少数民族习惯法产生的因素中，既有各民族的居住地自然环境、生产生活方式、社会历史发展等客观条件方面的因素，又有各民族的禁忌和宗教等主观意识方面的因素。

（一）少数民族习惯法的产生受各民族居住地自然环境的影响

我国幅员辽阔、地大物博，有复杂的地形、多种的气候以及丰富的自然资源，在少数民族的发展过程中，少数民族习惯法的形成无不基于这样的空间范围和自然条件。正是由于各民族相对独特的地理环境、气候条件等原因形成了众多的习惯及习惯法。它们内容的涉及面很广，诸如服饰、饮食、居住、婚姻、丧葬、节庆、娱乐、礼仪和生产等，并呈现出不同程度的地域特色：北方民族有别于南方民族，山区民族有别于坝区民族，热带地区的民族有别于寒温地区的民族。以居住的习俗为例，干栏式房屋建筑和地板架空的船形房屋建筑，流行于我国南方和西南少数民族之中。这类建筑，其功能是通风散热、防震抗洪，还有防潮湿、防兽虫等功效，而这些功能又是适应了这些地区多雨、潮湿、炎热、多震、多毒蛇、多蚊虫和多洪涝等气候和地质、地理特点的。西北地区的许多民族（主要指农业民族）则多习惯居住土木结构的平顶房。平顶房屋所特有的保暖、防晒、抗风沙之功效，恰恰又能够适应西北地区冬季寒冷、夏季太阳辐射强、春冬多风沙的自然环境。

（二）少数民族习惯法的产生深受各民族生产方式的制约

有什么样的生产方式，就会有什么样的社会形态。由于自然和社会的原因，我国各民族的经济产业不同，社会生产水平各异，经济条件和经济特点多种多样，由此必然在生产消费、节庆娱乐、喜好风尚等方面产生不同的习惯和习惯法。例如，蒙古族世世代代生活在大草原上，过着"逐水草而居"的游牧生活。他们的衣、食、住、行等都与草原生活相适应，有自己传统的风俗习惯，这些习俗都是以蒙古族人民赖以生存的主要经济部门——畜牧业生产为物质基础的，是游牧经济多侧面的反映。再如，赫哲族由于居住在松花江、黑龙江和乌苏里江沿岸，他们的衣食都离不开鱼，因而赫哲族的鱼饰独具特色。多彩多姿的民族风俗习惯成

---

[1]　［法］孟德斯鸠：《论法的精神》（上），张雁深译，商务印书馆 1961 年版，第 7 页。

为各民族经济生活的投影和折射。这是经济生活决定民族风俗习惯，民族风俗习惯适应经济生活的又一典型例征。

（三）少数民族习惯法的产生与各民族的社会历史发展有密切联系

少数民族习惯法是历史的产物，任何一个民族的习惯法，都是在该民族一定的社会发展阶段上产生的。在人类社会发展史上，风俗习惯经历了一个从无到有、由简至繁的发展过程。在人类与动物界分离之初，茹毛饮血、巢居穴处是当时原始人类的共同习俗。随着生产的发展，社会生活的进步，各种具有特色的物质生活和与物质生活密切相关的人类社会生活的组织形式，以及婚、丧、礼俗等，也日益形成并发展起来，久而久之，逐渐成为民族的习惯法。处在不同社会发展阶段的民族所形成的习惯和习惯法是不一样的。例如，云南宁蒗永宁纳西族支系摩梭人的"阿夏婚"（阿夏，意为情侣），就是与母系家庭社会相适应的一种婚姻。

（四）少数民族习惯法的产生与各少数民族的禁忌和宗教有关

少数民族习惯法的产生，在主观意识方面还与少数民族的禁忌和宗教等有关，有的甚至直接来源于禁忌和宗教。关于禁忌问题拟在下文阐述，在此仅简要谈谈宗教影响少数民族习惯和习惯法产生的例子。在民族风俗习惯中，生产性节日及习俗的形成往往源于古代的农业祭祀，反映着人们对时令节气的了解，但就其意识形态而言最初都属于原始宗教的自然崇拜范畴。丧葬方面的习俗也体现了宗教色彩，在许多少数民族中，丧葬习俗反映了人们对灵魂不死的鬼魂崇拜观念。有些民族婚俗的形成与宗教有直接的关系，且具有浓厚的宗教色彩。如回、维吾尔、哈萨克、乌孜别克、柯尔克孜、塔吉克、塔塔尔、东乡、保安和撒拉等少数民族的禁猪、不吃猪肉、不吃自死的牛羊肉等习俗，就是从《古兰经》的规定而来的。这些民族的"开斋节"、"古尔邦节"和"圣纪节"等，更是从伊斯兰教的节日沿袭而来的。藏族的"雪顿节"、"宗喀巴成道日"、"萨噶达瓦节"和"圣玛钦波节"等，均属于与宗教有密切关系的习俗。

二、禁忌是少数民族习惯法产生的最早源头

就当前的研究来看，现代文化人类学、民族学普遍认为，世界各民族的历史

与现实中，都有过多种多样的禁忌。[1] 所谓禁忌，是用社会行为、信仰活动的某种约束来限制观念和做法的总称。[2] 一般认为，按照禁忌对象区分，禁忌包括两方面的含义：一是对受尊敬的神物不许随便使用，以免遭到惩罚；二是对受到鄙视的人和事物，不许随便接触。德国著名学者伍恩特（Wundt）认为，禁忌是人类最古老的无形法律，它的存在通常被认为远比神的观念和任何宗教信仰的产生还要早。就其本质来讲，禁忌是对掩藏于某一事物中魔鬼力量的信仰，它的起因仅仅是避免激怒魔鬼。[3] 日本法学家穗积陈重也认为，禁忌即是法律的前身，原始民族的法律观念起源于禁忌，触犯禁忌的人常被施以神罚。我国学者任聘在其作《中国民间禁忌》中也认为，禁忌为原始社会唯一的社会约束力，是人类以后社会中家族、道德、文字、宗教、政治和法律等所有带有规范性质的禁制的总源头。[4] 基于此，我们相信，习惯法的起源与禁忌有着密切的联系。少数民族习惯法在发展过程中，受到了少数民族禁忌的深刻影响，它直接影响着民族习惯法的内容、形式。[5] 这样，在探寻各少数民族习惯法的产生、发展轨迹时，需要研究各少数民族习惯法与少数民族禁忌以及习惯之间的关系。

根据英国学者哈耶克的看法，人们在行动过程中面对大量无法全知的特殊事实和复杂环境，只能依据常常表现为习惯法习俗、惯例的抽象知识建立假想的模型，以理解和适应外部环境。[6] 这种观点有助于解释古代少数民族禁忌对其习惯法形成的影响。同时，马克思主义也认为，"生产本身又有两种，一方面是生活资料即食物、衣服、住房，以及为此所必需的工具的生产；另一方而是人类自身的生产，即种的繁衍。一定历史时期和一定地区内的人们生活于其下的社会制度，受着两种生产的制约：一方面受劳动的发展阶段的制约，另一方面受家庭的发展阶段的制约。"[7] 自古以来，我国少数民族都因历史、自然条件等因素导致生产力和认识水平的低下，他们无法摆脱外界超自然力施加的恐怖，于是逐渐产生了自然崇拜、鬼神崇拜等，形成对崇拜对象的敬畏和恐惧，认为种族繁衍是"祖先有

[1] 何雅静：《中国少数民族习惯法文化探析》，载《内蒙古民族大学学报（社会科学版）》2004 年第 5 期。
[2] 乌丙安：《中国民俗学》，辽宁大学出版社 1985 年，第 279 页。
[3] ［奥］弗洛伊德：《图腾与禁忌》，杨庸一译，中国民间文艺出版社 1986 年版，第 32、38—39 页。
[4] 任聘：《中国民间禁忌》，作家出版社 1990 年版，第 14 页。
[5] 王学辉：《云南少数民族习惯法形成和发展的轨迹》，载《现代法学》1998 年第 3 期。
[6] ［英］F. A. 哈耶克：《法律、立法与自由》（第一卷），邓正来等译，中国大百科全书出版社 2000 年版，第 74—75 页。
[7] 《马克思恩格斯选集》第 4 卷，1995 年版，第 2 页。

灵，神灵保佑"，如果触犯了神灵就会招致神灵降灾惩罚。这样，为了防止亵渎神灵行为的出现，乞求神灵福佑，必须对人们的一切行为加以规范，于是"一切与神有关的东西就被奉为'禁忌'"[1]，这些涉及人们的生产、生活和行为等内容的禁忌也就成为少数民族先民用以避免灾难、保护自己、控制自然的禁制。它一方面表现为少数民族先民对不可触犯的万物有灵的乞求和恐惧，另一方面则是少数民族先民消极地为自己规定这也不行、那也不准来约束自身的行为规范。这些禁忌几乎都有一种共同的功能和特征，即大致都是通过对人的某种本能行为进行限制、制止和预防潜在危险，从而实现控制危害性的自然力和维持少数民族先民生存的目的。因此，可以说原始禁忌是初民社会中最原始、最低级的规范形态，[2]它以勿为的模式约束并调整着少数民族先民们的行为，发挥着调节、维持社会关系的作用。

有学者认为，习惯法产生于禁忌。[3] 对此，我们以为有一定的道理，虽说习惯法可能并不是全部直接或间接产生于禁忌。来源于少数民族先民们生活体验的禁忌，最初是依靠自然界对人类的恩赐和惩罚所产生的神秘力量得以保存，当鬼神观念产生后，禁忌进而与鬼神观念结合，成为具有强大的心理威慑力和社会舆论压力的行为规范。由于禁忌与人们的生活和生产活动密切相关，再加上祭祀鬼神的活动包括诸多的禁忌，这样就使人们能经常体验禁忌及违反禁忌所遭到的报应，天长日久，禁忌逐渐成为一种固定不变的行为模式为人们所遵守，从而成为带有鲜明的民族文化特征，并由一个民族普遍遵守、代代相传的风俗习惯。[4] 尽管禁忌对习惯法产生的影响最初是分散的、个别的，但是随着社会的发展，那些大多数社会成员所公认的禁忌也就自然而然地成为习惯法的组成部分。所以，就二者关系而言，一方面少数民族禁忌是少数民族习惯法产生的主要源头之一，禁忌的许多内容和形式构成了习惯法的雏形；另一方面，少数民族习惯法是较之少数民族禁忌更加成熟的社会调节规范，它并不是被动地受禁忌的影响，恰好相反，习惯法发展了禁忌。习惯法通过确认某些禁忌，使禁忌具有了法的强制性和权威性效力，从而能动地保障禁忌，要求社会成员遵守这些习惯法化了的禁忌，违反者要遭受各种处罚。这样，习惯法又强化了社会成员的禁忌意识，使禁忌兼具神

[1]　石朝江：《中国苗学》，贵州人民出版社 1999 年版，第 29 页。

[2]　魏春燕：《禁忌：原始社会的"习惯法"》，载《四川师范大学学报（社会科学版）》1999 年 7 月"增刊"。

[3]　田成有：《民族禁忌与中国早期法律》，载《中外法学》1995 年第 3 期。

[4]　张晓辉，卢保和：《论哈尼族的习惯法及其文化价值》，载《思想战线》1993 年第 4 期。

灵与世俗的双重保障。

三、习俗是少数民族习惯法产生的途径

在本书中，习俗是风俗习惯的简称。而民族风俗习惯，就是各民族历代传承的、广泛流行于社会和全民族的、在一定条件下经常重复出现的行为心理和行为方式。[1] 它产生于民族生产生活需要的基础上，并由民族普遍流传的价值观念所决定。它反映着民族的经济生活、自然环境、历史传统、生产方式和心理感情，是民族特点的一个重要方面。具体说来，就是指各族人民群众在衣着、饮食、居住、生产、婚姻、丧葬、节庆和礼仪等物质生活和文化生活方面广泛流传的喜好、风气和习尚等。

少数民族习俗产生的途径多种多样，其中一些习俗就是从禁忌中直接产生的。著名学者郑振铎在谈到从禁忌到习惯的演变关系时，曾经认为习惯是从很古远的时代遗留下来的原始"禁忌"的一种，在古远的时代是一种"禁忌"，到后来便变成了礼貌或道德或法律的问题。[2] 这种看法指出了习惯从禁忌中产发的情形。随着社会的发展，禁忌的种类和内容也在发展。原始的禁忌逐渐发展演变成生产禁忌、生活禁忌、社交禁忌、婚姻禁忌、生育禁忌、疾病禁忌、丧葬禁忌和食物禁忌等各种各样的禁忌。这些禁忌在传承中发生分化和变异，一部分被淘汰废弃，一部分为习惯所吸收改造。[3] 例如，西南地区某些民族规定某日不能出门生产或成亲，认为遵守才得平安，触犯则会不吉利。有的民族讳忌杀生，连蚊蝇都不敢扑灭。又如，壮族地区禁止在农历正月初一、三月初三、七月十四下地干活，六月初六不耕田，谷雨、清明不拿火出门，大年初一忌烧火，平时不准坐门槛等。当然，前述例子中的这些禁忌现在主要是作为民族风俗习惯的组成部分而存在，多数已经失去了原有的禁忌含义。这样，站在法律人类学的角度看，下述说法是可以成立的：有的习惯源于人们对自然的各种想象和知识，源于"风土人情"，更直接地说就是源于人们的生活方式及社会生活中的各种禁忌；而习惯（或习俗）正是依靠从禁忌中获得的、经反复实践的神秘内心体验所形成的特殊规范力量，才得以向习惯法提升的。换句话说，有些少数民族习惯是在先前禁忌的基础上发展定型的，是对禁忌的筛选、提炼或升华。不过，从时间上讲，习惯源远

---

[1]　吴大华：《民族法律文化散论》，民族出版社 2004 年版，第 360—361 页。

[2]　郑振铎：《原始崇拜纲要》，中国民间文艺出版社 1989 年版，第 359 页。

[3]　田成有：《从法律的起源和运行方式看民族习惯法的重要作用》，载《云南学术探索》1995 年第 5 期。

流长，经过长期社会实践的检验，又通过一代又一代的模仿，依靠权威和传统力量而沿袭发展下来；从内容上讲，习惯在一个社会的群体中是统一而普遍适用的，人们彼此知晓、认可。所以，习惯这种在人们生产劳动过程中逐渐养成的共同的行为模式或行为标准，这种许多人在实践中共信共行的规范，[1] 从逻辑上讲比有些禁忌更容易演变成习惯法。

我们认为，习俗是少数民族习惯法产生的途径，是指先有习惯的存在，方才有习惯法的产生。这样，本书认为，少数民族习惯与习惯法是有区别的。这正如美国法学家博登海默所言，每个社会都有一些与社会生活中不太重要的方面相关的习惯，大多数社会对于个人在各种不同的场合该穿哪种服装都有一定的惯例；许多国家都有给亲属好友赠送结婚礼物的习惯；在葬礼及其他庄重的典礼上更要遵守业已确立的习惯。不过可能还有一些其他种类的习惯，从更为明确和更为严格的意义上讲，这些习惯被视为人们的一些具体义务和责任，这类习惯可能会涉及婚姻和子女抚养的责任、遗产的流传，或缔结与履行协议的方式等问题，这类习惯所涉及的并不是社会常规、外在礼仪或审美的问题，而是重要的社会事务，亦即为了确保令人满意的集体生活而必须完成的工作。这类习惯完全有可能被整合并编入法律体系之中，而且违反它们就会受到法律制度所使用的典型制裁方式的惩罚。[2] 这说明在少数民族风俗习惯中，有些只是少数民族的人群体现自己的民族文化特征，比如各个民族在衣、食、住、行等方面都有一些区别于其他民族的风俗习惯；而有些风俗习惯则由于其涉及对象在集体利益上的特殊性和重要性，族群的人们公认其不可或缺并不可违反，于是就逐渐增强其权威性和强制性，从而使其从普通习惯上升为具有"法的约束力"的习惯法。

这样，尽管德国法学家拉德布鲁赫曾高度评价习俗，认为正是因为习俗自身把约束的外部的和内部的双重效力统一了起来，所以习俗才比道德和法律更具有威力。[3] 然而那种将一般的民族习惯视为民族习惯法的看法，实际上是扩大了民族习惯法的范围，没有照顾到民族习惯法具有准法规范的性质（关于此点下文将作专门分析，在此仅简要提及）。一般认为，习惯与习惯法还是不一样的。尽管习惯法与习惯之区别标准，学者观点并不一致，有意思说、确信说、惯行说和国

[1] 田成有：《论民族习惯、习惯法和法律的关系》，载《云南法学》1995年第3期。
[2] ［美］E.博登海默：《法理学：法律哲学与法律方法》，邓正来译，中国政法大学出版社2004年版，第399—400页。
[3] ［德］拉德布鲁赫：《法哲学》，王朴译，法律出版社2005年版，第50页。

家承认说四种。而在实务上判别习惯法成立的要件则有四个：（1）人人有确信以为法之心；（2）于一定期间内，就同一事项反复为同一之行为；（3）法令所未规定之事项；（4）无悖于公共秩序及利益，这种做法乃兼采诸说。在实质上，固以多年惯行之事实及一般人之确信心为其基础；在形式上，仍须透过法院之适用，始认其有法之效力。法院如认其有悖公序良俗，即不认有法之效力。[1]当然，这种看法还是沿袭着"习惯法反映国家认可和由国家强制力保证实施的习惯"的传统概念，可以算是习惯法的传统判别标准，也许并不完善，不过还是在一定程度上强调了习惯法不同于习惯这种观点。

我们认为，如果将习惯都看作习惯法而任意扩大习惯法的范围，势必犯下美国法人类学家霍贝尔所批评过的错误，他认为照那样的字义解释，那就意味着陶器制造术、钻木取火术、训练小孩大小便的方法，以及另外的人们的全部习惯都是法律，所以那是一个荒唐的主张。[2]习惯法由习惯演变而来，但习惯在未演变之前它只是习惯，而不是习惯法。著名学者汤普逊认为，习惯既可以被看做是惯例，也可以被看做是法律，习惯的一般发展、培育和形成，都是在世俗之人中发生的，因此被称为一般大众的习惯法。它有4个标注：古风性、持续性、确定性和合理性，因为习惯以这种方式为肇端并发展成熟。当一项合理的措施在实施中被证明是适当的并有益于人民时，对它的性质和处理便得到一致赞同，然后就会周而复始地运用它并付诸实践，如此频繁重复地使用这项法令，它便成为一种习惯，而它很久以来便持续不间断地存在，从而便获得了法律效力。[3]这说明，习惯发展成习惯法是需要条件的。所以，我们认为德国著名学者韦伯和美国当代比较法学家埃尔曼教授的看法是恰当的，前者认为，习惯法因为其更具客观性的陈述和规定了用于裁判的尺度而有别于单纯的习惯。[4]后者主张，习惯是一种最古老而且最普遍的法律渊源，它规定了因为经常遵守而成为"习惯性的"行为，并宣布对背离行为的制裁。这样把单纯的习俗（habits）与习惯法区分开来的，是后者背后的强制性力量。[5]

---

[1] 杨仁寿：《法学方法论》，中国政法大学出版社 2000 年版，第 205—209 页。

[2] ［美］霍贝尔：《原始人的法》，严存生等译，贵州人民出版社 1992 年版，第 98—99、187 页。

[3] ［英］爱德华·汤普森：《共有的习惯》，沈汉，王加丰译，上海人民出版社 2002 年版。转引自李喜蕊：《论英国 18 世纪离婚的国家法与习惯法》，载《理论界》2007 年 12 期。

[4] 冯引如：《禁忌与图腾向习惯法的转变过程》，载《现代法学》2000 年第 6 期。

[5] ［美］H.W. 埃尔曼：《比较法律文化》，贺卫方，高鸿均等译，三联书店 1990 年版，第 43—45 页。

四、少数民族习惯法的形成

按照主流观点，在国家尚未出现以前，民族习惯法即已出现。列宁在谈到原始社会的管理时说："曾经有过一个时候，国家并不存在，公共关系、社会本身、纪律以及劳动规则，全靠习惯和传统的力量来维持……"。[1] 恩格斯也认为："在社会发展的某个很早的阶段，产生了这样一种需要，把每天重复的生产、分配和交换产品的行为用一个共同规则概括起来，设法使个人服从生产和交换的一般条件。这个规则首先表现为习惯，后来变成了法律"[2]。此外，恩格斯还谈过习惯法产生的经济基础，他曾在讨论商品、货币、商人之后谈道，"在用货币购买商品之后，继之而出现的是金钱贷借，随着金钱贷借而出现的是利息与高利贷。后世的立法，没有一个像古代希腊及罗马的立法那么残酷而无挽救希望地把债务者投在高利贷债权者的脚下。这两种立法，像习惯法一样，都是专在经济强制的压力之下而自发地产生的。"[3] 可见依据马克思主义的立场，习惯法的产生离不开经济强制基础。此外，古希腊哲学家柏拉图在他的《法律篇》中指出："在古代，尚无立法者，当时根本没有这类东西存在，最初连文字也没有，人们根据习惯和他们称为他们祖先的法律而生活。"[4] 近代英国历史法学家梅因也认为："可以断言，在人类初生时代，不可能想象会有任何种类的立法机关，甚至一个明确的立法者。法律还没有达到习惯的程度，它只是一种惯行。"[5]

在法的起源上，不少学者持有大致相同的见解：早期法律是沿着从禁忌到习俗，再由习俗到法律的轨迹产生的；[6] 或者说法是遵循着民族禁忌—民族习惯—民族习惯法的发展轨迹演变运行，各民族通过实践传承沿袭、自发形成的民族习惯或习惯法，蕴藏着法的最一般规定，逻辑地构成了法的前身。[7] 此类认识对理解少数民族习惯法的产生有相当的启发意义，虽说民族习俗是否都由民族禁忌所演变而来可能还需要作进一步考证，但这些主张至少概括出从禁忌到习俗再到习惯法这样一种产生民族习惯法的情形。既然"法在任何一个社会中——原始的或

[1] 《列宁全集》（第 29 卷），第 432 页。

[2] 《马克思恩格斯选集》（第 2 卷），人民出版社 1972 年版，第 538—539 页。

[3] 恩格斯：《家庭、私有制和国家的起源》，人民出版社 1955 年版，第 160 页。

[4] ［希腊］柏拉图：《法律篇》，见《西方法律思想史资料选编》，北京大学出版社 1983 年版，第 21 页。

[5] ［英］梅因：《古代法》，沈景一译，商务印书馆 1984 年版，第 5 页。

[6] 张晓辉，卢保和：《论哈尼族的习惯法及其文化价值》，载《思想战线》1993 年第 4 期。

[7] 田成有：《民族法研究的理论意义和实践价值》，载《贵州民族研究》1995 年第 3 期。

文明的，真正必须具备的基本条件，是由一个社会的权威机构合法地行使人身的强制"[1]，那么当某一特定群体（比如一个部落或一个民族）的成员开始普遍而持续地遵守某些被认为具有法律强制力的惯例和习惯时，习惯法便产生了。[2] 这正如戴维·沃克所言，"当习惯、惯例和通行的做法已经相当确定并在相当一部分地区被使用，像以书面明确表述规则的法律体系一样，为人们所了解、公认并被视为具有法律约束力时，它们就可称为习惯法"[3]。所以，被少数民族社会成员集体以某种形式认可，并赋予其地域社会规范效力（在当地类似于法律一样的效力）的那部分风俗习惯即构成该少数民族的习惯法。它是族群成员出于维护社会秩序、调整人际关系等目的而由族群成员集体制定或约定俗成的行为规范或者行为模式。

我们认为，中国少数民族习惯法最初也是由习惯发展而来的。不过，我国少数民族大都没有文字。早期的习惯法，由于没有文字记载，我们无法确定它是何时产生的。居于主流地位的法学理论认为，早期的原始社会，人们与大自然、猛兽的斗争是主要矛盾，人们共同采集、共同狩猎、共同分配，人与人的关系是平等的，这时只有氏族成员间进行相互帮助的而无任何阶级内容的习惯准则。随着农业经济的出现，许多少数民族使用木质、铁制工具进行耕作，变为定居，这为提供剩余产品创造了条件，加速了私有制的形成。到了原始社会末期，出现私有制，产生剥削，阶级萌芽，人与人的关系不再平等。人与人之间的关系复杂，正常的社会秩序遭到破坏，就产生了习惯法。我们认为，尽管在法律人类学看来，习惯法是否产生于原始社会末期是有争议的，但是不管怎样，我们认定原始社会末期存在习惯法是有实证依据的，新中国成立后处于原始社会末期或原始社会残余较多的鄂伦春、独龙、怒、傈僳、景颇和佤等民族，都不同程度地存在习惯法。从理论上可以推测，当时自然环境非常恶劣，生产力水平十分低下，出于生存、繁衍等需要，人们逐渐形成了多种多样的习惯法。这样的例子很多，例如，为了求得维生的食物，产生了狩猎习惯法；为了共同防御危险与侵袭，产生了血族复仇习惯法；为了防止群婚和近亲结婚对延续后代造成恶果，保持民族的繁衍兴盛，产生了禁止族内通婚习惯法；等等。

---

[1]　[美] 霍贝尔：《原始人的法》，严存生等译，贵州人民出版社 1992 年版，第 27 页。

[2]　[美] E. 博登海默：《法理学：法律哲学与法律方法》，邓正来译，中国政法大学出版社 2004 年版，第 401 页。

[3]　[英] 戴维·M·沃克：《牛津法律大辞典》，李双元等译，法律出版社 2003 年版，第 296 页。

原始社会末期存在习惯法，并不是说其他社会形态下就不会出现、存在习惯法。事实表明，新中国成立前处于奴隶社会发展阶段的彝族就有符合他们民族、社会的习惯法，处于封建社会发展阶段的苗、侗、瑶和壮等民族也有自己的习惯法，而且往往是与乡约条规结合起来的，并且有的还有一些文字记载。如宋时洪迈所著《容斋随笔·四笔·渠阳蛮俗》中说："靖州之地（今湖南、贵州交界的靖县、通道、锦屏、黎平、天柱等地）……其风俗复与中州异。……男丁受田于酋长，不输租而服其役，有罪则听其所裁，谓之草断。"元时脱脱等所撰的《宋史·西南溪峒诸蛮下》中谈到："（嘉定）七年，臣僚复上言：'辰、沅、靖三州之地……山瑶、峒丁……立法行为，悉有定制'。"明时沈痒的《贵州图经新志》卷七《黎平府·风俗》中记有："洞人……有所争不知讼理，惟宰牲聚众。"苗族的"团规"、"联团合约"（即"埋岩"会议规约）是用文字订立的，在清代以前已经产生，直到民国时还有。侗族的"款"，现今能看到的用文字记录下来的"款条"，是清朝时订立的，直到现在仍在发挥作用。例如聚居在贵州从江县信地乡的侗族利用"款"的形式，在1979年立有款碑"信地新规"，订立了维护社会秩序的十六条规约。瑶族的"石碑制"建于明代，有文字条文。尽管在1940年国民党政府用武力"开化"大瑶山摧毁了"石碑制"，致使文字规定的条文没有了，但是习惯法仍沿袭着。壮族也有用文字订立的习惯法，现在还可以看到从清代至民国时订立的条款。[1]

第二节 少数民族习惯法的演衍

一、少数民族习惯法能够演衍的原因

关于中国少数民族习惯法存在的原因，我们认为需要区分不同习惯法的共性和个性而论。一般而言，习惯法的存在基础都要求有经济关系、政治关系、文化关系、自然关系和地缘关系等。不过，不同的习惯法因为上述关系的影响力强弱不同，因而其存在的可能性也就不同。这样，一旦习惯法的共性基础都消除，那么从逻辑上讲所有习惯法亦会消失。然而，从目前可以展望的时期看，这些共性基础尚看不到完全消除的迹象。同时，一个不容忽视的现象是，有人类就会产生习惯，这是人类社会发展的必然结果，由习惯所衍生出来的习惯法总是多少会

---

[1] 吴大华：《民族法学通论》，中国方正出版社1997年版，第369页。

存在的。所以，从个性上看，作为一种民族习惯法，将不可避免地被卷入现代化之中，[1] 某个习惯法确实只能生存在某一时期特定社会条件之下；而从共性上讲，习惯法这种规范则总会存在。本书在这里的研究点侧重于对少数民族习惯法存在原因的共性分析。

关于习惯法的存在，主流观点认为，习惯法产生后，在中国漫长的封建社会中，由于皇族、族权和绅权等多元权威并存，地方割据势力长期存在，"人治"占主导地位，法制不健全，地域辽阔，中央政权鞭长莫及，"以诉讼为耻"的鄙法观念等因素的存在，使得中国社会的习惯法不断延续，并有新的发展。而对中国少数民族习惯法的存在和发展，亦有类似的看法。有学者强调，影响着民族习惯法变化的"内发性因素"都在悄然地发生着作用；制度的变革是导致民间法变革的根本因素；替代文化的存在是民间法变迁的重要条件；宗教的因素是部分民间法存在和变迁的基础；教育的因素是民间法变迁过程中导致自觉行为的条件；社会生活的变迁是民间法变迁的基本动力。[2] 有学者认为，少数民族习惯法具有现实影响的原因：生产力发展水平的制约，自然经济仍占绝对主体地位，自然地理环境的影响，习惯法观念的广泛存在，习惯法包含有积极的因素，国家司法执法力量相对薄弱。[3] 综合上述看法，本书认为习惯法能在少数民族地区沿袭下来的原因主要有以下几个方面。

（一）历代统治者都对少数民族习惯法鞭长莫及

这是少数民族民族习惯法存在的历史传统条件，它与自古以来历代王朝采取"因俗而治"策略来治理边疆少数民族地区的传统有极大的关系。历史上少数民族地区大多可算是"山高皇帝远"的蛮荒之地，中央政权对少数民族地区的统治往往鞭长莫及，所以产生了羁縻制、土司制等管理制度。少数民族虽然生活在中国的领土上，但少数民族地区被视为"蛮荒"、"化外"之地，因而少数民族对朝廷或者官府所实施的民族压迫政策持警惕的态度，与朝廷、官府保持一定的距离，所谓"听宣不听调"。由于社会发展水平不同，风俗习惯不同，中央政权的法制即使传到少数民族地区，有的也并不能奏效，史籍往往记载有："绳之以

[1] 王小龙：《民族习惯法的现代化及前途——以京族〈哈亭亭规〉为例》，载《边缘法学论坛》2013 年第 1 期。

[2] 高发元：《跨世纪的思考——民族调查专题研究》，云南大学出版社 2001 年版，第 183—187 页。

[3] 高其才：《中国少数民族习惯法研究》，中国政法大学博士学位论文，2002 年 4 月，第 150—153 页，CNKI 数据库。

法，则群然以哗"，"大抵人物犷悍，风俗荒怪，不可尽以中国教法绳治，姑羁
縻之而已"，"蛮夷之俗，不知礼法，与中国诚不同"，"不必绳以官法"，等等。
正是受到少数民族风习的众多差异以及中央政权法律的鞭长莫及等情形的制约，
为了维护当地的生产生活秩序和社会治安、解决各种纠纷，我国古代各朝统治者
对有着殊俗的少数民族，往往依据其旧有的风习进行统治和管理。因而在中国
法制史上，中国少数民族法制有一个很大的特点，即依法实行少数民族地区"自
治"。这种状况早就存在于秦统一中国之前，在秦律中的《属邦律》就记载了当
时的行政区域实行"道"制这一历史事实。这是少数民族在漫长的生存和繁衍过
程中，其习惯法得以长期蕴存的历史原因之一。

（二）中央政权法制与少数民族习惯法相互援用

历史上中央政权法制自身总是存在难以避免的种种局限和缺陷，这就降低了
它在实施过程中的灵活性和可操作性。比如，我国封建法典中关于钱债、田地、
户籍和婚姻等方面所规定的民事法律条文少而简陋，即法制不完善，致使所起的
作用不大；而习惯法和儒家的礼却在实际生活中起着很大的调节作用。这证明，
习惯法与国家法相比更容易适应当时当地的现实语境。社会生活是具体的、多变
的，尤其是偏远的少数民族地区还具有相当程度的分散性和封闭性，中央政权法
制不可能在一切问题上都做到天衣无缝、缜密周延，因此一些国家法在多民族地
区的实施面临着尴尬的"两难"境地：在民间层面是法制渗透力不够，使得法律
权威大打折扣；在国家层面是司法资源比较有限，即使意图加强法律实施也不能
不计成本。这样，少数民族习惯法在少数民族地区可以弥补中央政权法律的不足
和空缺。同时，历代的官府衙门森严，判官借机敲诈勒索，人民"怕官如怕虎"，
所以有"官司打一场，不死也是伤"的谚语。少数民族多居住在边远地区，他们
有事也就不愿长途跋涉、翻山越岭奔告官府，反而愿意就地请求本民族的头人断
处。而有些民族地区的头人为控制本民族人民，也严禁"私自奔告"官府，如果
万不得已，只能由头人"代告"或"带告"。在漫长的中国社会发展的历史长河
中，出现过不少朝廷王法与民族习惯法相互援用的现象。有学者从法制史的角度
考证，清代西南少数民族地区的习惯法作为多元纠纷解决机制中的"一元"，因
国家正式纠纷解决机制的推行而产生适用范围总体缩减、法律效力不断减弱的显
著变迁。这种变迁具有鲜明的非均衡性和国家主导性，并使西南少数民族地区纠

纷解决机制由多元并存转化为多元交错。[1] 尽管这可能说明随着社会的变迁，国家法律对少数民族习惯法的影响有着不断增强的趋势，但是一个客观的历史事实是，自少数民族习惯法产生至今，它与国家法律总是处于并存的状态。不健全的中央政权法制不能解决所有问题，这种状况给多样化的民族习惯法留下了市场。

（三）少数民族习惯法具有一定的社会功能

少数民族习惯法生于民间，源于禁忌和习惯，它代表和满足了一定地域和一定族群内人们的需要，传统和风俗习惯是人们生活的保障。这是它们能够长存下去的实质性条件。由于伦理观念、历史传统和风俗习惯等因素的不同，少数民族习惯法具有较为深厚的社会内涵，它对社会生活多个方面都有一些差异较大的规定。这些规定被少数民族这个相对特定的社会群体所选择、收纳和共享，并经过时间的积淀净化，得以绵延、传递，因而具有较高程度的稳定性、延续性和群体认同性。与国家制定法相比较，作为一种自发的社会规范，少数民族习惯法具有贴近普通民众日常生活的优势，在本民族或本族群中的影响更大，对规范该地区秩序更具有便捷性。这种通常源自少数民族地区民众自愿选择的习惯法，反映了他们的生产、生活经验和一般道德判断，具有裁判、教育和调节等功能[2]，因而不同的民族习惯法能够在不同的地域范围内对其正常社会秩序起到一定程度的维护作用。并且，少数民族习惯法的实施成本较低，它主要依靠少数民族社会舆论、成员共同信念、群体力量以及民族传统意识和首领的威信，甚至神明的力量等来实施。

（四）少数民族习惯法具有独特的文化底蕴

涂恩瓦曾说过："法律并不是社会力量的直接反映，而是对政治与社会关系的组织的需求与努力在特定人群的脑海里呈现出来；因而，法律是受到思考方式与心灵状态以及祖先们的规则习惯所限定的。我们必须从根本上认定：整个文化是法律的背景。"[3] 由于自然地理、生活环境、经济状况、风俗习惯、文化发展和历史传统有别，不同的少数民族有着自身文化的独特性，这导致了民族文化多元

---

[1]　朱艳英：《清代西南少数民族地区多元纠纷解决机制中习惯法的变迁》，载《玉溪师范学院学报》2008 年第 6 期。

[2]　吴大华：《民族法律文化散论》，民族出版社 2004 年版，第 18—40 页。

[3]　林端：《儒家伦理与法律文化：社会学观点的探索》，巨流图书公司 1994 年版，第 50 页。

化（同时也是整个中华文化的显著特征之一）的格局。文化上的多元带来了法律上的多元，少数民族习惯法是少数民族社会历史发展到某个阶段的产物，是在特定的历史文化土壤中形成的，少数民族地区由此形成了各具特色的民族习惯法文化。作为一种扎根于本土的民间文化，少数民族习惯法文化不是也不可能与其他文化因素相隔离而独自演变或泯灭，它的变迁只是社会文化变迁的一部分。所以，从少数民族社会历史文化的大背景看，少数民族习惯法作为历史文化的产物，既具有较为深厚的文化底蕴，又具有巨大的惯性力量，因而至今仍然普遍存在，是实际存在于民族地区现代社会的有效秩序和规范来源。

（五）少数民族习惯法具有经久的民众心理

相对来说，少数民族民众对中央政权的法制是陌生的，因而那些生疏的国家法律制度较少能够内化为他们生活中的自觉观念，这样在纠纷解决途径的选择上，少数民族民众大多倾向于运用自己熟知的那套习惯法知识。这是因为少数民族习惯法适应了民族地区一定的经济关系和人文环境，培育了一种社会人格，生长在这一特定文化土壤上的人们共享着它所承载的信息，并将其内化为人们的主导价值选择。在当地这个可谓"生于斯、死于斯"的熟悉社会里，富于地方性的少数民族习惯法通过一代又一代人的沿袭，融化在少数民族群体成员的思想意识和行为举止中。对于少数民族群体中的个体成员来说，其经过成长过程中长期的耳濡目染，在不知不觉中已经将各种习惯法内化为自己的价值观念和行为规范。到了成人后习惯法已经成为他思想意识的一部分，就像接受了一种习惯一样，他对习惯法的运用如行云流水一般自然而然。正如我国著名学者费孝通指出，像这一类的传统，不必知之，只要照办，生活就能得到保障，自然会产生价值。我们说"灵验"，就是说一种不可知的魔力在其中。依照着做就有福，不依照就会出毛病。于是人们对于传统有了敬畏之感。[1] 有了这种思维方式的基础，少数民族习惯法也就更容易通过一代又一代人沿袭下来了。

二、少数民族习惯法传承的主要形式

由于受到自然、地理等因素的影响，我国少数民族地区的社会发展存在严重的不平衡和封闭性，在自给自足的自然经济占主导地位的各少数民族中，其生产

---

[1] 费孝通：《乡土中国》，三联出版社 1985 年版，第 52 页。

力长期处于欠开拓和欠发展的阶段，这种较为落后封闭的经济发展状况制约着少数民族社会的进步与发展。少数民族习惯法作为少数民族社会生活的重要组成部分，被深深地打上了该社会的烙印，与社会要解决的问题紧密地联系在一起，体现着社会生产生活规范，自然也不会例外。从少数民族社会生活那种连续而又缓慢的变迁历程看，"民俗是一条流动的河，不变的民俗是不存在的"[1]。少数民族习惯法的变异性特征也在少数民族社会发展中体现出来，它随着少数民族社会的发展而发展，随着少数民族的物质生活和思想意识的变迁而变迁 —— 年代不同，少数民族习惯法所反映的内容也不相同，有些旧的但仍然有用的习惯法内容被保留了下来，而新的习惯法内容又不断增加。就这样，少数民族习惯法在历史长河中经历了从松散、零碎、局部的习惯性规则到较为严格、系统、完整的制度规范的变迁。

正如克莱德·伍兹所言，"文化的变迁即是一个民族生活方式的任何变迁，不论这种变迁是由内部的发展或是由不同生活方式的民族接触所引起"。[2]自国家产生以来，在少数民族习惯法的发展过程中，少数民族社会基本上始终交织着外部移植（贯彻）中央政权法制规则和内部形成自生自发规则的两种变迁模式。在这种带有双重秩序性质的演化路径下，由于各民族所处阶段和形式的差异，不同少数民族习惯法所受到的影响是不一样的，因而变迁的速度和方向也有所差异。比如在明清时期，同样是在强势的中央政权法制及其法文化的冲击下，与外界联系较多的少数民族的习惯法变迁受到较多的外在影响，如满、彝、苗、侗、瑶、壮等民族，其习惯法都因中央政权法制推行而发生了不可程度的变化。相比而言，那些因地理环境的封闭而与其他族群处于相对隔离状态的少数民族（如佤、独龙、鄂伦春等民族）受到的影响甚微，其习惯法的变化往往都是自发演进的结果。这是因为，一方面满足少数民族民众对社会秩序价值的需要是少数民族习惯法产生的根据，这些民族原有的经济结构和社会组织形式并未发生重大变化，其自发推陈出新的习惯法基本上能够满足当地的秩序要求；另一方面这些民族长期处于与中央政府缺乏有效联系的封闭社会状态，中央政权法制鞭长莫及，因此其习惯法的变迁往往也就更多地受以往传统习惯法的影响。尽管少数民族习惯法在变迁过程中所受外来影响有大有小以致内容变化程度各有差异，但是从总的情况看，其传承形式主要有口头和文字等，其中又以口头传承形式为最多。

---

[1]　苑利，顾军：《中国民俗学教程》，光明日报出版社 2003 年版，第 23 页。

[2]　［美］克莱德·伍兹：《文化变迁》，施惟达，胡华生译，云南教育出版社 1989 年版，第 123 页。

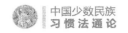
（一）口头传承

上文已谈过，少数民族习惯法大多来源于各少数民族的禁忌和习俗，经过一定时期的发展后，它的内容基本囊括了少数民族社会生活的方方面面，大到各部落间的纠纷，小到各个家庭内部的事务。并且其分类与现代法制的主要部门也有一定程度的形似。比如，刑事方面涉及了盗窃、抢劫、纵火、伤害、虐待、强奸和杀人等；民事方面涉及了物权、债权、租佃、婚姻、（结婚、离婚）、继承等；环保方面涉及了自然资源如土地、森林和动物的保护等，对上述内容都有较为详细的规定。从逻辑上可以推测，少数民族习惯法最初产生时期尚未创制文字，因而当时不可能出现成文习惯法，这样最初那些在日常生活中约定俗成的习惯法，其传承大概是由长辈口头传给晚辈或者是社会成员在成长过程中通过耳濡目染形成的。通过考证，我们可以发现在没有文字传承或文字传承功能不强的民族中，口承文化是特别丰富的。从那些历史上从来没有产生过文字的民族来看，其习惯法大都通过口承的方式以不成文形式传承下来；即使在拥有本民族文字的民族中，那些大凡文字记载功能不强或者文字在本民族成员中传播范围极为有限的民族，其习惯法依靠口承的情形也比较多，以此弥补其书面文献记载的不足和缺憾。在口承文化比较丰富的民族中，其习惯法传承的具体途径主要是，通过丰富的民族神话、诗歌、故事、格言和谚语等具有口头传载作用的方式保存下来。那些蕴含在世代相承、口耳相传和常诵不断的口承文化中的具体内容是少数民族人民法律观念形成、法律意识培养的关键。

以西南地区的少数民族为例，我国西南的一些民族历史上就没有文字，有的民族有文字但民间运用不广泛，有的民族在新中国成立后才创制文字，这些民族的习惯法自产生之时起大都一直以口耳相传的方式沿袭、传授，以至于形成了一种口承文化传统。特别突出的是，这些民族的神话、谚语、格言、诗歌和故事等一般都很丰富，人们口耳相传、熟记于胸，其中关系到人们的道德规范、行为准则和守法观念等习惯法内容的诗歌、格言和谚语几乎人人能诵、张口即来。这些情形不但对各民族法意识的养成具有十分重要的作用，而且更容易将习惯法转化为人们的行动准则和行为规范。

在神话传说、故事传说方面。比如，景颇族巫师"斋瓦"在族人举行婚礼时，就要向全体族员讲述《创世纪》和"洪水神话"，把人类蒙昧记忆中兄妹结婚解释为劫后余生，迫不得已而为之，是为了不使人类灭绝，由神意决定的。其目的在于以祖训的方式告诉人们"同族不婚",实行氏族外婚,倡导本族的姑舅表婚,反对姨表婚。这反映出在西南地区母系家族色彩比较浓厚的民族中,把姨表兄弟姐妹视为同一氏族,他们之间的婚姻在禁止之列。又如,有些故事体现了少数民族各种原始朴素的政治法律思想,不少民族的故事传说都涉及民选官职的原始民主政治传统。景颇族的《罗孔扎鼎》反映了其社会生活中的原始民主制,而哈尼族的《马鹿儿子》、拉祜族的《扎娃和金镯姑娘》、德昂族《金鱼姑娘》都谈到过民选头人的事。

在谚语、格言方面。比如,彝族有谚语:"奴隶作恶沉水底,黑彝作恶掉路旁",它体现了彝族奴隶和统治阶级在死刑执行上的不平等。藏族有谚语:"没有自然的法则,哪有人的法规"、"执法如山的法庭中,有闻听和诉说的时间",[1] 前句体现了古朴的自然法思想,后句则表明对百姓诉讼权利的保护。又如,在藏族习惯法的传承方式中,格言以简洁而明快的形式、富有哲理的内容,来告诫人们怎样学习、做人及识别真伪、分清是非等许多做人的伦理标准和道德规范。当法律的社会效力严重消减或无章可循时,格言虽然没有法律的强制效力,但由于它的群众性、广泛性,人们会自觉地用格言来约束自己的行为规范。所以除了《世俗精要蔓珠》、《萨迦格言》外,藏族还有诸如《格丹格言》、《水树格言》、《铁喻格言》和《火喻格言》等非常丰富的格言宝库。[2]

在诗歌、理词方面。比如,彝族有诗歌:"姑表亲事成,柏树开花了,花开在舅家,泉水流不尽。"[3] 这表明其民族盛行"姑舅表兄弟姐妹优先婚"习俗。又如,苗族属于口承习惯法中具有典型性的民族,与其他口承文化民族不同的是,苗族不仅有形式多样的"古歌"(诗歌),而且还有相当丰富的"古词"(理词)。从内容上看,古词短的有几百行,长的则有上万行。古词汇集了很多种案件,除了案情和相应的惩罚外,还包括民事纠纷、刑事案件的审判标准和理老在司法中判断曲直、解决争端的程序,后者实际上是苗族村落社会解决纠纷的"程序法"。[4] 而苗族"椰规"的传承,也主要通过词师唱词、就案讲法和法理的讲解来实现的,充分体现了口承法律文化的特色。[5]

---

[1] 《山南民间谚语集成》,云南人民出版社 1994 年版,第 5 页。

[2] 杨士宏:《藏族部落习惯法传承方式述略》,载《青海民族学院学报(社会科学版)》2004 年第 1 期。

[3] 《云南彝族歌谣集成》,云南人民出版社 1996 年版,第 238 页。

[4] 徐晓光,吴大华等:《苗族习惯法研究》,华夏文化艺术出版社 2000 年版,第 154 页。

[5] 吴大华,徐晓光:《苗族习惯法的传承与社会功能》,载《贵州民族学院学报(哲学社会科学版)》2000 年第 1 期。

（二）文字传承

我们知道，文字是社会发展到一定阶段的产物，它使习惯法成文化成为实现，从而使其更能够满足当时社会的需要。历史的车轮推动社会生产力不断向前发展，社会生活也变得日益多样，少数民族习惯法为适应形势需要，逐步由单一走向多样复杂化，它的形式和内容也变得更为严格和规范。而文字的出现，正好便于记载少数民族社会中的人口、财产以及林林总总的规约，不但使少数民族习惯法更好地满足社会需求，而且加速了少数民族习惯法成文化的趋势，使得有些少数民族习惯法有了文字的表达形式，从而能够将其当时的原貌流传至今。

具体而言，随着社会生活、生产环境的变化，有的少数民族创制了本民族文字或者是引入外民族文字，于是开始用文字来记载习惯法。从其承载的材质来看，除了通过纸质材料来保存其习惯法之外，还有不少民族的习惯法是通过将文字刻写在器物上来传承的。在当前可见的少数民族习惯法承载器物中，有石牌、石碑文本、石柱文本[1]、竹片文本等形式，其中又以石牌、石碑文本为最多。因而在此仅简要分析少数民族习惯法的石牌、石碑文本传承情况。石牌、石碑作为习惯法的传承形式不是某一个民族才有的，实际上在很多少数民族社会都存在这样的石牌、石碑文本，试略举几例。

比如，"石牌律"是广西瑶族的一种民间法律，是经过群众议事会商定的维护生产和社会秩序的条文，多是镌刻在石板上的成文习惯法。"石牌律"的名称，在瑶族的口语中有不同的称谓，有的叫"料令"，有的称"班律"或"五料三朵"，有的称为"条规"或"规条"，有的简称为"律"。每块石牌上条文多少不一，最简单的只有3条，最多的有31条。到1990年，在广西金秀共发现33块石牌律，其中有23块镌刻在石牌上。[2]

再如，羌族的石碑习惯法也比较多见，至今在四川羌族地区，还可以看到"牟托土巡检石碑告示"、"静州土司石碑告示"、"岳希土司石碑告示"（道光二十三年）、"茂县黑虎乡耕读百吉村四位乡约公议文石碑"（道光二十三年）等记载有习惯法的石碑，[3] 从中反映出历史上羌族习惯法的一些内容。

---

[1] 于维敏，文小勇：《阿昌族习惯法的传承与社会功能》，载《中南民族大学学报（人文社会科学版）》2002年第5期。

[2] 姚舜安：《瑶族民俗》，吉林教育出版社1991年版，第14页。

[3] 冉光荣等：《羌族史》，四川民族出版社1985年版，第232页。

又如，从侗族的情况看，物的昭示传承 [1] 也是侗族习惯法的一种传承方式。调控侗族社会并被普遍执行的最主要款约《六阴六阳》（即六条重罪和六条轻罪，又名"大款"，最初是不成文的），被许多侗民用汉文刻于石碑上。侗民石碑的出现，表明所有族民在情感、思想和行动上必须无条件服从石碑上的款约规定，不得违抗。

我们推测，石牌、石碑之所以被选作习惯法承载物，最初很可能是为了更为长久地"存留后记"，警戒后人，所以凿石以记之。但不管怎样，石牌、石碑文本的意义显然是不容忽视的。民族习惯法以石牌、石碑为载体公布，不仅使这些民族法的珍贵资料保存至今，而且在当时起到了稳定村寨社会的重要作用；"石碑大于天"的意识强化了族群的内部控制，在很大程度上能限制文化传承发生激烈的变异，即使变异也将维持在利于本族群传统文化延续的范围内；同时，以石碑的形式记载习惯法对少数民族民众也起到良好的宣教功能，时时警醒族民遵循传统，从而强化了族群社会的整合性。

---

[1]　陈黎明：《占里习惯法的传承方式及其教育内涵分析》，西南大学硕士学位论文，2007 年 4 月，第 12—24 页，CNKI 数据库。

少数民族习惯法的性质与特征

相对于国家法律而言，少数民族习惯法是少数民族地区适用的民间法，它具有民族习惯路径、个体心理依赖以及民族文化传承等便利条件的支撑。在一定范围内的民族地区，少数民族习惯法至今仍然是维护社会秩序、规范人们行为的重要规范。[1] 要在当代依法治国观念下关照少数民族习惯法，需要研究少数民族习惯法的性质和特点，以谋求恰当的方式传承更新它们，从而促使少数民族习惯法能够在实践中同国家法律协调一致，通过理念与制度的双轨推进民族地区法治，维护民族地区的社会稳定。

第一节　少数民族习惯法的性质

鉴于中国少数民族习惯法是中国习惯法体系的重要组成部分，是中国习惯法体系中内容最丰富、影响最大的一类习惯法，[2] 因此，要分析少数民族习惯法的性质，需要考虑习惯法的性质。

---

[1]　张殿军：《少数民族习惯法的制度空间与"合法化"路径》，载《吉首大学学报（社会科学版）》2012年第4期。

[2]　高其才：《中国少数民族习惯法研究》，中国政法大学博士学位论文，2002年4月，第6页，CNKI数据库。

一、概念和定性

（一）习惯法的概念

"习惯法"一词，是在近代西方法学、民族学等传入我国后才开始采用的。据学者的考证，较早使用该词的中文学术论著为 1910 年张亮采编著的《中国风俗史》。[1] 关于习惯法概念的理解有多种：学者高其才认为，习惯法是独立于国家制定法之外，依据某种社会权威和社会组织，具有一定的强制性的行为规范的总和；[2] 学者龙大轩认为，习惯法是在某一特定地区或特定群体中，因约定俗成或由公众授权的权力团体制定的，表现为口诵或成文形式的，为众人遵循的具有强制执行力的行为规范；[3] 学者梁治平认为，习惯法乃是这样一套地方性规范，它是在乡民长期的生活与劳作过程中逐渐形成的，它被用来分配乡民之间的权利、义务，调整和解决他们之间的利益冲突，并且主要在一套关系网络中被予以实施；[4] 学者范宏贵认为，习惯法是从原始社会以来各民族民间为维护社会秩序、保障社会安宁、使社会成员健康发展、调整人与人之间关系而自然形成或社会成员集体制定的行为规则；[5] 等等。

我们认为，从下面这种较广义的角度来理解习惯法是可取的：习惯法是维持和调整某一社会组织或群体及成员之间关系的习惯约束力量的总和，是由该组织或群体的成员出于维护生产和生活需要而约定俗成、适用于一定区域的、带有强制性的行为规范。习惯法的强制可以由国家实施，但更多的是由一定的组织或群体公认的社会权力来实施，后者或因国家认可和未明确表示不认可而合法，或因社会授权而合法。[6] 所以，本书认为，习惯法是指由某特定地域群体组织成员所约定俗成或者由该组织中某社会权威所确立而非国家所制定的，具有习惯性和强制性的行为规范的总和。

---

[1]　邹渊：《习惯法与少数民族习惯法》，载《贵州民族研究》1997 年第 4 期。

[2]　高其才：《中国少数民族习惯法研究》，中国政法大学博士学位论文，2002 年 4 月，第 4 页，CNKI 数据库；高其才：《习惯法与少数民族习惯法》，载《云南大学学报（法学版）》2002 年第 3 期。

[3]　龙大轩：《民族习惯法研究之方法与价值》，载《思想战线》2004 年第 2 期。

[4]　梁治平：《清代习惯法：社会与国家》，中国政法大学出版社 1996 年版，第 1 页。

[5]　范宏贵：《少数民族习惯法》，吉林教育出版社 1990 年版，第 30 页。

[6]　俞荣根：《习惯法与羌族习惯法》，载《中外法学》1999 年第 5 期。

（二）习惯法的定性

1. 习惯法的定性分歧

习惯法是不是法，我国学术界历来有分歧。一种主张认为，法与国家不可分，只有经过国家认可、体现统治阶级意志的行为规范才是法，即使是民间大量存在的习惯法也须由国家权力承认，否则就不是习惯法。比如，有学者认为，所谓的习惯法其实就是群体意义上的习惯做法，就是习惯规范。习惯法可以作为一个分析性概念使用，而不能把它当成一个与国家法相对应的分类概念使用，更不能把各种规范随意地、人为地、想当然地"加冕"为法，或者把"法"作为商标任意贴在各种规范上。国家法之外还有所谓的习惯法这一说法是不科学的，存在很多弊端，会产生一些困惑与误导，会造成国家法之外还有法的错觉，形成国家法中根本没有认可、没有采纳甚至拒斥习惯的印象。[1]

另一种观点认为，法并不必然与国家联系，凡是带有强制性的社会规范，只要具有实施物质强制的社会授权的权力者或权力机构即是法；换言之，只要拥有社会认可的个人或团体通过被认可的方式强行实施某种规范以维持社会秩序，那么这种社会规范就是法。比如，有学者认为，对法的概念应作广义的理解，凡是为了维护社会秩序进行社会管理，而依据某种社会权威和社会组织，具有一定的强制性的行为规范，均属于法范畴、体系之列，这个体系大致包括国家制定法和各种习惯法两大类。国家这一特殊的社会组织可以对习惯法进行认可，使之具有双重效力，也可以在国家制定法中反映习惯法的内容。但习惯法从总体上仍区别于国家制定法，与国家制定法有着严格的界限甚至互相对立。[2]

2. 法律多元理论肯定习惯法的法律性质

在上述分歧中，后一种主张实际上更多的是从法社会学和法人类学的角度出发，坚持的是法律多元立场。从法人类学的观点看，法律仅仅是运用组织起来的社会力量，调节个人和群体的行为，并为防止偏离既定的社会准则而惩处违反这些准则的行为。因此，法律多元理论认为，作为社会控制系统的组成部分，法律本身就是一个复合体。在人类法律史上和现实的法律生活中，从未有过单一的

[1] 田成有：《"习惯法"是法吗》，载《云南法学》2000年第3期；孙国华，杨思斌：《"习惯法"与法的概念的泛化》，载《皖西学院学报》2003年第3期。

[2] 高其才：《中国少数民族习惯法研究》，中国政法大学博士学位论文，2002年4月，第5—6页，CNKI数据库。

法制，传统教科书描述的仅仅是国家法的运行过程，而且这种描述也不一定完全真实。这种观点得到了大多数法社会学家和法人类学家的认同。就现实的情况讲，日本法人类学家千叶正士曾经指出，法律多元在当代的存在已成为一个不争的事实。[1] 从我国一些少数民族地区民众的法律生活来看，其中有以国家法为主的，也有以本民族的习惯法为主的；在那些以习惯法为主的地方，国家法在调整社会秩序，特别是解决民事纠纷方面所起到的作用非常小。法人类学家认为，这种现象就是一种法律多元的表现；或者说，在法社会学家看来，这是实实在在的"活法"现象。

习惯法何以能如此呢？学者梁治平的观点可能会带给我们一些启发。他认为，就其性质而言，习惯法乃是不同于国家法的另一种知识传统。习惯法的权威与效力，并非由国家授权而取得。它们所行使的裁判权乃是由其自己创造的，而非出自某种更高权威的授权。[2] 这种观点使我们在思考习惯法的定性问题时，能够将思维空间变得相对开阔一些。它告诉我们，相比国家法，习惯法有其自在角色；习惯法影响力的存在不以国家产生为前提，它的权威产生于某种实施物质强制的权威或权力团体，而这种权威或者权力团体的形成来源于地域群体公众的授予。

这与美国法人类学家霍贝尔的主张可谓不谋而合。霍贝尔认为，在任何社会里，无论是原始社会还是文明社会，法律存在的必要条件是社会授权的当权者合法地使用物质强制。这样，在他看来，法是这样一种社会规范，当它被忽视或违反时，享有社会公认的特许权的个人或团体，通常会对违反者威胁使用或事实上使用人身的强制。[3] 由此推演，虽然初民社会还没有出现国家权力机构，但已经出现了法；即使后来产生了国家，并形成了国家法，习惯法也未因此失去法的性质而消失。换言之，在国家成文法出现前，习惯法就已经存在并发挥了维持社会秩序的作用；在国家法产生以后，在一些少数民族地区和乡土社会，国家法并不发达，出于一种地方性知识和维持地域群体生存和发展的需要，全体成员还是普遍认可并遵循着一些强制性的规范，这些涉及人们的生产、生活多方面的强制性规范就是习惯法。

---

[1]　[日] 千叶正士：《法律多元——从日本法律迈向一般理论》，强世功等译，中国政法大学出版社1997年版，第2页。

[2]　梁治平：《清代习惯法：社会与国家》，中国政法大学出版社1996年版，第1、28页。

[3]　[美] E.霍贝尔：《原始人的法》，严存生等译，贵州人民出版社1992年版，第5、27页。

此外，英国学者哈耶克认为，法律是指社会在长期的文化进化过程中自发形成的规则，也即自生自发秩序或内部规则。[1] 而且在法人类学中，也有根据规则资源的形成来源而将规则划分为"正式规则"和"非正式规则"的提法。其中"非正式规则"是指某地在一定的社会背景下，根据本地的实际需要而自发形成的一系列操作性较强的维护社会秩序、配置社会资源和保护本地区成员利益的规则。[2] 通俗地讲，"非正式规则"也可称为"内部规则"，是某社会群体内部共同认可的、成文或者不成文的行为规范。如果将国家法视为社会生活中的正式规则，那么民间社会存在的习惯法基本上可以说是典型的由自生自发秩序所衍生的非正式规则或内部规则，它们是维持当地基层社会秩序有效运转的规矩与范本。所以，当法律可以被宽泛地理解为是一种"使人类行为受规则统制的事业"的时候，它需要纳入那些直接出自社会的活生生的秩序规则，其中包括习惯法。

3. 习惯法是一种准法规范

前文谈到，传统的法律观不承认习惯法是法律，而法人类学则坚持习惯法是一种法律。这二者孰是孰非？我们认为，争议的焦点在于对"法"的界定存在不同的理解，归结到一点，就是此"法"与彼"法"的差异，即习惯法所言的"法"非国家法所言的"法"。因此，照此趋势争论下去，很可能不会有什么好的对话结果。为了不至于最终分裂成理论上不对话的"自说自话"，从而在学科或者理论之间建立一条沟通的桥梁，也就需要尽力在分歧当中寻求可能的对话契机。所以，在习惯法的定性问题上，我们既不能忽视习惯法作为地区秩序规范的客观存在，也不能不顾及国家法在当代几乎具有决定性的现实影响，这就需要在二者之间找到一种互为参照的折中。

根据我国台湾学者杨仁寿先生对习惯法作的分析，成文法、习惯法和法理皆为法律的渊源。在18世纪以前，各国几乎都以习惯法为主要法源，一则法典未立，二则社会关系单纯。到了19世纪，各国法典纷纷制定，在"法典万能主义"思潮影响下，成文法为法律之全部内容，对习惯法固多方歧视，更从根本上否认法理可为法源。20世纪以后，社会情况复杂，且变化甚巨，成文法不能适应实际需要，习惯法与法理之地位因而日趋重要，判例及学说亦成为补充的法源。但一般而言，习惯法在民事领域广泛存在而且普遍适用，而刑事领域则因与罪刑法

---

[1] ［英］哈耶克：《法律、立法与自由》（第一卷），邓正来等译，中国大百科全书出版社2000年版；转引自谢晖，陈金钊主编：《民间法》（第二卷），山东人民出版社2003年版，第92页。

[2] 李怀：《非正式制度探析：乡村社会的视角》，载《西北民族研究》2004年第2期。

定原则有所悖反而遭到排斥。[1] 这说明，习惯法或是在一定程度上弥补了国家制定法的不足，或是在一定范围内代替了国家法发挥作用，或是与某领域的国家法有冲突，但不管怎样，这些情况都证明了习惯法的客观存在。

　　此外，习惯法作为一种传统，历经文化长河的洗礼，早已深入当地民众的思想意识及行为中，成为他们心理意识的一部分，适应了他们的经济关系、人文模式。因此，生长在这种文化环境中的人都在自觉不自觉地遵守着它。习惯法已成为这些特殊地区、特殊人群的"标准法律规范"。[2] 这样，既然习惯法是一种已发生且正进行并将持续的制度性事实，其在总体范围上只有大或小、多与少的程度之别，而无存与否的性质之差。如果不承认那些习惯法，不但在理论上可能会造成尴尬境地，而且在实践中也将进退维谷。

　　所以，在我们看来，下述观点对于习惯法的定性有借鉴意义。"习惯法"这一术语被用来意指那些已成为具有法律性质的规则或安排的习惯，尽管它们尚未得到立法机关或司法机关的正式颁布。[3] 这种说法肯定了习惯法在社会中是作为带有法律性质的习惯而得到运用的社会规范，即尽管习惯法在生活领域与国家权力没有直接关系，但是还是被当地社会的组织和个人当做法律一样遵守。习惯法具有的非常重要的特点是，它是未经过国家立法却具有类似法的特征，因而能够像法一样起作用的秩序规范。同时，这种说法还顾及了国家法的现实影响，所借用的参照即是国家法。它并不强调习惯法在形式地位上等同于国家法或者与国家法不相上下，换言之，该说法既强调了习惯法具有法律一样的性质，但也不认为习惯法与法律规范没有差别。

　　基于上述的理解，我们还是坚持认为，习惯法是民间具有习惯性和强制性的准法规范。[4] 它是一定地域和一定社会区域内的群体成员自发形成或约定俗成的反映该地域或社区成员共同需要的行为规范，它主要不是靠国家力量强制执行，而是凭借获得民众授权的民间权威来保障实施。

---

[1]　杨仁寿：《法学方法论》，中国政法大学出版社 2000 年版，第 205—209 页。

[2]　王启梁：《关于习惯法的若干问题浅议》，载《云南法学》2000 年第 3 期。

[3]　［美］E. 博登海默：《法理学：法律哲学与法律方法》，邓正来译，中国政法大学出版社 2004 年版，第 400 页。

[4]　吴大华：《民族法学讲座》，民族出版社 1997 年版，第 258、263 页。

二、少数民族习惯法的性质

（一）少数民族习惯法也是一种准法规范

少数民族习惯法是指由少数民族地区的少数民族群体成员所约定俗成，或者由该群体中某个获得认可的社会权威所确立而非国家所制定的，具有习惯性和强制性的行为规范的总和。少数民族习惯法的形成原因既有自然地理、生活环境、经济状况和风俗习惯的因素，也有文化发展、历史传统的因素，[1] 但最基本的一点是，它是我国广大少数民族在千百年来的生产生活实践中逐渐形成，而又在世代沿袭中不断发展，并为本民族成员所信守的强制性行为规范。因此，少数民族习惯法理所当然地成为中华法系的一部分，可以被视为中华法制文明演进史上的一种特殊形态。

不同少数民族对其习惯法有不同的称谓，比如，有的叫规约，有的叫款约，有的叫章程，有的叫古法，有的叫规约，有的叫榔规，有的叫民法，有的叫规矩，有的叫料条（规条），有的叫阿伲理，等等。[2] 由于地理、文化等影响因素仍然植根在少数民族的社会深处，少数民族习惯法至今在我国少数民族的生活中仍有重大影响，甚至在一定程度上还左右着少数民族的社会运行与文化发展。尤其是在那些生产较落后、交通较闭塞、国家法律影响力较小的少数民族地区，大量存在的具有强制性的民族习惯法自然是当地少数民族民众调整社区生产、生活等关系的秩序规范。虽然屡次遭到包括国家力量在内的外来因素的干涉或渗透，但有些少数民族习惯法还是能够顽强地保留下来并发挥作用。比如，我国四川西部的凉山地区，在自民主改革后习惯法就被国家权力禁止，后来又历经人民公社化、"四清"运动、"文革"动乱、阶级斗争为纲等种种运动，但是都未能清除习惯法在彝族人民心中的法律权威形象。在 20 世纪 80 年代以来，由于国家权力的宽容，习惯法得以复苏、活跃，在处理一般民刑纠纷中几乎取代了国家法的地位。

笔者认为，从少数民族习惯法的性质上讲，一方面，少数民族习惯法与少数民族习惯有着本质的区别。区分二者的标准为：习惯或风俗习惯包括的范围很广，是本民族全体成员共同自觉遵守的规则；习惯法则是民族内部或民族之间为了维

---

[1] 高其才：《中国少数民族习惯法研究》，中国政法大学博士学位论文，2002 年 4 月，第 6 页，CNKI 数据库。

[2] 吴宗金：《中国民族法学》，法律出版社 1997 年版，第 56 页。

护社会秩序，调整、处理人们的相互关系，由社会成员共同确认的，适用于一定区域的行为规范，它的实质是惩处破坏社会秩序的法则。[1] 另一方面，少数民族习惯法是我国习惯法的重要组成部分，它的性质不能不受制于习惯法的性质。既然习惯法是民间具有习惯性和强制性的准法规范，那么少数民族习惯法实质上也是带有习惯性和强制性并有别于法律的准法规范。[2]

（二）对少数民族习惯法准法性的理解

我们说少数民族习惯法的实质是有别于国家法律的准法规范，它涉及两个需要解答的问题：这里的准法规范是什么？少数民族习惯法作为准法规范的体现是怎样的？

1. 何为准法规范

谈及准法规范，首先不能漏掉一个参照前提，那就是以法来参比。笔者认为，此处准法的"法"，自然是指国家法。我们的思考是，或许习惯法的确也可以像法人类学主张的那样，是一种"法律"，但是我们还是认为，这种"法律"跟那种列为国家法的"法律"不是一回事。在当前建设法治国家的时代大背景下，不管法律人类学者愿不愿意承认，国家法在全国范围内实际上还是居于决定性的主导地位：任何非国家法的规则，尽管可能在某些局部地方有超过国家法的声势，但是在这些规则的背后，我们还是能够发现国家法几乎都有着左右它们的潜在力量，尤其是与国家法直接悖反那些规则，其招致否定的风险更大。这样，出于时代背景的考虑，我们在此不认为习惯法在地位上能够与国家法平起平坐或是一比高低，也不赞同当代习惯法能够脱离国家法的影响而自主发展。所以，从现实可行性的角度，我们坚持少数民族习惯法是一种准法规范的看法。

根据这样的预设前提，我们认为，准法规范是在某些重要方面（比如性质、内容等）具有类似法的特征，起到类似法的作用的秩序规范。"准"字的本意是许可、依照；引申意是比照，表示可看做某类事物，或和某类事物差不多的意思。以此类推，"准法"就是类似于法的意思，即准法就是类似法，但不是通用的标准的法。准法规范具有双重性、中间性等属性。[3] 就其双重性来看，一方面，准

---

[1]　吴大华：《论民族习惯法的渊源、价值与传承》，载《民族研究》2005 年第 6 期。

[2]　王飞：《浅析少数民族习惯法的准法规范性》，载《贵州民族报》2012 年 12 月 26 日，第 03 版。

[3]　吴大华：《民族法学讲座》，民族出版社 1997 年版，第 258—267 页；邹渊：《习惯法与少数民族习惯法》，载《贵州民族研究》1997 年第 4 期。

法规范与法律规范有区别：在规范的制定主体、规范反映的意志、规范实施的强制力量、规范适用的范围以及规范的表现形式等方面有所不同；另一方面，准法规范又有类似法的规范性、强制性等重要特征，并且在一定范围内产生了像法律一样的社会效果，在某些群体中起到法的一些作用，有时还能在局部地方弥补某些法的不足。就其中间性来讲，准法规范处于一般规范和法律规范之间，其中一些准法规范有向两端转化的现象。以习惯法为例，习惯法是处于习惯规范与法律规范之间的独立的第三种规范。它源自习惯，因而具有明显的习惯性；它又接近法律，所以又具有很强的法律性。从发展转化看，尽管有的习惯法规范符合统治者的需要，可能被国家权力机关认可，过渡为法律规范，但不是所有的准法规范都必然会过渡为法律规范，不少习惯法还是始终保持着自己的稳定和独立状态，能够过渡的只是其中一部分。同时，也可能有部分习惯法在社会变迁中丧失了"法"的性质，成为没有强制性的习惯甚至是单纯的象征性习惯。上述两种情况的习惯法之所以能够被过渡或者转变，正因为习惯法这种准法规范具有双重性和中间性的特点。

2．少数民族习惯法是准法规范的体现

上面谈到准法规范就是类似法，但又不属于通用的标准的国家法。据此，我们可以简要引证一下少数民族习惯法的准法性表现。

（1）少数民族习惯法具有一些类似法律的重要特征。一是少数民族习惯法具有外在强制性。有学者认为，由于少数民族习惯法直接、全面、具体地规范每一个成员的生产、生活和社会交往，因此与国家制定法相比，其强制性更为直接、明显和有效。[1] 少数民族习惯法的强制性体现在它的惩戒规范上。这些惩戒颇具民族和地方特色，种类差异大，尽管没有像国家法那样拥有执行处罚的专门机构，但是习惯法的处罚有独特靠社会权威维系的执行程序和方法，并能做到违法必究，执法必严。这种严格的强制执法手段，又是它与习惯的主要差异。这样的例子很多，比如，彝族奴隶社会习惯法中对犯杀人罪者的处罚分为勒令自杀与他人行刑两类，勒令自杀包括吊死、服毒、剖腹、投水和跳岩五种；他人行刑包括勒死、吊打死、捆石沉水、滚岩、刀枪杀、烧死、活埋和捆投深洞等。[2] 云南景颇族在新中国成立前处于由原始社会向阶级社会过渡的阶段，其习惯法（"通德

---

[1] 高其才：《中国少数民族习惯法研究》，中国政法大学博士学位论文，2002 年 4 月，第 124 页，CNKI 数据库。

[2] 杨怀英：《凉山彝族奴隶社会法律制度研究》，四川民族出版社 1994 年版，第 62 页。

拉")的强制手段又很不相同,一般不施行死刑、徒刑和体罚,主要惩罚方式是赔偿、报复和驱逐出寨,驱逐出寨是对罪大恶极而又屡教不改的人施行的最高惩罚。二是少数民族习惯法具有行为规范性。少数民族习惯法是少数民族根据其社会政治、经济、文化等方面的需要,从习惯传统中筛选出来的行为规范,是对习惯规范的提升。它不是孤立、零散的习惯现象,而是某部分人必须普遍遵守的行为规则。比如,侗族的习惯法称"款条",贵州苗族习惯法叫"苗例",仡佬族习惯法叫"会款",还有广西瑶族"石牌律",青海土族的"插牌"等,从名称看,它的规范性都已经很明显,更不用说实际内容上的规范性了。三是少数民族习惯法具有权威性。习惯法的权威是一种社会权威。这种权威从社会效果和覆盖面来看往往不亚于制定法。这是社会外在力量与守法者内在力量结合的一种权威,是与人们内心信念相一致的权威。习惯法与制定法的区别,不是有无权威的区别,而是权威来源和方式的区别。制定法的权威来源于国家政权,习惯法的权威来源于民间传统。[1] 四是少数民族习惯法具有功能性。少数民族习惯法的适用能够在民族地区的少数民族社区中产生像法律运用一样的社会效果,在少数民族群体中起到法的指引、评价、教育和预测等规范作用和惩罚、规制等强制作用,有时还能在少数民族地区的基层弥补某些国家法的不足,从而有助于维护少数民族地区的社会稳定,促进少数民族政治、经济和文化的发展。

(2)少数民族习惯法又不属于国家制定法。它们的主要区别在于:其一,二者的创制主体不同。法律是由国家权力机关制定或认可产生的;而少数民族习惯法是在少数民族群体中俗成(自然形成)或约成(约定形成)的。其二,二者体现的意志不完全相同。法律在主流观点看来,其在阶级对立社会中只反映统治阶级意志;而少数民族习惯法反映的意志则要复杂些,有的习惯法反映出某一地域或人群中统治阶级或阶层的意志,但更多的是符合当地大多数少数民族成员希望社会秩序稳定的想法。因为相对来说,大多少数民族社会发展进程缓慢,"社会结构简单,贫富悬殊不很大,阶级对立不很显著,习惯法对贫富、长幼、社会地位不同者,均一视同仁,体现了广大民众的意志"[2]。前者比如,在四川凉山彝族的习惯法中,曲诺(奴隶)的命价钱只值黑彝(奴隶主)命价钱的四分之一;后者比如,苗族头人"榔头"、"丛头"与群众,侗族"款首"(头人)与"款众"(群

---

[1] 吴大华:《民族法学讲座》,民族出版社 1997 年版,第 259—260 页;邹渊:《习惯法与少数民族习惯法》,载《贵州民族研究》1997 年第 4 期。

[2] 范荣贵:《少数民族习惯法》,吉林教育出版社 1990 年版,第 23 页。

众）都一样，没有任何特权。其三，二者的强制实施保障力量不同。法律得到国家专门机关的保障执行；而少数民族习惯法是凭借民间权威来强制执行的。这些民间权威，包括宗祠的权力和威望、头人寨老集团的权力和威望、家族或村落会议的权力和威望、宗教的权力和威望等，有的是历史习惯形成的，有的则是公众认可的。其四，二者的适用范围不同。法律通用于全国，即使在民族区域自治地方需要变通执行国家法律，也要遵守变通规则；而少数民族习惯法则大多只在民族地区的少数民族群体中有效，适用范围比较狭小。其五，二者的表现形式不同。法律绝大多数是制定法，采用规范的书面立法形式，表述相对严谨、精炼、准确；而少数民族习惯法的表现形式灵活多样，大多数是口头传诵的，如头人说"法"、布摩（彝族经师）讲"经"、案例相传、处罚示众等多种方法，也有文字记载的如公约、碑文等多种方式。[1]

所以，归结起来，少数民族习惯法的准法性体现在：它具有法一样的强制性、规范性和权威性等特征，但又不属于国家法；它既不由国家按其意志制定，也不由国家强制力保障实施，而是由民族地区的少数民族出于维护当地秩序等目的而在其群体中俗定或约定的，凭借民间习惯形成或者由公认的权威维护而共同信守的行为规范。

第二节　少数民族习惯法的特征

一、相关研究评介

（一）研究少数民族习惯法特征的视角

就笔者收集的资料看，现有研究少数民族习惯法特点的论著主要从以下两个角度展开：一个角度是从少数民族习惯法的总特征上进行分析。其中内容又归纳不一，有的总结较为宽泛，有的概括较简略。比较详细的，如学者陈金全认为，中国少数民族习惯法具有八类特征，其分别是内容的完整性与形式的片断性、成文的习惯法与不成文的习惯法、阶级性与社会性、家族主义与对异族平等、伦理道德性与神意性、普遍恒久性与乡土性、民主性与专制性以及融合性与冲突性。[2]

---

[1] 吴大华：《民族法学讲座》，民族出版社 1997 年版，第 266 页；邹渊：《习惯法与少数民族习惯法》，载《贵州民族研究》1997 年第 4 期。

[2] 陈金全：《试论中国少数民族习惯法的性质与特征》，载《贵州民族研究》2005 年第 4 期。

比较精简的，如学者高其才认为，少数民族习惯法具有民族性、地域性、强制性和稳定性的特征。[1] 学者衣家奇认为，少数民族习惯法有着民族精神和意志性、特殊适应性、义务本位性、人治性以及法律超越性的特点。[2] 我们也曾认为，少数民族习惯法的特征有民族性、群体性、具体性、自发性、乡土性、地域性和惩戒性。[3]

另一个视角是探讨单个少数民族的习惯法特征或者是比较两个少数民族的习惯法特征。比起研究少数民族习惯法的总特征，这方面的研究成果更多一些，表述也相对具体一些。比如，对瑶族习惯法，有学者认为，其表现出民主性、民族性、群体性、具体性、稳定性、原初性和神威性的特点。[4] 对壮族习惯法，有学者认为，其呈现出植根的乡土性、内容的生活性、管辖的地域性、运作的强制性、法规的不成文性和程序的不完善性等特征。[5] 对藏族习惯法的特征，有学者认为它表现为深受藏传佛教的影响，充斥着大量的道德规范，具有原始社会、奴隶社会法的残余，森严的等级制度，相信神明裁判，注重物质赔偿，民刑不分，程序实体兼容。[6]

（二）少数民族习惯法特征研究情况的简评

客观地讲，上述两种视角的研究成果是有目共睹的。这些研究探讨了少数民族习惯法多个方面的特点，其各有侧重点的研究成果对我们充分把握少数民族习惯法的特点，从而做好少数民族习惯法的传承更新或者发展引导工作有着非常大的帮助。所以，这些研究是或者将是富有意义的。不过，可能稍显美中不足的是，其中有些论著在归纳和表述少数民族习惯法的特征时，部分归类似乎可以作进一步的调整。

一些文化人类学或者是法人类学理论认为，每一种文化都有其独一无二的历史，因而要想建立一个适用于任何地方的任何事例，并能解释它的过去与预测未

---

[1]　高其才：《中国少数民族习惯法研究》，中国政法大学博士学位论文，2002 年 4 月，第 123—126 页，CNKI 数据库。

[2]　衣家奇：《民族习惯及习惯法的规范价值》，载《社科纵横》2005 年第 2 期。

[3]　吴大华：《民族法学讲座》，民族出版社 1997 年版，第 277—281 页；邹渊：《习惯法与少数民族习惯法》，载《贵州民族研究》1997 年第 4 期。

[4]　高其才：《瑶族习惯法特点初探》，载《比较法研究》2006 年第 3 期。

[5]　覃主元：《壮族习惯法及其特征与功能》，载《贵州民族研究》2005 年第 3 期。

[6]　吕志祥：《藏族习惯法及其转型研究》，兰州大学博士学位论文，2007 年 3 月，第 50—53 页，CNKI 数据库。

来的概括性都可能是一种徒劳。[1] 此语提醒我们，在分析少数民族习惯法特点时要注意，我国少数民族在地域范围上分布很广，他们所在地区的自然地理环境有所不同，并且同外界以及相互间的文化交流程度有差异，这些因素致使不同区域间少数民族的习惯法，无论是形式上还是内容上都多少存在一些差异。不过，我们认为，除了要看到有差异的一面外，我国少数民族在地理环境、经济发展状况、文化发展水平等方面还是具有相当程度的相似性。而正是这些因素决定了我国各民族地区的习惯法也具有相似的特征。因此，只要根据不同区域的具体情形对少数民族习惯法展开调查、梳理和总结，应该能够归纳出一些大致的共有特征。之所以称"大致"，是希望能够尽量避免因一概而论所可能导致的以偏概全。

二、少数民族习惯法的多样特征

（一）鲜明的民族性和显著的习惯性

少数民族习惯法是少数民族在漫长的生存和发展历史过程中逐渐形成并不断推陈出新的，它不但反映了少数民族社会的政治、经济等制度的变迁，而且体现了少数民族的思想感情和文化心理素质的发展，是少数民族人民在一定社会历史发展阶段的思想意识和物质生活的集中表现。所以，少数民族习惯法带有鲜明的民族性。有关这点，德国哲学家黑格尔和历史学派法学家萨维尼都曾经论及。前者指出，民族的宗教、政治制度、伦理、法制、风俗以及科学、艺术和技能都具有民族精神的标记。[2] 后者认为，法律深深根植于一个民族的历史当中，而且其真正的源泉乃是普遍的信念、习惯和"民族的共同意识"，就像一个民族的语言、构成和举止一样，法律也是首先由一个民族的特征，亦即"民族精神"决定的。[3]

具体地讲，少数民族习惯法的民族性特征主要体现在：其一，少数民族习惯法是伴随着各民族的形成、发展而逐渐形成、发展的，为少数民族民众反复适用后所逐渐选择、认同和积累。这种相沿成习塑化为一种带有类似民族遗传性的特质，通过一代又一代人的传承得以延续下来。其二，少数民族特有的心理、意识是其民族特征的重要内容。少数民族习惯法深深植根于民族的精神观念和社会

---

[1] 庄锡昌、孙志民：《文化人类学的理论框架》，浙江人民出版社 1988 年版，第 62 页。

[2] ［德］黑格尔：《历史哲学》，王造时译，三联书店 1956 年版，第 104 页。

[3] ［美］E.博登海默：《法理学：法律哲学与法律方法》，邓正来译，中国政法大学出版社 2004 年版，第 88 页。

生活之中，是在少数民族的群体意识基础上形成的，它凝聚着少数民族民众的心理、心智与情感，集中反映了少数民族传统的精神、意志、思想和观念，因而具有很强的民族性特征。其三，少数民族习惯法出自少数民族特殊的自然地理、政治经济、宗教道德、风俗习惯等综合因素组成的传统文化圈，是少数民族传统文化的有机组成部分。少数民族文化的多元性必然导致少数民族习惯法的多元性，不同的少数民族有着不一样的习惯法。绝大部分少数民族成员一生都受到本民族习惯文化的强烈熏陶和感染，对本民族习惯法倍感亲切，深信不疑，矢志遵从。也正是因为各民族的习惯法都带有其民族文化的特色，打上了本民族的烙印，所以从整体上看，中国少数民族习惯法都具有深厚的民族性。

与鲜明的民族性类似，习惯性也是少数民族习惯法的显著特色。这种习惯性主要表现在：习惯法的形成是由习惯演变升华而来。从一定意义上讲，少数民族习惯法实际上是各民族长期的生产、生活习惯的规范化和制度化，它们的内容和形式带有民族的惯有特色，它们的实施也有赖于传统习惯的作用。有关这点，英国学者罗杰·科特威尔在其名作《法律社会学导论》中曾作过论证：民俗是人们处理事务、解决问题的群体方式。这些民俗在某个特定的群体中是统一而普遍适用的，并且有强制性和恒固不变性，随着时间的流逝，它们愈发带有独断性、实用性和不可违抗性。[1] 由习惯所衍生出来的习惯法的力量是强大的，比如，瑶族的民谣有"石牌（习惯法）大过天"；[2] 彝族也有民谣说"山林有清泉，彝家有尔比（习惯法）。说话一条线，尔比是银针"[3]。习惯法与当地当时人们的生产方式、生活、意识形态等方面的习惯有密切的关系。草原是蒙古族人民的经济生命线，在我国蒙古族中关于使用牧场的习惯法，产生自谁先占用牧场，牧场就归谁使用的历来习惯。[4] 同样的道理，居住在林区的群众，有保护利用树林、确定林权的习惯法；而缺水地区，则特别注重用水灌溉的习惯法。总之，作为少数民族民俗生活的重要组成部分，少数民族习惯法深受民族习惯的影响，从而有着显著的习惯性。

---

[1]　［英］罗杰·科特威尔：《法律社会学导论》，潘大松等译，华夏出版社 1989 年版，第 21 页。

[2]　《广西瑶族社会历史调查》（第一册），广西民族出版社 1984 年版，第 78 页。

[3]　杨怀英：《凉山彝族奴隶社会法律制度研究》，四川人民出版社 1994 年版，第 11 页。

[4]　范荣贵：《少数民族习惯法》，吉林教育出版社 1990 年版，第 17 页。

（二）较少的阶级性和更多的群众性

一般来说，原始氏族时代的习惯法是没有阶级性的。但进入阶级社会后，由于有了统治阶级与被统治阶级的尖锐对立，统治阶级为了维护自己的统治地位，也就会想方设法地利用那些调整社会关系的规范。所以，当习惯法被统治阶级当做统治工具来使用时，其阶级性是非常鲜明的。任何一个民族中的统治阶级都可能会有自己的一些特殊利益，所以有些习惯法的形成，极有可能深受剥削阶级思想意识的影响。在这样的社会背景下，有些传统的压制性权威之所以能够形成，正是依赖于这种社会中统治阶级与被统治阶级之间的不平等地位，致使群体之间的社会分层现象普遍存在，而这些不平等在法律文化上有着明显的痕迹：在民族习惯法的内容上表现为权利与义务的不对等、存在特权现象等。比如，凉山彝族传统习惯法宣扬的"豹子天生吃羊子，老鹰天生吃小鸡，没有主子的人，在世界上是没有的"、"人分三个等级，竹有三个节巴"、"兹下为百姓，父下为子，奴上是主子，妇上是丈夫"。[1] 所以，可以说在阶级社会中，有些少数民族习惯法充满了阶级性。从法之善恶的角度看，极力维护等级观念、特权的习惯法是一种恶法。[2]

不过，我们不能把少数民族习惯法的阶级性绝对化，事实上为数不少的民族习惯法更多体现的是它的群众性。形成少数民族习惯法的群众性原因可能在于：其一，有部分少数民族习惯法，基本上是为各个阶级所共有，这类习惯法较少阶级性，而较多群众性。少数民族历史上大多世居在自然环境恶劣的偏远地带，生产方式较为落后。为了群体的生存，需要团结更多的力量来与自然作斗争并发展生产，因而那些保护自然环境、维护生产秩序的习惯法就很少有阶级性。比如，侗族的"款约"在很大程度上是在长期的社会生活中逐渐自然形成，或是通过群众共同议定和约定而成的，它的产生源于人们的社会需要，是人们适应自然环境、维持生存的基本手段。"款约"的立法和司法都必须通过村寨群众来商定盟誓施行的，可以说是群众公约，因此具有广泛的群众性。其二，在大多数少数民族社会中，民族、村寨和家族的整体利益高于个体成员的利益，个体与群体休戚相关、荣辱与共。所以，当少数民族习惯法更多、更直接地是为了维护本民族或本村寨或本家族的利益时，这些习惯法对一个民族或村寨或家族的全体成员都具有约束

---

[1]　陈金全：《试论中国少数民族习惯法的性质与特征》，载《贵州民族研究》2005 年第 4 期。

[2]　巫洪才：《少数民族习惯法的善恶分类研究》，载《学理论》2013 年第 24 期。

力，所有成员对它是只能服从，不得违反。这类体现民族群体利益，主要目的在于维持本民族社会的秩序与安定，保障群体的统一与和谐的习惯法具有更多的群众性。其三，具有较强群众性的习惯法的生命力才会更长久。比如，新中国成立前，有一些少数民族残留着原始社会组织制度，如壮族的"都老制"，苗族的"议榔"、"埋岩会议"，瑶族的"瑶老制"、"石牌制"、"油锅制"，侗族的"款"，京族的"翁村制"等。这些社会组织的首领，一般由群众选举，职责是调解纠纷，主持制定和执行乡规民约等。新中国成立后，受到多种因素的影响，这种组织被迫趋弱。不过20世纪80年代以来，在宽松的政治环境下又有复萌。一些地方利用这种古老的组织形式，摒除其旧规，加入社会主义法制的新内容，制定新的乡规民约，获得了重生。

（三）实体的丰富性和程序的零散性

从少数民族习惯法调整的社会关系看，它的实体内容非常丰富，包括社会组织习惯规则、首领习惯规则、刑事习惯规则、民事习惯规则和婚姻家庭习惯规则等涉及少数民族社会生活多个领域的规范。并且尽管大多数民族的习惯法都是诸法合体民刑不分，但是每类规范都在其范围内规定了很多详细的内容，与现代法制主要法律部门所调整的范围大致类似。比如，社会组织的形成方面，涉及其种类、性质、地位和职能等；首领的产生方面，涉及首领的条件、职责、范围和产生方式等；刑事方面，涉及侵犯人身权利的杀人、伤害、强奸和虐待等，侵犯财产权利的盗窃、抢劫、诈骗等；民事方面，涉及所有权和债权等；婚姻家庭方面，涉及婚姻的通婚范围、结婚、离婚、复婚和再婚等。很多研究都证明了少数民族习惯法内容的丰富性，比如，有学者通过田野调查，考证了苗族习惯法的丰富内容，认为其可以分为政治制度、财产制度、婚姻制度、生产制度、祭祀制度、防火制度和惩罚制度等。[1] 同时，在丰富的内容中并不是没有侧重点，出于生产、生活的切实需要，大多数民族习惯法都偏重于犯罪的惩治、财产的保护和婚姻家庭的稳定等内容。因为这些内容与少数民族群体或成员的利益密切相关，所以该部分内容比其他习惯法规则规定得更为具体和细致，其针对性和操作性相对也就要强一些。当然，需要指出的是，受历史文化传统和经济发展程度等因素的影响，少数民族习惯法的大多数内容欠缺现代法制那种成文法形式或完整明确的条文体

---

[1]　周相卿：《黔东南雷山县三村苗族习惯法研究》，云南大学博士学位论文，2004年3月，第40—68页，CNKI数据库。

系。这样，大多数民族习惯法是通过不成文的口头（如传说、歌谣等）或者行为相传；不过也有一些少数民族发展到一定阶段以后，其部分习惯法采取了成文（如石刻碑文）的表现形式，像侗族的《六阴六阳》、瑶族的"石牌律"、苗族的"团规"、傣族的《孟连宣抚司法规》等都是明显的例子。[1]

与实体内容上的丰富具体相比，少数民族习惯法在程序方面则要逊色一些，或许用"程序的零散"来形容也并不为过。如果说包容广泛的实体内容规定给日常纠纷的解决提供了"有法可依"的可能，那么要通过什么样的程序途径来解决纠纷则显然无章可循。在处理纠纷的过程中没有严格的诉讼程序，对案件的审理、习惯法的执行等一般均由有威望的长者、土司和头人等出面处理，没有专门的执行及调解处理审理的机构。[2] 这类非正式加非明示的简单诉讼程序，一方面反映了少数民族习惯法运用灵活机动的优势，另一方面则体现出其程序手段的相对单一。同时，加上证据收集的难度以及证据规则的局限，因而各民族普遍沿用和保留着"神明裁判"的审判法也就不难理解了。[3] 不过，值得注意和汲取的是，少数民族习惯法注重调解结案的程序模式。各民族普遍重视运用"调解"来解决纠纷，调解在各民族的传统习惯法中是司法方面的一个必经阶段。这是民族内部或民族之间因土地、债务、婚姻和财产继承等引发纠纷，而由各民族的社会组织或头人出面反复调停、明辨是非和解决纠纷的一种传统方法。其目的在于最大限度地化解纠纷，消除矛盾。调解的社会作用归根结底是使既定的社会秩序得以稳固，加之其指导思想又是传统的道德和家族的训示，因此其作用有时比法律要大得多，能在更广泛的领域内对社会关系进行调节。

（四）形成的自发性和维系的强制性

这里所言的少数民族习惯法自发性，主要包括以下内容：一是指习惯法产生时的自发性。大多数习惯法是在少数民族长期的社会生活中，为满足民族适应自然地理环境、维持自身生存发展的需要，而逐渐自然形成或共同约定而成的，主要不是外部力量强制干预的结果。二是指习惯法形成后表现出的自发性。少数民族习惯法大都没有如制定法那样严格的制定程序和文字表述，其寄居形式随社会发展而自然选择，有的保留在传说中，有的保存在理词、歌谣中，有的反映在石

---

[1] 王学辉：《从禁忌习惯到法起源运动》，法律出版社 1998 年版，第 46 页。

[2] 吴大华：《民族法学通论》，中国方正出版社 1997 年版，第 238 页。

[3] 刘艺工：《中国少数民族习惯法的特点》，载《兰州大学学报（社会科学版）》2004 年第 1 期。

刻碑文里。三是指习惯法形成后传播方式选择的自发性，少数民族习惯法主要通过少数民族民众的口头、行为和心理，代代相传。另外，笔者还认为，少数民族社会的权威有时候也是自然形成的。传统的少数民族社会无固定的司法组织和司法人员，习惯法的执行人员或者纠纷的调解人员大都是由当地村寨的大小头人或是有影响的人担任。这些人，有些是由民众民主选举或世袭的，也有一些是由本民族中办事公道、有威信、能说会道的人自然形成的。

至于少数民族习惯法的强制性，鉴于本书在前面已经作了一些论证，在此仅从习惯法的执行制度方面作简要例证。在习惯法的强制执行方面，一些较为突出的例子有：其一，部分少数民族具有典型的社区执行制度，像景颇族的"山官"制度、瑶族的"瑶老"制度、凉山彝族的"家支"制、苗族的"鼓社"制和"议榔"制和侗族的"款组织"等，这些执行习惯法的社区制度的共同之处中最明显的是规定了族长、寨老和家支之类的领头人，并通过以领头人为主的社区执行制度来维系乡土社区秩序，执行村规民约等。其二，"以罚代刑"也是很显著的一个特点，就是用剥夺财产代替刑罚的执行。少数民族地区的"以罚代刑"相当普遍，罚的数量一般按照罪过大小和家财情况来确定。例如，景颇族对杀人案的处理一般都不偿命。正如一位景颇族长老曾说："杀人本来就是不好的事，他杀人，又把他杀掉，那就更不好了。"但是杀人必须赔偿，通常是一条人命赔偿 1—10 余头牛，还要赔衣物、火枪和长刀等物。[1]

（五）存在的乡土性和适用的地域性

习惯法是熟人社会中形成的"地方知识"，是风俗法、文化法。[2] 少数民族习惯法孕育和根植于乡土的熟人社会，富有农业社会中特有的乡土气息和地方色彩。首先，"一方水土育一方风情"，在少数民族地区或者是少数民族社区这块特定的土壤上，少数民族习惯法紧紧围绕着乡土社会中诸如生产生活、婚丧嫁娶之类的日常事务，以符合地方传统的简便而又易于操作的行为模式或规范去引导人们做什么、怎样做。以此来维护本地区或者本社区社会关系的稳定，确保民众的生命、财产和婚姻家庭等的安全，同时还保护本社区的森林、河流和猎区等群体公共财产不受侵害。其次，文化人类学知识认为，习惯法与国家法分属于不同的知识传统。国家法被视为一种受到自觉维护的和极具统一性的规范，具有强烈

---

[1]　吴大华：《民族法学通论》，中国方正出版社 1997 年版，第 238 页。

[2]　唐新林：《论习惯法的意义》，四川大学硕士学位论文，2004 年 4 月，第 16 页，CNKI 数据库。

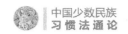

的符号意味和文化选择意味，属于精英文化的大传统；习惯法个性强而共性弱，实验性强而抽象理性缺乏，这套知识主要是一种实用性规范，属于"小传统"的文化范围。[1] 乡土性的特征还说明，少数民族习惯法几乎都可算是地方性知识。所谓地方性知识，是指特定区域内的民众主体，通过长期的历史实践和不断尝试，积累获得的一套独特的、适合于本区域生存和发展的传统知识。由于少数民族习惯法都是基于本地区、本民族的文化长期浸润所产生的，其内容都是用来满足当地村寨等的生存发展需要，所以其乡土性特色相当浓厚。

受上述乡土性特征的影响和制约，少数民族习惯法在适用上还具有明显的地域性。从一般的情况看，习惯法出自特定社会区域的人类群体和组织，其作用范围受到地域约束力的极大影响，大多习惯法往往只能适应特定地区或地域社会生活的调整需要，它基本上不能普遍适应更广范围内的人们生产生活的需要。各少数民族由于受所在地域的居住环境、生存条件、生产状况、生活方式的制约和影响，习惯法也各有差异，不同地区的不同民族之间在习惯法的内容、形式和执行方式上各有不同。[2] 少数民族所居住社区通常是一个相对狭小的"熟人社会"，相对有些封闭、保守的乡村居住环境，致使少数民族习惯法不但一般只是在本民族内部通行或者只对该地区的群体成员有效，而且在有的情况下，在本民族内部的不同地方也有不同的生效适用范围，甚至有的习惯法仅适用于一个民族村镇。不同地区的同一民族的习惯法，尽管有的看起来是相似的，但实际运用上往往并不相同，这就是通常所讲的"十里不同风，百里不同俗"。比如，内蒙古阿拉善旗的蒙古族"台吉"（贵族）实行的是长子继承制，黑龙江省杜尔伯特自治县的蒙古族"台吉"却实行的是幼子继承制。

（六）相对的稳定性和绝对的变异性

通观少数民族习惯法形成、发展的历史过程，我们可以看到少数民族习惯法具有稳定性和变异性这对看似矛盾但却是合理的特点。何为少数民族习惯法的相对稳定性呢？上面谈到，少数民族习惯法是少数民族社会物质生活条件的产物，受生产活动（同自然界作斗争）、社会经济制度和经济生活、地理环境、宗教信仰和共同心理素质的制约和影响，它是少数民族民众在长期的生产、生活中反复实践，自发渐进形成的，通过世世代代的传承而延续下来，积淀了很多合理成分，

---

[1] 龙大轩：《历史上的羌族习惯法与国家制定法》，载《现代法学》1998 年第 6 期。

[2] 高其才：《中国习惯法论》，湖南出版社 1995 年版，第 406—407 页。

历经千百年而很少变化，因此具有稳定和牢固的特点。特别是各民族习惯法中的核心内容和基本精神，是民族文化的重要组成部分，习惯法观念又是民族意识、民族心理的重要方面，因而更具有稳定性。比如，彝族的家支习惯法至今仍为彝族人民所遵从，"猴子靠树林，彝族靠家支"之类的谚语仍是相当多的彝族人的信念。

同时，我们说少数民族习惯法具有相对稳定性的特征，这意味着它其实还有变异性的一面。随着历史的发展，社会的变迁，由于社会物质生活条件的改变，特别是政治、经济制度的改革，少数民族习惯法也会或早或迟、或快或慢、或多或少地发生一些变化，有的习惯法甚至会完全消失。所以，从某种意义上而言，变异是永恒的、绝对的。[1] 任何少数民族的习惯法都具有变异性。这即是说，某一种少数民族习惯法形成之后，还会发展和变化，尽管这种发展和变化是相对缓慢的，因为习惯法不是凝固不变的。

关于引起少数民族习惯法变化的原因有很多，其中影响较大的主要有三种情况：一是政治原因，比如新政权建立后实行新的政治制度给习惯法带来的变化；二是经济原因，像经济的发展、商品的流通，也会促成民族习惯法的改变；三是文化原因，由于民族间文化交流引起民族习惯法的发展和变化。所以，归结起来，少数民族习惯法的变异性体现在，它会随着少数民族社会的发展而发展，随着少数民族精神和物质生活的变迁而变迁。

---

[1]　高其才：《中国少数民族习惯法研究》，中国政法大学博士学位论文，2002 年 4 月，第 125 页，CNKI 数据库。

少数民族习惯法的功能与意义

少数民族习惯法根源于各少数民族在长期的生产和生活实践中对自然及社会的认识和理解，是千百年来一代又一代的人不断总结、积累、继承和创新的历史写照。它们不但在历史上为少数民族的生存、发展和繁荣发挥了非常重要的作用，而且在当今少数民族的社会生活中仍具有举足轻重的地位，[1] 特别是在涉及司法实践方面更是具有一定的影响。[2] 因此，研究少数民族习惯法的功能及意义，可以全面地认识少数民族习惯法的作用和价值，从而既能为国家法在民族地区实施过程中所遇到的问题提供可行的解决方案，又能为党和政府制定少数民族地区的政策提供可能的参考资料，同时，也便于在尊重的前提下，做好少数民族习惯法的发展引导。

第一节　少数民族习惯法的功能

一、法律人类学中的功能

从现代汉语词典中比较宽泛的解释看，所谓"功能"就是指事物或方法所发

---

[1]　蓝俏平：《如何实现少数民族习惯法与国家法在调整社会关系中的良性互动》，载《青年与社会》2013 年第 34 期。

[2]　王杰、王允武：《少数民族习惯法司法适用研究》，载《甘肃政法学院学报》2014 年第 1 期。

挥的有利的作用，或者也可以解释为效能。不过，在实际运用当中，"功能"一词有多种具体的含义，并且在不同的语境或者不同的学科中有不同的所指。因此，有必要事先交代一下本书对该词的理解。

在我们看来，在法律人类学这门学科里面讨论少数民族习惯法的功能时，借鉴英国社会人类学家布朗对功能的阐释是可行的，尽管他侧重于从结构来论述功能。他认为，功能是指局部活动对整体活动所作的贡献，这种局部活动是整体活动的一部分。这样，一个具体社会习俗的功能，是指它在整个社会体系运转时对整个社会生活所作的贡献。对此，他曾以诸如犯罪惩罚、丧葬仪式这样常规活动的功能为例，指出它们在整个社会生活中扮演的角色，亦即它们在维持社会结构延续中所起的作用。这意味着任何存在于社会习俗之中，且其存在的延续也依赖于这些社会习俗的社会体系大多具有某种和谐性，或者可以冠之以功能和谐。[1]这种看法与社会学理论对"功能"一词的认识具有一致性，后者强调"功能不是事实产生的原因，而仅仅是事实得以存在的依据。社会事实之所以存在，是因为它们具有某种功能"[2]。根据这样的认识，我们来看看少数民族习惯法的功能问题。无论是从历史角度考察，还是从现实客观审视，少数民族习惯法都是少数民族社会中的既存事实（虽说即便是将来有些少数民族习惯法也很可能不会消失，但现在讨论的是它作为事实的存在，因而未来的话题暂不涉及），它们对少数民族社会的生产、生活等作出了一定的贡献，因而它们应当是有着某些功能的，换言之，它们有着自己独特的社会作用和价值。

同时，任何一个社会体系都可以被看做一种社会结构（总的或者分的、大的或者小的），社会结构是由社会生活过程来维持的，而这个过程则是由个人、有组织的群体的活动和互动构成的，社会生活的延续可以被看成是社会结构的运转。[3]我们知道，社会生活要正常延续，其前提是保持一种正常的社会秩序。根据马克思主义基本原理，秩序是一定物质的、精神的生产方式和生活方式的社会固定形式。秩序总是意味着某种程度的关系的稳定性、结构的一致性、行为的规

---

[1] 布朗还认为，我们可以把这种功能和谐定义为一种条件。在这种条件下，社会体系的所有组成部分能充分和谐，或内部连贯一致地进行工作，即不会形成那种既不能解决又不能控制的永久冲突。（［英］A. R. 拉德克利夫－布朗：《原始社会的结构与功能》，潘蛟等译，中央民族大学出版社 1999 年版，第 202—204 页。）

[2] 饶艾，张洪涛：《法社会学：社会学视野》，西南交通大学出版社 2002 年版，第 251 页。

[3] ［英］A. R. 拉德克利夫－布朗：《原始社会的结构与功能》，潘蛟等译，中央民族大学出版社 1999 年版，第 203 页。

则性、进程的连续性、实践的可预测性以及人身财产的安全性。[1] 所以，确保正常的社会秩序也就需要相应的秩序规范，这样看来，社会结构的运转与其下的法律或者类似于法律的规范是对应的，社会结构决定着秩序规范的功能，不同的社会结构或者社会结构的调整及变化会导致秩序规范功能上的差异。据此，我们在考察少数民族习惯法的功能时，需要注意以下两点：其一，英国法人类学家马林诺夫斯基曾说过，对异文化理解的关键在于，理解者对被理解的客体应当持有"文化持有者的内部眼界"。[2] 因此，我们首先要抱有客观的、能够设身处地的立场，评价和对待少数民族习惯法必须置身到民族习惯法产生的独特民族文化空间中。其二，对于民族习惯法的功能要一分为二地客观看待。有关这一点，法国比较法学家勒内·达维德的见解有一定的启发意义。他认为，习惯不是社会学学派主张的那个基本的、首要的因素，它只是有助于发现公正的解决办法的诸因素之一，在现代社会里远没有立法那样重要，但它也远不是法律实证主义学说曾经认为的那样微不足道。[3]

综合上述看法，再结合学者高其才在其专著《中国少数民族习惯法研究》中的看法：少数民族习惯法的功能是指它对社会发生影响的体现。少数民族习惯法作为一种社会规范，在各民族的社会生活中发挥着重要的作用，具有维持社会秩序、满足个人需要、培养社会角色和传递民族文化等社会功能，并有指引、评价、教育、强制和预测等规范功能。习惯法的这两种功能相互联系，不可分割。[4] 少数民族习惯法对社会产生的影响不仅体现在其社会功能和规范功能上，还体现在对国家制定法的补充功能以及对国家制定法的贯彻落实具有前期准备作用上。[5] 我们认为，少数民族习惯法本身是一个有机结合的、内部相互协调而自动控制的整合功能系统。在具有特殊自然、地理和人文环境的少数民族地区，民族习惯法往往具有一些符合当地需求的功能。从总体上看，它们通过发挥整体效应，在一定程度上维持了少数民族社会结构和少数民族社会生活过程之间的正常联系，从而有利于促成少数民族社会结构和谐地存在、延续和变迁。对此，下文拟将予以

---

[1] 张文显：《法学基本范畴研究》，中国政法大学出版社 1993 年版，第 258 页。

[2] ［美］克福德·吉尔兹：《地方性知识：阐释人类学论文集》，王海龙译，中央编译出版社 2000 年版，"导读"第 5 页。

[3] ［法］勒内·达维德：《当代主要法律体系》，漆竹生译，上海译文出版社 1984 年版，第 41 页。

[4] 高其才：《中国少数民族习惯法研究》，中国政法大学博士学位论文，2002 年 4 月，第 127—134 页，CNKI 数据库。

[5] 刘侃侃：《少数民族习惯法的概念、功能之我见》，载《群文天地》2011 年第 14 期。

详细的引证。

二、少数民族习惯法的功能

（一）社会控制功能

本书在此所言的社会控制，包括两个形成互补的内容：一是由社会群体组织对其成员进行教育、指导和约束，使广大社会成员接受有关的社会规范，将其潜移默化在自己的思想意识深处，以增强社会控制的力量；二是对违反那些社会规范的行为加以制止和制裁，从而实现社会有效控制的目的。[1] 少数民族习惯法正是少数民族人民根据传统习惯和社会经验自发采取的一种有效的社会控制手段，具有维护社会秩序和保护公共利益等作用。比如，西盟佤族社会关于财产和人身关系的习惯法，其主要功能是调整社会成员之间的财产和人身关系，并带有维护整个社会的稳定、安全的作用；傣族的禁忌也有极强的社会功能，像有利于建设社会秩序，有利于指导人们的生产和生活等；哈尼族的习惯法也起到了规范本族群众的行为、保护神的权益（实际是人的利益）、维护伦理道德和保持习俗的社会作用。[2] 再如，贵州苗族村寨现今还存在的"罚 3 个 100"等惩罚习惯，这种惩罚形式所体现的习惯法，具有惩罚、警诫、教育、宣泄和娱乐等社会功能。[3] 具体而言，少数民族习惯法社会控制功能的表现可以分为：裁判作用、规制作用和教育作用等。[4]

1. 裁判作用

少数民族习惯法的裁判作用是通过社会舆论、传统习惯等对行为进行善恶判断，从而确认某种行为是否符合习惯法或者是否应该予以褒贬。少数民族习惯法在少数民族社会中的裁判作用是很明显的。少数民族的广大人民群众，通过"款约"、"榔规"等习惯法来确认善恶褒贬，解决民间纠纷，以培养人们良好道德品质，为树立良好的社会风尚起到了较大的作用。

以侗族的"款约"订立为例，侗族《款的起源》中叙述了立"款"的目的是裁判纠纷。款词中说：在很古的时候，"舅王争天为大，汉王争地为重，二王相

---

[1] 徐晓光，吴大华等：《苗族习惯法研究》，华夏文化艺术出版社 2000 年版，第 179—180 页。

[2] 徐中起等：《少数民族习惯法研究》，云南大学出版社 1998 年版，第 128、98、183、184、197 页。

[3] 徐晓光：《从苗族"罚 3 个 100"等看习惯法在村寨社会的功能》，载《山东大学学报（哲学社会科学版）》2005 年第 3 期；又见同文载《贵州民族研究》2005 年第 1 期。

[4] 吴大华：《论民族习惯法的渊源、价值与传承》，载《民族研究》2005 年第 6 期。

争，刀枪相杀，死伤无数，胜负难分……于是舅王断事在岩洞，汉王断事在岩上"，各讲各理，断事三年不成，最后"写书请客，奉牌请人"，倒牛合款，制定款约。侗款《永世芳规》也写有："盖设禁碑流传，以拘颓风，而同敦古道事。照得人有善恶之悬殊，例有轻重之各异。故效朝廷制律，以平四海而安九州，乡野例条，以和宗族而睦乡里。因此始得公同酌议，即将此冠婚丧祭之礼，吉凶兆富嘉之义，一一以定其规而无移。又将放辟邪侈之类，奸宄背逆之流，在以深其禁，而有例不特此也。且严内攘室家、资财、货物，外盗田园、鱼谷、蔬果、并杉、茶、竹笋、古树山林，不准斧斤妄伐。而偷禾谷薪柴，养牲六畜，不许乱食而窃。自今定碑以后，咸欲制事以义，制心以花，以格非心，而再臻于盛世，则士食旧德。农服先畴，工而居市，商也贸易，俾我等人人，各安于本分，户户讲义而型仁，此善果虽微，岂非千古不朽，章程未尽修斋，明列条规于后。"这些内容都体现了侗款的裁判功能。

再以苗族的"理词"为例，理词在苗族又被称为"佳"，是其习惯法最直接的形式，在它所流传地区的人们意识中所占地位很高，作为一种具有赌咒性质的有较强约束力的条款规约，理词几乎涵盖了苗族社会生活的一切领域，诸如怎样处理偷盗、防贼防火、为非作歹、子女不孝和嫁娶纷争等，在理词的榔款规约中都能找到依据和规则。苗族社会的理老和巫师都懂得理词，从民事纠纷的"议榔词"到本民族习俗中的各种礼仪，无不以它作为根据。苗族社会中进行纠纷调解时，如果谁来判断是非曲直，为了让人心悦诚服，说话时能随口诵出理词中的相关内容乃至只言片语，都被视为至理名言，具有不可辩驳的说服力和权威性。由此可见，有时候少数民族习惯法的裁判作用是相当的大。

2．规制作用

少数民族习惯法作为少数民族社会中一类重要的社会规范，它规定了本社区的组织及组织成员的权利义务、社会公德维护、财产保护、犯罪惩治和婚姻家庭和睦等行为规范，并采取一定的强制措施来保证实施，对少数民族正常维持其社会生活起到了重要的规制作用。从总的情况看，少数民族习惯法的规制作用大致可概括为 12 个字：排除障碍，倡导善行，否定恶行。而具体地说，以日常生产、生活中的常见现象为例，它们的规制作用又主要表现在以下几个方面。

其一，维护正常生产秩序，防止和惩处破坏生产的违规犯罪行为。比如，苗族《议榔词》中说："为粮食满仓而议榔，为酒满缸而议榔，在羊子跶庄稼的地方而议榔，议榔庄稼才有收成，议榔寨子才有吃穿。"而早期的《议榔词》还对一些破坏生产活动的行为作了明确的处罚规定："剪人家田里的谷穗，盗人家田里的庄稼，轻罚白银六两，重罚白银十二两，不准拉别人家的牛，不准扛别人家的猪，谁违犯了，轻者罚银十二两，重罚白银四十八两。"此外，各地的"榔规"都有若干维护良好生产自然环境的规定，像封山育林、禁止偷盗砍伐林木之类的条款。这说明少数民族习惯法在组织广大群众进行生产劳动，维护正常的生活秩序，创造日益增多的社会财富，促进本民族的生存和发展起到了重要的规制作用。

其二，加强社会治安，联合惩治坏人坏事。各民族社会组织最重要的作用是加强自治联防，维护社会治安。侗族"款约"说，为了解决"内部不和肇事多，外串侵来祸难息"的不安定局面，要求做到"村脚着人管，村头着人守"，"村村有人把守，寨寨有鸡报时，事事有人处理"。为了保证村寨的安全，各寨联成大款，共同抵御外敌，倘若某村寨受到外敌入侵，就擂鼓、吹牛角、点燃烽火报警，火速向联款各寨求援，发出鸡毛炭木牌（鸡血沾几根鸡毛在木牌上，表示要飞速传信；加上木炭，表示十万火急），倘若接到木牌的村寨不履行应援的义务，事后就要按习惯法加以严惩，开除款籍，各村寨都会孤立这个村寨。此外，对于危害社会治安者，"务要一呼百应，把他抓到手，擂他七成死"；对杀人犯"要用铜锣焙脸，铜镜砸脑，三十束麻线做头发，五十两蚕丝做肚肠……"，予以严刑处罚。

其三，调解婚姻家庭纠纷，维持社区家庭和睦关系。大多数民族在恋爱婚姻习俗上历来主张恋爱自由、婚姻自主，认为青年男女谈情说爱是很自然的，不必约束过紧，就像牛不受绳牵一样。但对越轨行为是不允许的，"如果男无信手，女无把凭，一身许两个，一脸贴两人……被我们抓住了，用手就拉，用绳就捆"；对"脱姑娘的花裹腿，揭女人花头帕……"的道德败坏者，"就拿来千个石头，万塘水，把他沉放水里头"。在处理婚姻家庭问题上也作了具体的规定。比如，贵州黎平肇洞的《六堂议款条规》规定：男不要女，罚十二串钱；婚已过门，男弃女嫌，各罚十二串钱；吵嘴、打架各罚钱五串。又如，贵州台江反排规定：女方提出离婚，付给男方白银八两；男方提出离婚，付给女方白银十六两。通过这些规定，进一步调和了婚姻家庭的关系。

3. 教育作用

少数民族习惯法的教育作用是指它们能够帮助少数民族民众正确认识个人与他人、个人与社区的关系，明确自己的责任与义务，学会做人的道理，从而做到遵纪守法。与现代教育体系中制度化、规范化的学校教育相比，少数民族习惯法

对人的教育是一种非制度化、非规范化教育，通过人、事、生产场景或宗教生活场景等不同的教育形式，把民族规范根植于人们的心理，指导着人们的言行。在国家法律远离少数民族地区的时代，少数民族习惯法通过对人的教育，对于当时当地的社会秩序与人际关系的调节具有不可替代的作用。[1]

以苗族的"榔规"、侗族的"款约"为例。苗族在举行大议榔活动时，要用一头牯牛系于坪地中央，人群围于两边，寨老在中央，庄严肃穆地念着榔词榔规，念毕把牛杀掉。议榔会议确定的榔规，人人都得遵守，不能违背，否则，轻者认罪、罚款，重者吊打甚至处以火烧或投河的死刑。至于侗族款组织的活动在教育方面更有特色。为了使款众能自觉遵守款规、款约，各个基层组织的款首，每年都要向款众宣讲款词、款约，名曰"讲款"。讲款时，集众于各坪，举行庄严的形式，如黎平县的《六洞议款条规》开头讲："今天老少都到款堂里来了，一个挨一个坐，人多很拥挤，请大家听我讲话，讲古人的道理……一片树林，总有一根要长得高些；一个班辈的人，总有一个来承头。古人过世了，我们后人来继班，代代来相替。"每当款首讲完一段款词，群众便齐声应和："是呀！"侗族对款规、规约的宣传与理论工作，除了"讲款"这一主要形式外，民间艺人或一些村庄的芦笙队在本村寨或到其他村寨演出时，也有演讲款词的义务，比如《侗款》中规定的"鸡尾的款"，就是芦笙队到其他村庄做客时演讲的"法规阴阳款"。苗族的议榔和侗族的款组织正是通过这经常不断的"榔规"、"款词"的演讲活动，把本民族的习惯法观念灌输到广大人民群众之中，让他们懂得怎样做人的道理。归结起来，它们的教育作用表现在以下几个方面。

一是教育大家重视榔规、款词在社会生产、生活中的重要地位。比如，款规规定："侗族的社会运转，都得按最高款规（即《九十九公款约》）的规定办事"，"种田要符合九十九公才熟谷，处世要符合九十九公才成理"。

二是教育大家团结互助，宣传朴素的集体主义思想。比如，侗族的款词说："根据我们祖公的道理，祖父的道理，像溪水归河一样合成一条心，大家一起来合款，把两股水汇集拢来才有力量。"苗族的榔规讲："我们地方要团结，我们人民要齐心，我们走一条路，我们过一座桥，头靠在一起，手甩在一边，脚步整齐才能跳舞，手指一致，才能吹芦笙。"

三是教育大家遵守民族成员之间的人伦关系，防止乱伦行为发生。榔规说：

---

[1]　郭凤鸣：《云南贡山丙中洛乡少数民族习惯法的育人功能研究》，西南大学博士学位论文，2008年3月，第 I—II 页，CNKI 数据库。

"为了十五寨的道理，为了十六寨的规矩，勾久才来议榔，务记才来议榔。上节是谷子，下节是道杆，上面是龙鳞，下面是鱼鳞。公公是公公，婆婆是婆婆，父亲是父亲，母亲是母亲，丈夫是丈夫，妻子是妻子……各人是各人，伦理不能乱。要有区分才有体统，要有区分才能亲切和睦。谁要如鸡狗，大家把他揪，拉来杀在石碑脚，教乖十五村，警戒十六寨。"

四是教育大家的行为要符合"理"的原则，提倡道德修养。认为"理学没多重，千人抬不动"，"深山树木数不清，款碑理数说不尽"；要求人们加强道德修养，提倡为人要正直，"要学谷仓那样正，要像禾晾那样直"，"是好人，就要行正道"；坚决反对品行不正，弄虚作假的行为，对那种"当面讲八百，背后讲八千"、"穿钉鞋踩人家肩"的可耻行为，要造成强大的道德舆论加以谴责和制止，并在必要时辅以刑罚手段。

（二）文化传承功能

从英国文化人类学家泰勒给文化下的定义看，就其广泛的民族学意义来说，文化或文明，是包括全部的知识、信仰、艺术、道德、法律、风俗以及作为社会成员的人所掌握和接受的任何其他的才能和习惯的复合体。[1] 据此，可以说少数民族习惯法既是一种社会规范，又是一种文化事实。这样，从文化的角度理解，少数民族习惯法可以被视为少数民族文化发展过程中的积淀，它们记录了很多民族文化的发展轨迹和优秀成果，特别是其中的民族法律文化更是伴随着各民族独特历史过程发展、繁衍起来的全部法律活动的产物和结晶，是各少数民族公民参与法律实践活动的基本模式。[2] 换言之，少数民族习惯法除了具有法的一般社会控制功能外，作为一种积淀整合了数千年制度形态的独特法俗文化，通过为其民族成员提供特定的行为模式，还起到传承民族文化的功能。[3]

很多学者的研究都论及了少数民族习惯法的这一功能，既有从总体情况进行概括的，又有从单个少数民族习惯法出发阐述的。前者比如，上面提到的学者高其才在其著作《中国少数民族习惯法研究》中认为，中国少数民族习惯法也为传递民族文化起到了积极的作用。后者诸如，有的学者认为，从文化的角度看，回族伊斯兰习惯法由于处于国家法的规范和约束之下而呈现出一种非主流文化状

---

[1]　［英］爱德华·泰勒：《原始文化》，连树声译，上海文艺出版社 1992 年版，第 1 页。

[2]　吴大华：《论民族习惯法的渊源、价值与传承》，载《民族研究》2005 年第 6 期。

[3]　蒋超：《论少数民族习惯法的现代化途径》，载《甘肃社会科学》2008 年第 3 期。

态，其众多功能里面包括有文化传承等功能；[1] 有的学者认为，壮族习惯法在壮族社会生活中发挥着包括传递民族文化等在内的诸多功能。[2] 有的学者认为，世居于黔东南和湘西地区的苗族（也包括部分侗族）人民在无文字状态下的习惯法生活中，把当地盛产的一种常绿草本植物"芭茅草"作为一种文化符号加以使用。[3] 此外，还有的学者认为，少数民族习惯法具备双重身份：既作为一种"法"在保护着社区文化，同时又作为一种社区文化而被国家的有关文化、法律、法规所保护，这种双重身份被民间概括为"民族文化法制"。[4] 这些情况都说明，少数民族习惯法不但本身是一种重要的法文化本土资源，有着自己独特的文化价值，而且还对其他少数民族文化的保存、承习和传播都起到了很大的作用。

同时，与民族文化多元化的格局类似，少数民族习惯法文化的多元性也比较明显。由于受到不同的自然地理、生活环境、文化发展、风俗习惯和历史传统等因素的综合影响，各个少数民族都多少形成了一些以民族习惯法为主的、相对独特的民族法律文化。有学者认为，在少数民族习惯法系统向现代转型的过程中，具有悠久历史的民族传统法文化将逐渐实现向现代型法文化转型，这种传统法文化的现代转型对少数民族地区从传统的农业社会向现代工业社会的转变具有先导作用；并且传统的民族习惯法文化也给少数民族的社会变迁提供了动力支持。所以，从少数民族传统习惯法文化的内容、特点出发，不断导入新的现代型的法文化，可以为少数民族地区社会的现代化提供一种精神动力，提供一种人文理性指引。[5]

第二节　少数民族习惯法的意义

按照惯常的理解，言及某物的意义，往往倾向于论其长处，而似乎不会说其不足。不过对于少数民族习惯法来说，其内容本身是一个良莠不齐的复杂体系，为了表示评价的客观性，在详细分析其长处之前，在此先简要谈谈对待民族习惯法的辩证态度。

学者张晓辉在《民族法律文化论》一文中讲道，民族的法律价值观虽然从根

---

[1]　杨经德：《回族伊斯兰习惯法的功能》，载《回族研究》2003 年第 2 期。

[2]　覃主元：《壮族习惯法及其特征与功能》，载《贵州民族研究》2005 年第 3 期。

[3]　徐晓光：《芭茅草与草标——苗族口承习惯法中的文化符号》，载《贵州民族研究》2008 年第 3 期。

[4]　吴宗金：《中国民族法学》，法律出版社 1997 年版，第 394 页。

[5]　缪文升：《中国少数民族习惯法与现代化》，载《重庆交通学院学报（社科版）》2004 年第 4 期。

本上来说取决于民族的物质生活条件，但作为一种观念，它又具有一定的独立性，有着自身的发展规律。它一方面反映物质生活条件，另一方面又反映出与物质生活条件变化的不同步性；它一方面吸收先进的、现代的价值观念，另一方面又具有保持和继承传统文化的顽固性。因此，民族法律价值观中，总有一些与现时代法律制度不相吻合的观念。[1] 日本法社会学家千叶正士也指出，非官方法对官方法的有效性有某种明显的影响，换句话说，它们具有这样一些功能：明显地补充、反对、修正甚至破坏官方法，尤其是国家法。[2] 所以，对民族习惯法要一分为二地看待，既要看到习惯法可取的一面，也要看到欠发展的一面；在肯定民族习惯法积极的社会意义的同时，也不可忽视民族习惯法自身的局限性。[3]

在少数民族习惯法的内容中，有进步的、有益的，[4] 也有说不上好坏的、中性的，还有与时代发展节拍不相吻合的，甚至是有害的。因此，要深入调查研究，正确加以区别对待，不能一律都看成是好的，也不能一概视为有害的，有必要进行深入的民族理论、民族政策、民族团结的教育，进行尊重少数民族风俗习惯的教育，克服和防止忽视以及不尊重少数民族风俗的言行，克服和防止歧视和侮辱少数民族风俗习惯的现象，增强各民族团结，发展社会主义新型的民族关系。同时要考虑到，习惯法是"准法律规范"，现实中它在少数民族地区有时是与国家法律并行的，如果执法中"一刀切"地将这些民族习惯法取消，既不现实也没有必要。因此，要通过国家制定法的适度妥协和民族习惯法的不断更新传承，形成新型的法律文化。在国家法律引导民族习惯法演变和发展的过程中，适当给民族习惯法保留其应有的发展空间，从而促进少数民族地区的稳定和发展。当然，在法治时代社会大范围更需要践行统一的国家法律，民族习惯法只能在特定的地区适用；伴随民族地区经济社会的发展，有些民族习惯法很可能逐渐向国家法的要求接近。[5]

---

[1]　张晓辉：《中国法律在少数民族地区的实施》，云南大学出版社 1994 年版，第 274 页。

[2]　［日］千叶正士：《法律多元——从日本法律文化迈向一般理论》，强世功等译，中国政法大学出版社 1997 年版，第 150 页。

[3]　王飞，吴大华：《少数民族习惯法的当代法治意蕴研究》，载《铜仁学院学报》2014 年第 1 期。

[4]　比如，少数民族习惯法在重视群体利益、确认团结互助、鼓励勤劳能干、肯定合理需要、保护生态环境、处理简便迅捷、注重内在接受和形式生动形象等多方面具有优势，在当代中国的法治化进程有采纳、吸取和继承的价值。（高其才：《中国少数民族习惯法研究》，中国政法大学博士学位论文，2002 年 4 月，第 168 页，CNKI 数据库。）

[5]　吴大华：《论民族习惯法的渊源、价值与传承》，载《民族研究》2005 年第 6 期。

一、少数民族习惯法能够促进法治理念改进

（一）习惯法带来的法治思维更新

有学者在其博士论文中认为，有利于重建主体性法学和法治理论是习惯法对法治的价值或贡献之一。[1] 从以往学者的论证看，此语甚是。为此，以下简要引述一些学者所阐释的习惯法具有的法治启示。

1. 认为习惯法影响效力久远

比如，有学者认为，习惯法既不是铭刻在大理石上，也不是铭刻在铜表上，而是铭刻在公民内心里。它成为国家的真正宪法，每天都在获得新的力量，当其他法律衰老或消亡的时候，它可以复活那些法律或代替那些法律，它可以保持一个民族的创制精神，而且可以不知不觉地以习惯的力量来代替权威的力量。因此，比较而言，具体的规章不过是穹隆顶上的拱梁，唯有慢慢形成的风俗习惯才最后构成那个穹隆顶上不可动摇的拱心。[2] 也有学者认为，只要人类不息，只要社会的其他条件还会发生变化，就将不断地产生新的习惯，并将作为国家制定法以及其他政令运作的一个永远无法挣脱的背景性制约因素而对制定法的效果产生各种影响。[3] 还有多位学者认为，任何一种法律，倘要获得完全的效力，就必须使人们相信那法律是他们的，而要做到这一点，则不能不诉诸人们对于生活的终极目的和神圣的意识，不能不仰赖法律的仪式、传统、权威和普遍性。最能够表明这一点的乃是传统。[4] 传统的规范不是一无可取的，当社会系统变化太快，处于不均衡和无组织的危险中的时候，传统可以帮助这个社会恢复稳定。[5]

2. 论述习惯法制约法治建构

比如，有多位学者认为，法起源于或者说应该起源于民德，民德渐渐演化为法律；因此，立法必须在原有民德中寻找立足点，立法为自强必须与民德相一致。[6] 如果法律制定者对那些会促成非正式合作的社会条件缺乏说服力，他们就

---

[1] 厉尽国：《法治视野中的习惯法：理论与实践》，山东大学博士学位论文，2007 年 3 月，第 172—173 页，CNKI 数据库。

[2] ［法］卢梭：《社会契约论》，商务印书馆 2003 年版，第 72 页。

[3] 苏力：《中国当代法律中的习惯》，载《中国社会科学》2000 年第 3 期。

[4] 梁治平：《法辩：中国法的过去、现在与未来》，中国政法大学出版社 2002 年版，第 289 页。

[5] ［美］罗吉斯，伯德格：《乡村社会变迁》，王晓毅译，浙江人民出版社 1998 年版，第 18 页。

[6] ［英］罗杰•科特威尔：《法律社会学导论》，华夏出版社 1989 年版，第 22 页。

可能造成一个法律更多但秩序更少的世界。[1] 也有学者指出，法律上的效力只有在毫不脱离民众生活实际的情况下才能实现，否则民众生活就会拒绝服从它；一项法律只有在其实际运用于大多数情况下都能切实可行时，才会产生效力。[2] 还有学者坚持，国家法的建构应充分重视民间习俗，法律绝不是脱离于生活之外的某种东西，而是生活秩序建构的一个最为根本的要素。只有理解了当地人的生活和习俗，才可能理解当地人的法律观念和法律行为。既然法律与习俗是相互渗透的，那么法律就不应当脱离实际的民俗生活来自行建构。[3] 更有学者提出，真正能得到有效贯彻执行的法律，恰恰是那些与通行的习惯惯例相一致或相适的规定。一部只靠国家强制力才能贯彻下去的法律，即使理论上再公正，也肯定会失败。在中国的法治追求中，也许最重要的并不是复制西方法律制度，而是重视中国社会中的那些起作用的，也许并不起眼的习惯、惯例，注重经过人们反复博弈而证明有效、有用的法律制度。否则，正式的法律就会被规避而变得无效，而且可能会给社会秩序和文化带来灾难性的破坏。因而，更应当重视研究和发展中国社会中已有的和经济改革以来正在出现和形成的一些规范性做法，而不是简单地以西方学者关于法治的表述和标准来否认中国社会中规范人们社会生活的习惯、惯例为法律。[4]

（二）少数民族习惯法具有的法治意义

少数民族习惯法是一种已发生且正进行并将持续的制度性事实，其在总体上只有大或小、多与少的程度之别，而无存与否的性质之差。那么现阶段民族习惯法的研究主题，不是国家法该不该吸纳习惯法的问题，而是怎样进行有效吸纳的问题，即具体吸纳什么、在哪些方面吸纳、怎样吸纳以及吸纳的时空条件等。众所周知，现代法治理念大多追求的是以国家制定法为中心，并且实际上法治实践也都是如此运作的。不过，从理性务实而非仅局限逻辑抽象的法治思维出发，法治国家的设计和构建不能是想当然似的妄为。如果没有内生于现实社会生活的坚实基础，缺乏民间非正式规则的有力支撑和密切配合，单靠国家制定法独力支撑势必"孤掌难鸣"，从而很难形成合理的、得到普遍认可而又能够长期维持的有

---

[1] ［美］罗伯特·C.埃里克森：《无需法律的秩序》，苏力译，中国政法大学出版社 2003 年版，第 354 页。
[2] ［德］拉德布鲁赫：《法学导论》，米健、朱林译，中国大百科全书出版社 1997 年版，第 2 页。
[3] 赵旭东：《权力与公正——乡土社会的纠纷解决与权威多元》，天津古籍出版社 2003 年版，第 314 页。
[4] 苏力著：《法治及其本土资源》，中国政法大学出版社 1996 年版，第 36、21 页。

效秩序。正如学者所言，事实上国家法在任何社会中都不是唯一的和全部的法律，无论其作用多么重要，都只能是整个法律秩序中的一部分，在国家法之外，还有各种各样的其他类型的法律，它们不但填补了国家法遗留的空隙，而且构成了国家法的基础。[1]

这样，在利用本土资源来构建法治也是一条法治化探索途径的时代背景下，从少数民族习惯法的产生、发展及运行的机理出发，对其法治意义进行重新认识、评估和借鉴也就显得比较重要了。少数民族习惯法具有的法治价值是其多种合理成分的表现之一，这也是值得国家法充分予以借鉴吸收之处；至少可以在一定程度上通过吸收一些可取成分，促使国家法能够得到进一步的科学完善，从而有力地推动我国法制建设的进程，达到构建法治国家的最终目的。所以，下述看法颇有借鉴的必要，在国家制定法和民间法发生冲突时，不能公式化地强调以国家制定法来同化民间法，而应当寻求国家制定法和民间法的相互妥协和合作。进而从制度变迁的角度看，国家制定法与民间法的相互沟通、理解及在此基础上妥协和合作将是制度创新的一个重要的途径，并且必然是一种渐进式的制度创新。[2]

二、少数民族习惯法能够提供实用制度资源

在少数民族社会的现实生活中，国家法因多种因素的制约而存在诸多局限，所以在有些情况下，少数民族习惯法可以提供一些实用的制度资源。

（一）民族习惯法能够合理地弥补一些国家法的不足

由于我国地区间的政治、经济和文化等发展较为不平衡，各地的司法资源配置差别比较大，国家法在一些乡土基层社会的运行过程中存在不少供给不足（甚至是极度匮乏）的情况。比如，在经济落后地区的乡土基层社会就没有和经济发达地区一样便利的司法服务和救济系统。这种国家法律制度在乡土基层社会中的实践差别较大的状况，很容易造成著名学者费孝通早就指出过的负面影响：它破坏了原有的礼治秩序，但并不能有效地建立起法治秩序。这样单把法律和法庭推行下乡，结果法治秩序的好处未得，而破坏礼治秩序的弊病却已先发生了。有关这点，得到了部分学者的实证研究支撑。有学者考察到，在一些邻近城市的少数民族居住村寨，传统的伦理观念、价值取向和习惯法约束力正大为减少；而对国

---

[1] 梁治平：《清代习惯法：社会与国家》，中国政法大学出版社 1996 年版，第 35 页。

[2] 苏力：《法治及其本土资源》，中国政法大学出版社 1996 年版，第 61、66 页。

家制定法的接受又十分零散且很不完整，理解上易出现偏差，导致这些乡村少数人不讲诚信、不守村规民约、不尊重老人、蔑视村寨首领或宗族族长的权威，各种纠纷、争斗明显增加。[1]

这证明，在国家法存在不足之时，民族习惯法拥有了发展的空间。从理论上讲，在调整社会秩序、解决实际问题和协调乡民们关系的目的的指导下，既然国家法和民族习惯法都属于社会控制规范，都具有维护社会秩序的功能，只不过在发挥作用的区域和力量上有差异；抑或像有的学者所言，国家法建立的是以国家强制力为后盾的统一的社会秩序，而民族习惯法所建立的则更多的是当地人默认和遵循的"象征的秩序"[2]，那么民族习惯法在一定条件下是可以替代国家法而发挥作用的。从实践上看，这种运作被证明是可行的。近年来在很多民族地区，用乡规民约的形式变通了习惯法，用做与国家法律不冲突的一种规范补充，在准确打击违法者、妥善调解纠纷、保护人民等方面起到了很好的效果。法律不能约束的案件、纠纷，用乡规民约来解决，对司法部门也是有力的支持和帮助。比如，贵州省锦屏县启蒙区胜利乡寨母、寨楼两寨侗家人民，为了促进社会主义精神文明建设，竖立了联合公约碑，进一步落实了乡规民约，联合制定了八条公约，包括：（1）保护风景；（2）修路养水；（3）管好森林；（4）管好庄稼；（5）办好学校；（6）搞好团结；（7）搞好治安；（8）移风易俗。这八条公约的制定，收到了很好的社会效果。

（二）民族习惯法能够便利地照顾一些乡土社区因素

比起国家法所管辖的广阔领域，民族地区的乡土社区总有一些自己的特殊因素。有关这点，一些学者的看法值得思考。尽管文化并不是静止不变的，不过一个文化自萌生起，总有一些"前提原理"作为标准在支配或影响着选择；在现存的文化之中生成的特定的习俗和行为方式都明显地、或多或少地受到该特定文化的基本前提原理的影响。[3]国家法中的有些规范，由于严重背离了乡民们的习惯，没有乡土社区惯例的辅助，换句话说缺乏对乡土社区文化"前提原理"的照应，也就不容易为乡民们所接受，难以成为他们的行为规范。在这种情形下，一味地

---

[1]　谷千：《民族区域自治法与民族自治地方的社会进步》，载《现代法学》1998 年第 3 期。

[2]　田成有：《法律社会学的学理与运用》，中国检察出版社 2002 年版，第 99 页。

[3]　［美］E. A. 霍贝尔：《初民的法律——法的动态比较研究》，周勇译，中国社会科学出版社 1993 年版，第 13—14 页。

要求乡民们遵守这类国家法规范，往往会加剧法律规避行为的盛行。正像有的学者指出的那样，如果法院不管乡民的实际情况，盲目兜售和刻板推行国家法，有可能适得其反，造成国家法在乡土社会的信任危机。[1]

同时，比较民族习惯法的发挥，我们可以看到国家法相对于乡土基层社会所存在的内在局限。作为维持整个现代社会秩序的主要调整手段之一，国家法必须具有普遍性、统一性、稳定性以及原则性等特点。然而这种对于整个社会大范围来说是不可缺少的优点，到了乡土基层社会狭小空间反而可能变成国家法的劣势。比如，国家法为了统一性也就很难照顾到乡土社会事物的特殊性；再如，要体现原则性就不可能也无必要涉及乡土社会生活的方方面面。因此，正如有的学者所说，民众之所以倾向于同时也在法律之外寻求公道，也是因为法律制度的某些缺陷使其难以满足民众的正当需求。[2]这样，在运用对少数民族民众来说更有经验、更为现实的习惯法比国家法更有利于解决问题的情况下，国家需要尊重少数民族民众的自主选择。

三、少数民族习惯法能够节省社会运作成本

有学者指出，法制运作的效率与民间社会的习俗生活或者说地方性的文化是不可分割的。[3]从法律资源来看，有些民族地区的乡土社区所处位置极其偏远，因自然条件造成了交通极不发达。在这样一些边远的村落中，当出现一般的违法或者非严重刑事案件时，如果严格按照我国现行的法律制度规定，都由国家有权机关对这些案件进行审理，那么势必导致巨大的人力、财力的支出，并非常有可能拖延结案时间。换一个角度来说，如果可以由当地村寨能够进行调解能力的组织或族长、寨老之类的头人按习惯法对此类案件进行处理，这简化过程不但尊重了该地区的风俗，而且为国家节约了财政开支和人员，减少了法律资源负荷和社会运作成本。从这一假设（事实上也是如此）来看，国家法是可以不排斥有些民族习惯法的。长期以来，国家法在基层司法、执法中存在不可避免的效率缺陷，如供给不足、执行难、成本高等，一直深受人们的诟病。我们认为，从法律的经济分析角度看，就少数民族习惯法本身所具备的及时、有效等特点，它在一定程

---

[1]　田成有：《乡土社会中的民间法》，法律出版社 2005 年版，第 141 页。

[2]　梁治平：《法治：社会转型时期的制度建构——对中国法律现代化运动的一个内在观察》，载梁治平：《法治在中国：制度、话语与实践》，中国政法大学出版社 2002 年版，第 125 页。

[3]　赵旭东：《权力与公正——乡土社会的纠纷解决与权威多元》，天津古籍出版社 2003 年版，第 340 页。

度上可能实现"以最小可能的资源花费来达到预期目标的理性选择"[1]，因而在有些情况下可以被视为纠纷解决中可能会取得较高的私人、政府和社会效率的，从而可以降低国家法律成本，节约法律资源的一条途径。

（一）民族习惯法可能满足主体的理性需求

从法律经济分析的理性人（即经济学中的"经济人"）理论看，它认为行为主体是一个自利的理性人。不过要注意，根据新"经济人"模式的理解，主体的行为动机可以是多样性的，此处的"自利"所追求的"个人利益"不仅仅限于货币收入、物质享受等纯粹的经济利益，而是明确地包括尊严、名誉和社会地位等不能用经济尺度来衡量的"利益"。此处的"理性"是一个是否合算的经济学概念，而不是一个判断善与恶的道德性概念。即"理性"意味着行为主体总是在给定的外在条件约束下，使所有追求的利益最大化；或者说行为主体总是在目标既定时，在可供利用的手段、条件下，选择付出最小的代价（成本最小化）。[2]正如有的学者所指出，"历史和经验都已经表明，中国人，首先是中国的普通民众，从来都不缺乏对自己利益作出判断和根据环境变化调整其行为方式的实用理性"。[3] 大量的乡土社会事实证明，在日常生活经验上，少数民族民众大都是具有一定理性的人，他们能够在其知识体系范围内，对他们力所能及积累的条件综合权衡后作出对他们来说最有利的选择。（即使从局外人看，可能存在对理想结果而言条件还不够的问题，不过这已经不是他们知识系统所能够控制的因素，不能以此否认他们的理性选择。）所以，他们在比较国家法和民族习惯法的时候，更可能会出于习惯法能够给他们带来更多好处（方便）或者说是减少更多害处（不便）的考虑，而选择那些长期根植于乡土社会生活的、更容易为当地社会所接受的诸如惯例之类的习惯法。

（二）民族习惯法可能替代国家法的作用

从法律经济分析的法律需求理论看，法律规范之间存在着替代关系。当具有替代关系的一种法律规范"价格"上升时，人们会扩大对另一种法律规范的需

---

[1] ［美］理查德·A·波斯纳：《法律的经济分析》，蒋兆康译，中国百科全书出版社1997年版，"中文版作者序言"第1页。

[2] 张涛：《西方法律经济分析的理论基础》，载《郑州大学学报（哲学社会科学版）》2005年第2期。

[3] 梁治平：《法治：社会转型时期的制度建构——对中国法律现代化运动的一个内在观察》，载梁治平：《法治在中国：制度、话语与实践》，中国政法大学出版社2002年版，第125页。

求。[1] 同样，法律规范与其他社会控制规范之间也存在替代关系。正是由于国家法与民族习惯法并存的法律多元态势，人们在可能的情况下都倾向于选择能获得更为有利后果的调整规则。美国学者布莱克提出了"法律变化与其他社会控制成反比"的命题，认为法律本身是一种社会控制，但同时还有其他多种社会控制方式存在于社会生活中；根据该命题可推知，当法律的量减少或者供应不足时，其他社会控制规范的量就会相应增加，反之亦然。[2] 因此，只要有比较好的法律和制度保障，行为主体追求个人利益最大化的自由行动会最有成效地促进社会利益。这对分析国家法和民族习惯法的"竞争"尤为重要，它意味着只要法律制度设计合理，就可以达到"激励相溶"。[3] 这就为评判法律制度优劣提供了一个参考标准。按照科斯定理，"在现实交易成本存在的情况下，能使交易成本影响最小化的法律是最适当的法律"。[4] 所以，结合前文理性人观念，少数民族在面临纠纷解决时，之所以选择适用民族习惯法来调整，很有可能是因为民族习惯法规范的"价格"比国家法规范的"价格"更低；适用民族习惯法会给他带来较多的利益，而适用国家法将使他丧失或者减少该利益。

（三）民族习惯法可能减少法律机会成本

从法律经济分析的法律机会成本来看，行为主体的选择有多种可能。所谓"法律机会成本"，可以理解为所放弃的其他社会控制规范中能最有效调整某种关系的规范的价值（这里的价值是一种社会价值或社会效果）。[5] 因此，就法律的机会成本来说，如果选用国家法来规制，那就意味着放弃用习惯法之类的其他社会控制规范对某种关系调整的机会。这样，由于存在法律的机会成本，因而即使国家法在乡土社会确实存在，但也并不意味着就一定是人们的最优规范或最优行为选择。当人们按国家法要求安排自己的行动时，就意味着失去了按照习惯法行为时的某种机会收益，也就承担了相应的机会成本。所以，这个时候一旦有在

[1] 钱弘道：《经济分析法学》，法律出版社 2005 年版，第 195—200 页；钱弘道：《法律的经济分析工具》，载《法学研究》2004 年第 4 期。

[2] ［美］布莱克：《法律的运作行为》，唐越，苏力译，中国政法大学出版社 1994 年版，第 7 页。

[3] 张涛：《西方法律经济分析的理论基础》，载《郑州大学学报（哲学社会科学版）》2005 年第 2 期。

[4] ［美］理查德·A·波斯纳：《法律的经济分析》，蒋兆康译，中国百科全书出版社 1997 年版，"中文版作者序言"第 20 页。

[5] 刘少荣：《法律的经济分析中使用经济学概念、范畴时应注意的几个问题》，载《法律科学（西北政法学院学报）》2004 年第 3 期。

多种调整方式中进行选择的可能（即上文分析的多元法律间的替代可能），他们大都会因运用国家法的不经济等因素，而在自有的知识体系中选择自认为最有利的习惯法。比如，受害者发现对违法的究责成本太高而"私了"的机会成本低于诉讼的机会成本时，他／她可能更愿意放弃一些法定权利的行使而情愿选择"私了"（民间法）。按照斯密定理，"自愿交换对个人是互利的"。[1] 因而，在不严重违反国家法（强制性规范）的前提下，从法律的经济分析角度考虑，为了寻求可能更合理的、民众自愿遵循的社会调控方式，节约总体社会成本（包括国家司法成本，也包括民众的行为成本），在处理乡土基层社会间的纷争等问题上，国家可以在一定程度上准许少数民族民众自主选择是适用国家法还是民族习惯法。

四、少数民族习惯法具有自己独立存在价值

（一）民族习惯法具有独立存在的空间

如果说相对于国家法而言，少数民族习惯法所具有的上述三大点意义，在一定程度上都可以算是辅助存在价值，那么在我们看来，少数民族习惯法实际上还具有自己独立存在的价值。

1. 少数民族习惯法的独立存在有哲学思想和宪政的基础

马克思主义哲学认为，世界是多样性的。受多种不同因素的影响，每个少数民族都可能在生产、生活中遇到一些不尽相同的社会秩序问题，因而其解决矛盾的秩序规范也应当是多种多样的，这为不同少数民族习惯法的独立存在提供了理论根据。同时，我国《宪法》第 4 条第 4 款明确规定："各民族都有使用和发展自己的语言文字的自由，都有保持或者改革自己的风俗习惯的自由。"《民族区域自治法》第 10 条也规定："民族自治地方的自治机关保障本地方各民族都有使用和发展自己的语言文字的自由，都有保持或者改革自己的风俗习惯的自由。"上述这些规定为保留民族习惯法的独立空间奠定了宪政基础。

2. 国家法律总有自己的界限和局限，它既不可能也没有必要囊括所有的社会关系

一方面，由于知识的地方性和人的有限理性，而社会生活总是不断发展变化的，立法者无法通过立法穷尽所有事项，一个涵盖社会生活各个方面、各个角落

---

[1]　[美] 理查德·A·波斯纳：《法律的经济分析》，蒋兆康译，中国大百科全书出版社 1997 年版，"中文版作者序言"第 20 页。

的全能的国家法律体系是不可能建立的。另一方面，法律调整的范围只限于那些有必要运用国家强制力去干预的社会关系，而在社会关系中的不少方面用法律干预是不适宜甚至是不可能的，因而法律也不必去穷尽一切社会现象。[1] 这即是说，如果用法律方法改变应该用习惯去改变的东西，那是极遭的策略。[2] 所以，农村习惯法所调整的社会关系有不少是国家制定法所没有调整的，像社会交往、红白喜事这些方面的规定是农村习惯法独有的。[3] 上述情况的客观存在就为民族习惯法留下了独立的生存空间和适用市场。

3. 少数民族习惯法具有一定的独立和灵活的秉性，促成其既有独立存在的地位，又有独立存在的价值

少数民族习惯法是承载民族历史文化传统的本土法律资源，是不同于国家法的另一种知识传统。它具有自己的相对独立性，并不必然依赖国家法而存在；它的权威与效力，也并非由国家授权而取得。其独立性表现在：只要不与国家法相冲突，其规范内容、管辖范围、效力作用和强制执行等都可以自成体系而独立于国家法之外。同时，它又具有自己特有的灵活性，只要其赖以存活的社会条件具备，习惯法就能够发生作用；反过来，传统习惯法本身所具有的灵活性也有助于它适应不尽相同的社会环境。[4] 换言之，虽然少数民族习惯法在某些方面不得不考虑国家法而受到国家法的制约，但是不能就此认为民族习惯法就是国家法的从属物或附属物而没有自己的独立地位。所以，那种完全否认民族习惯法具有独立存在意义的说法是值得商榷的。

（二）民族习惯法需要适应时代的变革

前面我们强调了民族习惯法具有独立存在的价值，不过在此还需补充说明，民族习惯法不能借此而拒绝适应时代的变革。其中原因，除了前文已略有提及的民族习惯法本身有着不足之外，从当代发展的背景看，完全封闭的社会状态趋于终结，任何一套法律规则都不是一种孤立的制度，少数民族习惯法也是如此。少数民族的社会与外界联系日益密切，其社会成员的价值观、文化观也正在不断地发生着新的改变，少数民族习惯法正面临着自动或半自动逐步废弛的危险。这给

---

[1] 孙笑侠：《法治、合理性及其代价》，载《法制与社会发展》1997 年第 1 期。

[2] ［法］孟德斯鸠：《论法的精神》，张雁深译，商务印书馆 1983 年版，第 310 页。

[3] 高其才：《试论农村习惯法与国家制定法的关系》，载《现代法学》2008 年第 3 期。

[4] 梁治平：《清代习惯法：社会与国家》，中国政法大学出版社 1996 年版，第 1、28、182 页。

民族习惯法的发展带来了强大的压力，因而民族习惯法在这一时代大趋势中必须适应新的变革，用一种全新的视野审视自身的优劣，并不断作出自我适应性的调整，拒绝变迁也就意味着停滞、衰亡、消失。有道是，一个善于改革的民族、一个勇于废旧立新的民族，才是有希望的民族。少数民族需要改革自己不适应时代发展的习俗，克服故步自封、裹足不前的封闭观念。不过，考虑到少数民族习惯法是在少数民族长期的历史长河中逐渐衍生发展的，言及改革就不能操之过急，要在充分协商、耐心教育的前提下，依靠本民族的先进人物和仁人志士，由他们率领本民族的群众自觉自愿地进行，才能收到良好的预期效果。

中　篇

中国少数民族习惯法研究分论

第 5 章

少数民族社会组织习惯法

第一节　家族及氏族习惯法

一、家族习惯法

组成社会群体的一个重要条件是亲属关系，聚族而居是所有民族从氏族社会开始就自然形成的居住习惯。所谓家族，是一种世世代代延续下去的群体，作为社会上的一个独立单位，它保持着实质上的独立性，这种群伭通常是单系的，群体成员资格的取得或根据与父亲的关系，或根据与母亲的关系。就近代以来我们看到的家族，多是单系的继嗣群，其成员都可以从家谱上追溯到他们共同的祖先，如果是父系的，则由男子、男子的子女及他们未嫁的姐妹组成，可以一直追溯到最早的男性祖先；如果是母系的，则由女子、女子的子女和兄弟组成，他们也可以追溯到一个最早的女性祖先[1]；而妻子（或丈夫）则依据与男子（女子）的婚姻关系被结合到对方家族中去。除有确定的血缘关系和谱系关系外，家族还兼有地域化特征，我国各少数民族往往合族聚居，或是居住于同一个村寨，或是居住在相毗连的几个或十几个村寨内，即使有的村寨内有几个家族，他们往往也互不混杂，各自居住在自己的范围内。

---

[1]　［英］雷蒙德·弗思：《人文类型》，费孝通译，华夏出版社 2002 年版，第 95 页。

　　一般来说，家族是以血缘为纽带结成的，但也有非血缘结成的。这种家族的形成原因是多样的，有的原本是同一血缘组成的家族，后又吸收了迁居此处的小姓结成；有的是几个无血缘关系的家族因为某种利益联合成一个大的家族。如我们在贵州锦屏县文斗苗寨调查时发现，当地人主要姓姜，是最早定居此处者，此后陆续迁进的李、易、张等小姓与姜姓结合为同一个家族。但不论是否为同一血缘纽带组成的家族，都视为同一祖先的后代，家族内同一辈分的青年互为兄弟姐妹。这种现象，世界上很多民族都存在，汉族也有，称为"认亲"，并且还要举行"入族"的仪式。由此组成的家族颇类似于氏族群体，它是扩大了的家族，成员之间虽然可能没有血缘联系，找不到谱系关系，没有共同的祖先，但是他们之间还是相互以父系亲属相称（若是在母系社会，则以母系亲属相称）。这种家族的外部边界也是由族外婚这一原则所确定的，同一家族内的男女，尽管可能无任何血缘联系，但他们之间仍然严禁婚媾，甚至在一起"行歌坐夜"都是不被允许的。

　　家族组织的元素包括祖先信仰与仪式、继嗣制度和家族公产等。组织严密的家族设有头人或管事集团管理族内各种事务。如羌族规定，"族有千口，主事一人"。家族同居，合族公推一人为长，称为族长，族长一般由家族中辈分高、年龄大、品行好和办事能力强的人终身连任。族长在族内行使族权，其地位至高无上，其权力巨大无比，只要是家族内部的事务，他都有权过问；他的训诫，族人都必须遵行，不得违抗。月亮山地区苗族的族长还在头顶上保留着一束挽结的长发以表明自己的身份。贵州黄平僕家人由阴、阳二系管理家族，阴系为宗教组织。家族分设阴阳族长各司其职，阳族长由办事公正、德高望重之人担任，民主推荐产生，任期较短；阴系族长须经专门训练，通晓族史，在每隔十至二十年举行一次大祭祖时当众以蛋卜产生，故任期较长。有些家族即使无族长之设，族内事务则多由族内年龄较高且有威信之人处理。[1] 一般每个家族都有共同的墓地、公共的族产，其形式有神山、族田等。神山通常由聚族而居的同姓家族共同占有，成为同一族姓某一村寨的共同财产，族人均享有种山和樵收的权利。外族人无权擅自闯入，要想有所收益，需经该族同意。家族的田产由家族内各户轮流耕种或租给他人耕种，其收入主要用于族内的经济开支，包括祭祀祖先、修缮祠堂、增订家谱、兴办公益事业、资助学子应试和救济贫困族人等。族产是家族赖以存在的

---

[1]　黄平县志编纂办公室：《黄平县志》，第 139 页，黄平县档案馆藏。

物质基础，也是强化宗法关系的经济支柱。大的家族还建有祠堂，它是家族存在的象征，这里供奉着列代祖宗的牌位，是追忆祖先并让族人有归属感的地方，有祭祀祖先、约束族人的社会功能。定期合族祭祖，旨在强化家族观念，加深血缘感情，牢记族规祖训，履行捍卫本族利益的神圣使命。家族内的重大事务也在此举行，例如审核家族人丁增减的情况，商议族内重大事宜，审理家族内部发生的纠纷和违反家法族规的案子等。族规是族人必须遵守的行为规范，它在敬祖宗、明宗法、信神灵、孝父母、睦邻里、重信义、保族产、戒争讼、禁奸淫和惩盗贼等诸方面都有具体的规定。家族纠纷大多以族内调解的方式解决。除非争讼双方不服从家族裁决，才可以上告官府，但这种情形十分罕见。触犯家法族规的族人，在祠堂接受家族施加的处罚，羌族地区茂县土门乡马家村卞家宗祠内挂有木棍和竹板，上刻"公置家法"，这就是惩罚有过错和犯罪的家族子弟的刑具。

明清以来，受汉文化影响较深的我国部分民族地区也开始订立家谱。订立家谱的目的，如羌区汶川县赵氏家谱序中所言，"从来家之有谱，犹国之有史，所以昭信纪实，重本笃亲，使后世子孙不敢妄其所自出。"家谱的存在，使延绵的宗族在子孙后裔不断滋长蔓延的情况下，维系家族内的等级辈分、长幼秩序，加强宗族成员间的识别，联系和团结、教育族人。家谱的功能在于：（1）家谱是个人取得族籍的依据，只有具有一定血亲关系或者宗亲关系的人才有资格列入家谱的名单中。（2）明序。家谱有统一而明确的辈分排列，尊卑长幼关系一目了然，以便于尊长对卑幼的管教，卑幼对尊长的服从，这也确定了二者之间的权利义务关系。家谱使血缘脉系固定化、规范化，加强了同族亲属之间的联系，使血亲成员按等级进行有序排列，并构成一个有机整机。（3）羌族人讲："前人不讲古，后人失掉谱。"羌族家谱一再强调："尝思根之深者，其叶茂；源之远者，其流长；物本乎天，人本乎祖，盖木本水源不可不究其始，物天人祖不可不晓其初。"[1] 家谱记载了家族姓氏的由来、始祖渊源、先辈创业的艰辛、族内兴盛的概况和发展的历程，而家谱字辈排行，连在一起，就是一首伦理训诫的四言（或五言）诗。例如理县蒲溪羌人龙氏宗族 16 代还宗字辈排行为 "福启政世，文登清荣，朝廷德安，永治和平"，就在于教育子孙不忘根本，品德彰明，发奋图强，建功立业，为家族的兴隆发达作出自己的贡献。

需要说明的是少数民族的姓氏问题，历史上我国很多少数民族都没有汉姓，

---

[1]　汶川漩口姚氏家谱碑。

仅有古代氏族和部落的称谓，如古苗族的部落称谓有"方"、"黎"和"嘎闹"等，氏族称谓有"柳"、"勾"、"勒"和"向"等，这些部落和氏族的称谓相当于汉族的姓氏，称为"苗姓"。苗族用汉姓约始于明代到清雍乾年间，王朝编户齐民，便以苗族氏族和部落称谓及人名音译为姓，如方姓即"方"，李姓乃是"黎"的谐音；也有相互认姓，如某人某寨先用汉姓之后，同家族的人或同寨同宗分出去的其他寨子，均用同姓。[1] 瑶族的姓氏情况要较苗族简单得多，瑶山的白裤瑶社会共有 9 个姓氏，每个姓氏都有自己的瑶语名称，同一姓氏的人都认为他们是同一祖先的后代，供一个木鼓。[2]

家族的存在不仅是因为血缘关系，还具有一定的社会功能，如果这些社会功能丧失，家族也必然失去存在的基础，这就如同在现代城市社会家族之踪迹无处可觅。家族重要的功能有两点，一是生产生活上的互助，二是保护成员的生命财产不受侵犯。广西南丹瑶族在新中国成立前存在一种名为"破补"的家族组织，"破补"是瑶语，即"同宗同祖"之意，凡同住一村的各姓氏，各按姓氏组成破补，每个破补由二至十五家组成，超出十五家，则另立一个破补。破补有内部的共同财产：质量较好的水田和畬地，其收益按户平均分配，成员因故不能劳动时，其他成员有义务进行帮助，婚丧病疾之事亦需出资协助，甚至各户的生产也要由每年春冬两季举行的破补会议统一安排[3]。"破补"这种家族组织实质上就是一个互助的利益共同体。家庭在某些方面看来是经济性的单位，但在落后的技术条件下，个人的力量微不足道，家庭并不是自给自足的，建房、开荒、伐木、迁徙和抗击自然灾害，都必须依靠他人的力量。此外，出于防匪、防盗、防御外敌的考虑，也极需要家庭之外一个更为广大的群体积极参与进来，人们必须集结成一个共同体才能在恶劣的环境中生存下来。这种共同体的团结也只有因血缘关系所产生的强烈宗族认同感和强大凝聚力才能维系，同时共同体的此种功能又加强了群体内部的认同感和凝聚力，因此，我们可以说给予帮助乃是亲属关系的一部分[4]。同一家族内部的成员有互相帮助的义务，家族也有为其成员承担责任的义务，保护

---

[1] 雷山县志编纂办公室：《雷山县志》，第 92 页，雷山县档案馆藏。

[2] 贵州省民族研究所：《月亮山地区民族调查》，1983 年，第 23 页。

[3] 张有隽：《广西通志·民俗志》，广西人民出版社 1992 年版，第 162 页。又，"破补"即"油锅"，油锅是汉、壮等族对破补的称呼。

[4] 甚至在一些经济不发达的社会中，借贷也多发生在亲属之间。这一点，与《努尔人》一书的描述颇为一致，该书称"（努尔人）只把牛借给那些与自己存在一种确定社会关系的人"，见埃文思－普里查德：《努尔人》，褚建芳等译，华夏出版社 2002 年版，第 109 页。

其成员不受外人欺侮。若族内有人违反法律，本家族有责任出面处理，甚至是承担赔偿责任。为了维护家族利益，家族一般都会主动提出对犯者进行惩处，若须处死，亦由犯者族内执行，侗族人称为"自己的孩子自己教育"。[1] 开除族籍是对族人最大的惩罚，意味着他失去了这种保护，身家性命随时都会有不测之虞。

在通常情况下，人口不断繁衍，家族的规模必然不断扩大。限于环境压力，这一群体总是要通过分裂、衍生和分支等分化过程产生亚群体，并且亚群体还会进一步地繁衍、分裂。这种亚群体即是房族，也有叫"宗支"或"轻"（毛南族）的，一般是家族在强盛阶段几兄弟势力壮大后分衍而形成的下属血缘结构，如贵州务川仡佬族大家族邹姓，在清代乾隆年间势力最强，分为邹宦、邹正、邹福、邹时和邹朗五房，繁衍至今成为五大房族。[2] 还有一种情况也较为普遍，即以三代或五代以内的血亲为一个房族，多半居住于一个村寨内。五代以上的，只要是同一个族姓，能追到共同的祖先，就承认是同一家族的人。随着时间的推移，亚群体的数量不断增多，层次也不断增加，就形成了塔形的外观结构，上小而下大，底座是最低层次的家庭，是家族的基础，逐层而上，顶端则为各房共同的姓，家族就这样被有条不紊地组织起来。这座"塔"的层次数量也不尽相同，如广东连山的排瑶人，其"房"下有"房"，"大房"、"小房"层层叠叠，房族的层次能达四五层之多[3]。亲属的范围愈大，关系相应就由亲而疏，彼此之间的联系也会愈渐松弛。往往范围较小的亲属群体的功能主要表现在处理家庭事务和安排日常经济的合作上，而较大的亲属群体的功能主要表现在典礼仪式上，如婚礼、成年礼、丧事和宗教仪式。[4] 瑶族有"三代亲，四代疏，五代了"之说，壮族三代以内的房族，必要时还需互相给予经济支持；三代以外、五代以内只在婚丧嫁娶时互相邀请参加，平时很少有经济联系。[5] 当族内某一成员无法独力承担对外赔偿时，一般只在其近亲属范围内分摊，如果这一层次的房族力量不足，就会不断扩大范围，直到动员所有族人的力量。

二、氏族习惯法

氏族是我们在研究初民社会时常见的一种单位，它以亲属关系为基础，是单

[1] 邓敏文，吴浩：《没有国王的王国》，中国社会出版社 1995 年版，第 28 页。

[2] 冯祖贻等：《仡佬族文化研究》，贵州人民出版社 1999 年版，第 141 页。

[3] 练铭志，马建钊，李筱文：《排瑶历史文化》，广东人民出版社 1992 年版，第 309 页。

[4] ［英］雷蒙德·弗思：《人文类型》，费孝通译，华夏出版社 2002 年版，第 96 页。

[5] 张有隽：《广西通志·民俗志》，广西人民出版社 1992 年版，第 151 页。

系继嗣的群体，这一点类似于家族，不过氏族的规模远较家族大。根据摩尔根的说法，先有氏族后才出现了家族。但反对者认为应以家族在先，因为家族组织无处不在，而英属哥伦比亚内地土人、东北亚洲土人、南美火地人和安达曼岛人中却不曾有氏族。[1] 尽管近代以来我国仍有部分少数民族社会确实还处于原始的父系氏族时代，但我们仍需慎用"氏族"一词，并不是所有以血缘纽带聚族而居且经济又极为落后的群体都可以称为"氏族"。血缘和族外婚原则完全可以将氏族与地域社会区别开来。至于氏族与家族的差异，罗维认为，"氏族是单方的亲属群，家族是双方的"，一个外嫁的女子属于她父亲的群体还是她丈夫的群体将决定该社群是氏族还是家族，故而"家族是松散的单位，氏族是固定的单位，离婚和迁徙可以拆散家族；但氏族的结合是永久的"，此外氏族的亲属范围远较家族大，极疏远的单系亲属绝不会被再当做家族中人，但因氏族结合之固定最疏远的亲属仍然是社群之一员，甚至彼此间虽找不到谱系联系却仍被认作亲属的[2]。

　　还是让我们看看我国少数民族地区遗存的氏族形态吧，笔者所以说"遗存"，是因为这些社群即或本身仍处于氏族时代，但因与外界的频密接触，其社会形态定非原生，也只能在其中窥见氏族社会之部分景象而已。在川藏交界的金沙江两岸的崇山峻岭间，至今还生活着一支处于父系氏族社会阶段的藏民，他们以"戈巴"为其组织，戈巴意为"父群一伙"或"父系集团"，又称"帕错"，虽有大小之分，却互不统属，各自为政，这一地区有近 60 个戈巴组织，共 8000 余人。戈巴均有自己的名称，或以姓名、或以职业命名；还有自己的图腾，雪雕是戈巴中较常见的图腾。其成员只以男性计算，凡男子自出生日起即为戈巴的当然成员，非戈巴血缘的外人要加入戈巴须经盟誓，同辈者互称兄弟，小辈都称做儿子；女性是男子的附属品，不算戈巴的成员，无婚姻自主权，往往是戈巴间联系或临时结成同盟的纽带。戈巴内部严禁婚媾，其首领并无特权，日常事务均由戈巴会议裁决；土地、牧场、农具等一切生产资料均归共同所有，打猎及抢劫所得须平均分配；财产只能由父系血缘的男性亲属继承，不能招婿，没有儿子的家庭即为"绝户"，财产归本戈巴集体所有。长期以来，戈巴间战争不断，戈巴还负有为其成员复仇雪耻的义务。图腾、外婚制、单系继嗣及血族复仇这四种制度的存在表明戈巴制度实质上还保留了绝大部分氏族阶段的特色，虽然几个戈巴往往会聚居一处，每个定居点少则有一两个戈巴，多则有五六个戈巴，但并没有形成定居点的

---

[1]　林惠祥：《文化人类学》，商务印书馆 2002 年版，第 176 页。

[2]　［美］罗维：《初民社会》，吕叔湘译，商务印书馆 1935 年版，第 131—133 页。

地域组织；相反，大的戈巴会超出地域的限制，跨村甚至跨县，如云朱戈巴成员不但分布在三岩的宗巴、曲新和当孝等地，而且散布在芒康县的朱巴和巴塘县境内，维系三岩地方的社会细胞仍是戈巴这种组织。[1] 云南一些少数民族生活在地广人稀的滇西刀耕火种地带，他们主要以"游耕"的方式谋求生活，同时又以狩猎和采集作为补充，横断山脉成为他们的天然屏障。他们与世隔绝，很少受到外界的干扰，多数处于原始社会阶段。直到近代，才逐渐与外界接触，其社会隐隐发生变动，金平拉祜西的"卡"以及上文提到的布朗族、独龙族和拉祜族等社会组织的形态多少保留着氏族的某些特征，但有些在本质上仍属于家庭或家族的范畴，有些已经开始向农村公社发展，七零八落地走向近现代文明社会，拉成一个长长的队列，生动、具体地反映着人类童年时代的图景。

三、部落组织习惯法

部落是人类社会早期普遍存在的一种社会组织形式，部落的定义很难确定，因为其性质很不一致。其最常见的共同性质是共同的语言，共同的风俗，占据固定的土地，游牧部落有固定的牧场，部落是政治及文化的群体。直至近代，我国少数民族中还以部落相称的并不多，我们最熟悉的乃是川青藏的藏族游牧部落，蒙古、青海等地的蒙古部落，除此之外，还有云南西盟的佤族。

藏族部落的最基层细胞是"日科尔"，一般是由若干个有血缘关系的家庭组成，通常具有排他性，带有明显的血缘组织特征。同一日科尔的牧民一般在同一地区进行放牧、迁移草场等生产活动，各户互相支持。每个日科尔都有自己的首领，有的称为居本，有的叫如本；或由民众推选产生，或由上级头人指定；其职责是组织协调内部的生产和宗教活动，调处族内夫妻不和、家庭财产继承等小纠纷，部分德高望重的还参与处理部落内的一些事务。若干个日科尔组成一个部落，部落有大有小，大者千余户，小者仅几十户。有的较大的部落还分化出若干个小部落。一般来说，大部落是较为独立的单位，独立性强，互不统属，对固定的草场等具有所有权。大部落的头人或称做"红保"或"代本"、"吉门"，不一而足，历代中央政府及地方政府对不少大部落头人进行册封，表现出部落头人有较独立

---

[1] 主要分布在西藏贡觉县三岩区、四川白玉县山岩区和巴塘县北部，此部分主要参考范河川：《三岩戈巴父系社会简介》，载《西藏研究》1999 年第 1 期；仁真洛色：《白玉戈巴：康区复习社会活化石》，载《中国西藏》1999 年第 6 期；扎呷，刘德锐：《西藏昌都四种传统社会组织调查》，载《中国藏学》2001 年第 4 期。

的行政、司法、外交和军事指挥权。大部落下属的小部落头人的主要职责是协助大部落头人工作，或者替大部落头人管理一个小部落。[1] 部落的最高组织层次就是各大组织系统，如四川的瓦虚三部、藏北的霍尔三十九族和羌日部落等。藏语中对这一级组织层次并没有专门的名称，或可称为部落联盟，其组织系统形式也呈现出地域差异，类型多样。其中既有藏族部落古老的军政同体结构，又有以千百户制度为主线的封建领主制度下的结构。以四川的瓦虚部落为例，尽管其有18 个支部落、25 个分部落和 33 个小部落，但仍有一个统一的领导。其最高权力机构是各部落头人联席会议，常设机构由三俗一僧组成，均称为"总头人"，总头人之下有分领各部落的"措本"，最基层是日科尔的首领"居本"。而藏北的霍尔三十九族，其权力机构更为复杂完备，有统一的首领"霍尔王"，并有庞大的行政官员和侍从队伍。[2] 大部落的头人及部落联盟的首领多属世袭或任命。这种藏族部落，虽然已跨入阶级社会的门槛，且已发展到封建社会的历史阶段，是国家行政管辖下的一级社会行政组织，但仍具有很大的独立性，不同程度地残存着人类社会若干早期社会组织（包括血缘部落、地域部落和部落联盟）的历史痕迹，这些部落的组织形式实质上是地域部落（亦即地区部落、地缘部落）延续到阶级社会中的残余形式。[3]

居住在云南阿佤山区的佤族主要从事农业生产，他们在农村公社（村寨）的基础上建立部落，这些部落有的就是一个村寨，有的是若干村寨的联合，如有马散、永广、翁嘎科和岳宋等部落。部落内部各村寨间有一些渊源关系和历史联系，它们一般以建立最早的村寨为中心，但各寨仍有相互的独立性，没有明显的隶属关系。而在阿佤山边缘地区的部落则有十分严密的组织，以班洪部落为典型，这里在 20 世纪前半叶已经形成了一套管理机构和脱离生产专事管理的人员，其首领就是班洪王，为世袭制。班洪王在处理一些重大的事情时要召集重要头人通过会议进行协商，具有原始民主制的成分。班洪王在原来村寨和部落的基础上划分为 17 个大户（行政单位），并分别委任大伙头行使本大户的行政管理权。各大户还有二伙头、小伙头和管事等职，皆由大伙头任命。班洪王设有辅助他管理全领地的官吏"衙门"、波勐和拉勐等，还有常设的军事组织"常卫队"。班洪兼具部落及领主政权的双重性质，虽未有资料表明像这样的部落在阿佤山区究竟有多

---

[1] 陈庆英：《藏族部落制度研究》，中国藏学出版社 1995 年版，第 113—124、176—182 页。

[2] 同上。

[3] 陈庆英：《藏族部落制度研究》，中国藏学出版社 1995 年版，第 101 页。

少，但发生在 1936 年的班洪抗英事件记载，班洪王胡玉山曾在当年 2 月初召集阿佤山 17 王在班洪剽牛盟誓，集合佤族民众近千人抗击英军。[1]

此外，瑶族的石牌制组织形式及功能极类似于部落及部落联盟。所谓石牌制，就是把有关农业生产、维护社会秩序的法则，制成若干条文，把它刻在石碑上或书写在木板上，当众宣布，让全体成员遵守。石牌头人则负责检查石牌条文的执行情况或处罚那些违反石牌法的人。金秀瑶山的石牌，有管全瑶山的总石牌（又叫七十二村石牌）；有管一部分地区的二十四村石牌、十村石牌；有根据参加石牌的户数取名的千八百石牌、六十六石牌等。[2] 贵州荔波瑶麓的瑶族石牌组织形式更接近于部落：其基层组织是由同一姓氏的氏族组成的“播冬”组织；第二级，称为“播冬及朵”组织，直译为“父亲和孩子们的兄弟”，它是由两个或两个以上的“播冬”为了特定的利益而结成的一种联合组织，相当于胞族；第三级是“努茂”组织，意思是“穿我们这种衣服的瑶族人的地方”。努茂有自己的自然宗教和仪式，有特殊的方言和服饰，并有自己的领地，外人不敢贸然进入。有大首领大头人，称为“买努广”，由选举产生，遵循禅让制。买努广及石牌会议的职责是讨论决定内部事务、抵御外侮、保卫地域及族民生命财产安全。[3]

第二节　地域组织习惯法

聚族而居固然是狩猎和农牧社会中最为普遍的居住习惯，但随着聚落人口的发展，当一定的聚落空间可容纳的人口数量呈现出饱和状态时，必然要削弱血族的群居意识。规模较大的亲属群体开始分化，一部分人不得不向另外一个生存空间转移，而且族外婚的原则使他们不可能完全排外。特别是核心家庭的出现，不断分裂、破坏了父系家族公社的血缘纽带，促使其向以地缘联系为特征的农村公社过渡。这样，一个聚落里往往有几个家族的成员，同一个家族的成员也有可能分散在几个不同的聚落中。

最早的农村公社的形成，颇类似于“两合组织”的形式，即由两个经常通婚的集团居于一处形成聚落。云南景洪基诺族的每个村寨都设有两个头人，一个叫“卓巴”，另一个叫“中生”，他们实际上是最早联合形成该村寨的两个基

---

[1]　史继忠：《西南民族社会形态与经济文化类型》，云南教育出版社 1997 年版，第 131—148 页。

[2]　张有隽：《广西通志·民俗志》，广西人民出版社 1992 年版，第 160 页。

[3]　黄海：《瑶山研究》，贵州人民出版社 1997 年版，第 185—225 页。

本氏族的头人。此后，随着联姻范围的不断扩大，不再局限于两个氏族，于是迁入的氏族增加，血缘日益混杂。[1] 可见，农村公社已经并不专属于某种亲属关系的范畴，它还是政治单位，是最早的没有血缘关系的人之间的联合。不过这种从氏族向农村公社的转变是缓慢的，瑶山瑶族的情况很能说明这个问题，新中国成立前夕瑶山瑶族九姓中"谢"、"何"、"罗"等五姓各聚族而居，互不混杂，后来蓝姓等其他四小姓相继迁来，往往依附于各大姓氏居住。新中国成立后随着经济的发展及联姻关系的复杂化，各姓杂居的情况才开始普遍起来，不过即使是异姓杂居，村寨内同一家族的人仍聚居在一起，直至 1983 年有六个村寨仍是由同一姓氏组成的。[2]

　　居住在贵州广西两省交界处的月亮山等地的苗族直至清雍正朝改土归流时仍处在父系氏族公社时代，新中国成立前这里的人们也是以血缘家族来组织聚落的。这里有一个故事，传说苗族的祖先西迁至此时，每个家族队伍都置有一鼓，以鼓认宗，敲鼓前进以作联系，迁到新的居处后即按鼓来重新建立社会组织，称为鼓社。鼓社即是由属于同一家族的一个或几个村寨的人组成，家族的分支则有分社，一般一个村寨就是一个分社。苗族立鼓社这种社会结构，在古代是遍布于苗族地区的。《苗族古歌》泛称整个苗疆是"鼓社九千个，遍地喜洋洋"。现代的黔东南地区，鼓社组织还明显地存在，并如期举行祭鼓大典。不过一个村寨甚至几个相邻的村寨都属于同一家族，碍于族外婚的规定，人们必须到很远的其他苗族地方去娶亲，这很不方便，于是不得不破姓开亲，规定只要不是同一个房族的都可以通婚。这种变通将家族分割为几个具有一定独立性的"亚群体"，这个亚群体实质上已被赋予了"家族"的某些功能。核心家庭脱离父系氏族的束缚，成为社会的基本细胞，严重削弱了血缘意识。虽然家族仍然存在，同一家族共同祭祖的鼓社组织仍然存在，甚至各家族还有一定的公共财产，但是远不及全寨的

---

[1]　史继忠：《西南民族社会形态与经济文化类型》，云南教育出版社 1997 年版，第 98 页。

[2]　贵州省民族研究所：《月亮山地区民族调查》，1983 年，第 23 页。瑶山瑶族的家族组织称为"油锅"，与广西南丹瑶族的破补组织是同一性质。虽然"油锅"组织已有一定的氏族色彩，其功能远较一般的家族组织强。油锅有自己一定的区域，排斥外人进入，油锅内一定程度上保留着共同生产、共同分配的原则，财产的继承与立嗣必须在本油锅内，不过这种血缘组织已被整合进非血缘的地域组织中，如有一百多户人口的南丹里湖大寨屯，有黎姓三个族系的三个"油锅"、何姓三个"油锅"等共十二个油锅，他们共同生活于此，有一定的政治、经济联系，村寨在一定程度上取代了血缘群体油锅的部分功能。王昭武：《论白裤瑶的"油锅"》，载中国西南民族研究学会：《西南民族研究（苗、瑶族研究专集）》，贵州民族出版社 1988 年版，第 244—258 页；玉时阶：《白裤瑶社会》，广西师范大学出版社，第 30—38 页。

集体财产多。这种情况突出地表现在吃牯脏上，这本是以血缘群体为单位举行的祭祖仪式，但在月亮山地区的计划一带，则是以村寨为单位进行。这表明父系氏族逐渐消失在村寨这种地域社会组织中，村寨的组织形式将逐步取代血缘群体的社会组织功能。[1]（当然，这种现象也正说明了地域性的裂变分支之间的相互联系是直接与宗族的裂变分支之间的相互联系相一致的，即地缘关系和血缘关系是密切地关联在一起的。[2]）

以居处相同作为组合的基础是极普遍的情形，这种地域的联系是强烈的，"安土重迁"是此类社会共同的法则，人们朝夕相处，共同劳作，共同娱乐，占据一块共同的领地，讲一种共同的语言，对许多问题有共同的态度，最为重要的是还具有一种共同的传统和一套共同的制度。当然，这正如雷蒙德·弗思所描述的那样，虽然地域的联系是强有力的，可以产生并维持人类群体，但这种联系通常仍要靠血缘联系来加强它的力量，[3]在同一聚落中的不同家族可以通过婚姻和"认亲"等途径进入彼此的血缘网络。广西京族各聚落中不同血缘家族的地域组合尤为独特，京族的祖先是 15 世纪陆续从越南迁徙到广西防城等地的，出于维持生存的需要，不同血缘的各姓家族在保留本家族内部世系的同时，联合成了一个非血缘关系的、各异姓家族共同组成的大家族，一个村寨就是一个宗族，他们建有共同的祠堂，供奉着各姓祖先的牌位，共同祭祀，[4]血缘在地域组织中仍然发挥着极为重要的作用。当然，从京族奇特的家族组合来看，功能学派的观念又一次获得了极好的证明，血缘联系并非家族存在并延续下来的根本原因。

一、村寨组织习惯法

各民族在形成和发展的过程中，始终存在一定程度和范围内的相互接触、交往和融汇的现象，整体分布格局呈现出"大分散、小聚居、普遍散居"的特点，界限并非泾渭分明，各民族的聚落既相互毗邻，又多相互交错在一起。但就某一特定聚落而言，一般都是由单一民族成员组成的，很少有两个或两个以上民族杂居于同一村寨内。

在民族文化诸多因子构成的复杂体系中，气候、地形地貌、水文、生物，还

[1]　贵州省民族研究所：《月亮山地区民族调查》，1983 年，第 232—233 页。

[2]　M. Fortes & E. E. Evans-Pritchard. "Introduction", African Political Systems. London: Oxford University Press, 1940. pp. 10–11.

[3]　[英] 雷蒙德·弗思：《人文类型》，费孝通译，华夏出版社 2002 年版，第 81 页。

[4]　杨一江：《京族宗法制存在原因初探》，载《广西师范大学学报（哲学社会科学版）》1995 年第 2 期。

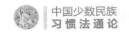
有生产力发展水平、群体的经济方式等因素构成的生存环境对民族的经济结构及社会制度的影响不容低估。聚居一处，才能方便人们在生产劳动时互相协作，在外敌入侵时联合互保，但是聚落的规模又不得不受制于可用于建筑和农业用地空间的大小。有的聚落面对的是河谷平坝，土地肥沃，水源充足，极有利于农业经济的发展，聚落较为集中，规模大，人口众多，如贵州榕江的西江寨和三穗的寨头大寨都曾号称"千户苗寨"。而有的聚落分布在山区、高原甚至是高寒山区，山势陡峻，气候恶劣，耕地狭小，食物相对匮乏，村寨多位于高山密林之处，或背山占崖，或雄踞山巅，规模小而分散，人口不过一二十户。

村寨是聚落类型中最基本的一个单位，是共同生产、生活、娱乐及从事宗教活动的群体，也是一个无所不包的小社会，各种人才齐备，不但家家户户男耕女织，还有各种不脱离生产而有一技之长的人，有巫，有医，有木匠，有铁匠……落后的经济生产方式和不发达的社会交往构成了村寨"小国寡民"的基础，人们过着粗茶淡饭的生活，无求于外。村寨基本上满足了其成员绝大部分的需求，它是一个自给自足的独立系统。村寨一般都有比较稳定的地域范围，通常被绵延的灌木丛、树丛和河流等清楚地划分出边界，出于防盗防敌的考虑，住宅相对集中的寨子还建有寨门、寨墙，有的还有公共的活动场地，如苗族的斗牛坪、游方场、芦笙场等，侗族的鼓楼，羌族的议话坪，白族的本主庙等。在云贵高原上生存的一些少数民族有寨心神的观念，他们把寨心（并不是寨子的中心）看做寨子的心脏或生命。布朗族的寨心神叫代袜么、代袜那，它专司村社成员的吉凶祸福。寨心神设在村寨中央场地上，它的标志是一根或五根木桩，周围垒起石头，每逢傣历八月初一或初十，要由村寨头人兼神职人员召曼举行祭祀，召曼祭祀之后还要请佛爷到寨心神前滴水念经。傣族以木桩或石块作为"寨心"标志，设在寨子中央，用木排围成土台，每年栽秧前和秋收后由召曼（寨父）或乃曼（寨母）主持祭祀，祈求它保佑人畜兴旺，祛灾降福。若有外寨人因婚嫁要到寨内定居，必须先祭寨心神，方能迁入。[1] 共同居住和共有土地，共同的习俗信仰和始祖崇拜，这使人们的地方观念较为浓重，"共同的习俗信仰和始祖崇拜，也使得各村落成员经常习惯地自然地在追忆祖先的心理支配下唤起集体情绪和民族激情。于是集体与族群利益日渐变为人的动机的第一需要，以村落社会为轴心来评判一切成了

---

[1] 杨知勇：《哈尼族"寨心""房心"凝聚的观念》，载《云南民族学院学报（哲学社会科学版）》1994年第2期。

民族村落成员世代的传统。"[1]

村寨成员互相依赖，既不仅仅是因为他们是共同祭祀、共同敬神的宗教共同体，也不仅仅是因为村寨是被附有某种政治价值的地域单位。上文我们已经谈到，聚居一处的人们只有结合成互助的共同体，才能在恶劣的环境中生存下来并得以繁衍发展。我们看到，在物质相对匮乏的少数民族地区，人们的行为更为慷慨，尽管缺乏食物，人们仍盛情邀请亲邻甚至外人与他们共享食物，这与韩非子所描述的"饥岁之春，幼弟不饷；穰岁之秋，疏客必食"的"理智"情形乃是大相异趣的。为什么呢？其实，埃文思－普里查德早在《努尔人》一书中给出了明确的答案，他说："使人们慷慨起来的正是食物的匮乏，而不是食物的充足。这样一来，每个人便都可以确保不会挨饿了。今天处于困境之中的人获得另外一个人的援助，那个人可能在明天会处于类似的困境，需要别人提供帮助。"[2]互助变相地实现了已被废除的同生产共消费的平均分配的某种功能。村寨不仅是互助的共同体，其成员间还有着共同的经济利益，村寨有其共有的荒山、河段、墓地和风水林等，有的村寨中全部农牧用地都属全寨共有。社区生活，本就是指把人们的利益组织起来，使他们的行为相互协调的活动，村寨组织所从事的大部分工作如调解纠纷、惩盗防匪等都是基于群体的共同利益尤其是经济利益考虑的。个体家庭虽然是独立进行生产的单位，但出于群体生存的考虑，其日常的生产活动如播种、迁徙等也要被协调成一种共同的生活节奏，违者要受处罚。

有研究西南民族聚落的学者认为聚落是家族、房族等社会群体对世界认识的体现，聚落的形态在相当大的程度上反映了聚落中的社会关系及社会组织的形式。他把聚落又分为辐聚型聚落、辐散型聚落两种，所谓辐聚型聚落是指住宅围绕某一中心集中在一起所组成的聚落，这种聚落的建筑在平面布局上呈现出一种以族长、家族和家长为核心的同心模式；此外，又一标志即是聚落内成员的行为基本上被框于权威性的以辐聚标志为中心的文化环境信息场内，这种场所就是我们上面所说的公共活动场地，如鼓楼等。而辐散型聚落是由分散的住家和零散的小村组成，这种聚落内各成员间的公共性活动相对减少，各住宅与聚落的相互配合也日益稀疏。人们的生活也日益缩小到住宅内，住宅地点对个体家庭的吸引力远远超过聚落群体生活的需要，聚落内占主导地位的是个体意识而不是群体意

---

[1]　杨鹍国：《民族村落文化：一个"自组织"的综合系统》，载《中南民族学院学报（哲学社会科学版）》1992 年第 6 期。

[2]　埃文思－普里查德：《努尔人》，褚建芳等译，华夏出版社 2002 年版，第 102 页。

识。[1] 此种分类方式不无道理，"聚落政治内聚力缺乏及社会结构简单正有可能与人口密度低及居住地分布稀疏的情况相关"，[2] 住宅集中与否在一定程度上决定了成员之间的交往密切程度，交往频密的聚落中需要处理更多的涉及公共利益的事务，村寨组织往往比较严密；而在辐散型聚落中，住宅分布松散，生存更多依靠个人努力。

不管是何种类型的聚落，村寨的自然组织都以老人统治为原则，一般称"寨老"，瑶族称"瑶老"，壮族称"都老"，又有称"村老"、"社老"的。寨老由本村寨中聪明会讲、通晓历史、为人公道、热心为众人服务的长者担任，地位不能世袭，有的是经群众选举产生的，更多的是在共同生活中"崭露头角"、为群众公认的自然领袖，少则二三人，多则五六人，规模较大的村寨也可能有十余位寨老，寨老并没有特殊的权力，须认真负责地为村寨办事。一旦失去其原有品格，办事不公，甚或"勾生吃熟"、"勾外扰内"，便会遭群众唾弃，以后他讲的话就无人听，群众有事不找他，自然失去其地位，严重的甚至招致活埋。寨老多无额外的经济待遇，处理纠纷或可从赔偿中分得一成以作酬劳。寨老的主要职责是维护地域内的社会秩序，保障社会生产的正常进行，如领导村民制定规约，评判本地山林、田地纠纷，调解家庭口角、婚姻纷争，处理盗窃、抢劫等案件，掌管村寨公共财产，主持各种会议及处理对外关系，等等。寨老制度具有很大的民主性质，或许有个别寨老在实践中威望尤高，成为头人，但凡遇村寨大事，仍由诸寨老协商解决，寨老会议具有村寨行政机关的性质。恩格斯谈及摩尔根举例的易洛魁人氏族酋长的职责"在氏族内部的权力，是父亲般的，纯粹道德性质的"[3]，寨老们所尽的正是这样的职责，这也正说明寨老制当从氏族时代发展而来，并保留了与氏族酋长制相类似的不少因素。改土归流后，统治者将保甲制嫁接于寨老制上，任命头人、寨老等为保甲长，企图改造其为统治工具，但直到新中国成立时，寨老制仍具有原始民主色彩，始终在多数民族社会特别是我国西南地区的少数民族社会中发挥主导作用[4]，寨老们并没有运用手中掌握的权力及与国家权力沟通的便利作为奴役群众、攫取财富的手段。

[1] 管彦波：《西南民族聚落的形态、结构与分布规律》，载《贵州民族研究》1997年第1期。

[2] 埃文思–普里查德：《努尔人》，褚建芳等译，华夏出版社2002年版，第131页。

[3] 《马克思恩格斯选集》第4卷，人民出版社1972年版，第82页。

[4] 一般的分工是寨老等自然领袖处理寨内的日常事务，保甲长等负责官方赋役的征收以及与政府联系等工作。在云南基诺族村寨的"长老议事会"则由村寨的自然领袖"卓巴"、"卓生"和保甲长共同组成。

若是村寨规模较大，则诸寨老之间或有一定的分工，或寨老仅处理政治事务，其他工作另设专人负责。前者如八排瑶地区，其自然领袖"瑶老"又可分为"天长公"、"头目公"、"管事头"、"掌庙公"、"烧香公"和"放水公"等名号，各瑶老均定期选举产生天长公由年龄最长的老人担任，一个人一生中只能任一次，任期一年。他是处理各种事务的首领，遇有武装行动时，是当然的军事领袖。头目公是天长公的助手，协助天长公缉捕盗窃人犯，调解纠纷，并规定春耕生产、整田种山和修桥铺路的日子，统率生产活动。管事头是遇有械斗时的军事指挥。掌庙公和烧香公是司理宗教事务的人，主持祭祀活动和烧香敬祖。放水公负责灌溉用水和食用水的供给，巡查和修补水坝的漏洞等。各位有名号的瑶老则由公众给予一定的报酬补贴，或由各户给米、钱等，或拨出一块公田由其耕种作为补偿。[1] 上节我们提到的京族，其村寨的寨老称为"翁村"，在翁村之下还设有"翁宽"、"翁记"、"翁模"等名目，分别是山林管理人兼法律执行者、文书和祭祀职掌者。

而苗族的村社组织则是另一种情形，寨老负责主持全寨的日常事务，处理各种纠纷和负责对外联系，而其他工作，如安排生产主持祭祀等另有"活路头"、"牯脏头"及"鬼师"等专人负责。活路头，苗语称"巴故告亚罗"，负责组织全寨人进行生产活动，春耕播种、谷熟尝新、开镰收割等农活都要由活路头领头进行；牯脏头，苗语称"该略"，负责主持全寨打牛祭祖的活动；鬼师傅，苗语称"故相"，他担负着驱赶鬼怪精灵之责，兼有巫医的身份。寨老、活路头、牯脏头和鬼师，他们之间既有分工，又有合作，在开展各自的工作中，相互间还有一定的制约关系。

老人统治之外，在村寨等各级地域组织中，各少数民族普遍采用公众大会的均衡法则。村寨的日常事务由长老会议处理即可，但遇到重大问题，如制订规约、处死违反规约者、决定械斗等，常需召开全体公众大会，将问题提交给大会讨论，由大会作出决定，寨老们并无专断权。公众大会的规模视需要提交讨论的事务的重要程度而定，有时是由寨老召集寨内各族族长、各家家长举行，有时则必须由寨内全体成年成员（或成年男性）参加。苗族的栽岩议事就是公众大会的一种形式，苗语称为"依直"。苗族过去没有本民族文字，懂汉文的又极少，需制订、修改规约或对抗官府时，常聚众商议，将一块长形石头的一端埋入泥土里，一头

---

[1]　练铭志，马建钊，李筱文：《排瑶历史文化》，广东人民出版社 1992 年版，第 270—281 页。

露在地面，众人对石头庄严宣誓，恪守不渝，称为"埋岩"；有时仅议事，并不埋岩，所以"埋岩"乃是开会的意思。埋岩可分为婚姻岩、严禁岩、伦理岩和战争岩等。埋岩会议一般由寨老主持，全寨各家族、房族的族长和各家的家长参加议事，其他成员愿意去的可以列席旁听。[1] 据《月亮山地区民族调查》记载，贵州榕江县计划公社至今还存留有一块长 76 厘米、宽 37 厘米、厚 34 厘米的大石块，就是古代老人家议事时留下的。1941 年计划公社还有过一次处罚小偷的埋岩活动，仪式结束后，参加者各分得一份猪肉带回家让人食下，以示知晓埋岩决议，不齿此等偷盗行为。[2]

家族通过血缘关系把各个家庭联结在一起，各家族之间又有地缘关系相互联合，村寨这种聚落具有血缘和地缘的两重性，村寨的组织结构势必反映这一点，长老统治必须建立在家族联合的基础上。寨老等自然领袖要能顺利开展工作，取得各家族族长的认可与配合是十分必要的，遇事若涉及某一家族的利益，寨老多半会与该家族的族长协商处理；就寨老的产生而言，各家族有推选本家族的人成为寨老的迫切需要，而实质上在不少地方家族的族长即是当然的寨老。若一个村寨是由若干个小寨组成的，则各小寨必然都有自己的寨老参与整个村寨的事务处理。如上文提到的八排瑶的"头目公"，即是从寨内各龙选举出来的寨老，"龙"即地缘聚落（排）下的家族居住单位，而连南火烧排的"话事人"也是由每一家族各推举一人组成的。寨老在此的身份既具有进入国家以前的农村公社自然领袖的身份，同时还保留着相当于血缘氏族酋长的职能，这种二重性在本节对地域社会组织的讨论中随处可见。

二、区域社会组织习惯法

族外婚的原则不仅削弱了血族的群居意识，也使相临地域内人们的交往密切起来，同时，气候、经济类型及生产力状况结合在一起，更加强了人们建立起超越于村寨范围之外关系的必要性。我们在此借用"区域"一词来描述这个相邻的地域，在某一特定区域内住有若干彼此交往容易且频繁的村寨，这些村寨的人们相互通婚，定期交易彼此的产品，有相同的语言、宗教信仰和风俗，为着共同的利益采取联合行动抵御外敌，这使得他们之间形成一种间接的相互依赖关系。不过，村寨间的依赖关系是很不确定的，可能是暂时的、微弱的，又可能是必需的、

[1]　张有隽：《广西通志·民俗志》，广西人民出版社 1992 年版，第 164—165 页。

[2]　贵州省民族研究所：《月亮山地区民族调查》，1983 年，第 237 页。

强烈的。在上节中我们提到的戈巴这种近似于氏族的组织之间存在的关系或许就是这诸种依赖关系中最为微弱的，没有道德或者其他责任要求来形成这种联盟，在各戈巴间就会出现以下的情况：某次为了对付外敌，甲、乙两戈巴组成了一个联盟，不久之后双方又因土地山林纠纷而刀兵相向；即使是有世仇的两个戈巴组织也极有可能在一定时期内组成联盟，不过联盟的持续时间不会很长，而且联盟的目标也很明确。广东的八排瑶各排之间互不统属，各自为政，因利益纷争各排间常发生械斗，又因械斗的需要也会形成暂时的利益共同体，这一点与戈巴社会完全相同；所不同的是，八排瑶内有定期或不定期的排际会议，排际会议又有三洞（即油岭、南岗和横坑）会议、五洞（军寮、火烧坪、大掌、里八洞和马箭）会议和八排二十四冲大会三种，各大会均有固定的地点，全排大会一年召开一次或数次，三洞、五洞大会的召开时间则视情势需要而定，会议讨论的主要内容一般是有重大问题需要采取联合行动。这就表明，八排瑶已有了较固定的地域联盟，虽然这种联盟是松散的，没有常设的机构，没有共同的头人，但至少它不是临时的。西藏察隅的僜人社会正介于戈巴和八排瑶之间。僜人虽没有区域性的组织，但有一种称为"嘎背亚梅"的社会角色，亦即中间人、调解人、介绍人的意思，其主要职能是调解人命案件、制止血亲复仇等[1]。关于"嘎背亚梅"的调解职能，以后我们会继续讨论，在此我们关注的是这一角色本身。嘎背亚梅与八排瑶排际大会这两种制度的功能是一致的，都是为了平衡地域内群体的各种利益，前者可能就是自然产生的区域性首领的前驱，而后者则已初具区域组织的规模。

不过在有些民族社会中，这种非正式的头人或松散的联盟已远不能满足需要，于是正式的区域组织开始出现，维系这种组织的因素起初可能是相近血缘的强力黏合，但更本质、更长久的原则，则在于长期共同利益的存在。

黔东南苗族的区域社会组织形式是议榔，也就是上文我们谈到的"埋岩会议"。在苗语中，"昂"是指一个自然村寨，"讲方"对应的汉语是"自然地方"，即由山川、河流等自然环境相对阻隔或屏障，并由若干个自然村寨"昂"组成的相对独立的小社区。小社区内各寨为谋求共同的利益和发展而实行联合自治，在雷山一带地方，曾有鸡讲（即西江）、干吊、方祥和毛坪等 23 个"讲方"，大者包括数十寨并若干鼓社，各寨联合议榔，在某种紧急需要时，会组成更大规模的联合，共推"大榔头"，统一行动。黔东南张秀眉领导的苗族起义，就是利用议

---

[1]　中国社会科学院民族研究所：《僜人社会历史调查》，云南人民出版社 1990 年版，第 132—137 页。

椰联合的方式。大的议椰组织设有总椰头一人、副椰头若干，副椰头一般为各鼓社鼓头和各寨寨老；设有被称做"硬手"和"老虎汉"的军事首领若干人；还设有主持司法的"行头"、"理老"若干人。椰头一般由选举产生，有一定的任期。"行头"、"理老"多为自然形成。议椰的主要形式是议椰大会，一年举行一次，也有两三年举行一次的。埋岩会议是月亮山计划一带对议椰的称呼，这里的埋岩会议有三个层次：最基层即是一村一寨的；其次是邻近几个村寨之间的联合埋岩议事，各有名称，如乌略等四寨的联合议事称"耶衣桔"，计划等几个大寨的联合议事称"耶吉兄"，加化、加去等大寨的联合称"耶吉究"；最高层次是"耶吉兄"和"耶吉究"两个片区的联合，称为"耶吉究兄"。[1]

较议椰而言，主要生活在黔东南的侗族的峒款组织更为复杂、严密。"峒"是地缘组织，"款"指盟誓活动，峒款实际上就是同一地缘的人们以盟誓组织恰里形成非个人权威的非职业的平等的自我约束的自治制度。[2] 侗人多以几个邻近的村寨联合为峒，几个小峒联合成大峒，溪峒内部及各峒之间通过"合款"的方式加强联系。在村寨组织的基础上，逐步扩展为"小款"、"大款"甚至"扩大款"。款有头领，称为"款首"；还有公务人员，称为"款脚"；并由款内各寨的青壮年男子组成款军，平时参加生产，遇有外敌侵扰，"务一呼百应，声息相通，邻唱里随，守望相助，始终如一，风雨亦然"[3]。当民族利益受到严重侵犯，或者需要改革全民族重要传统习俗的情况下，如对抗官府、破姓开亲等，若干个大款还可组织联款。历史上，以吴勉为首的侗族人，在明洪武年间，曾以联款的形式举行武装起义，参加者多达 20 万人。款组织的活动除了组织军事行动外，主要有讲款、开款和聚款。讲款是指对款民朗读和讲解款约。讲款分为定时的和非定时的。定时的讲款，每年起码要进行两次：农历三月秋青春种时和农历九月稻黄秋收时，前者称为三月约青，后者称为九月约黄。开款是指召开款民大会处理款民违反款约的案件。较严重的案件都通过开款由众人审理裁决。聚款也称合款，一般指召开大款会议，由各小款款首或小款款首带领群众聚集合款，或制定款规，或共同商订有关民族全局事宜，或组织军事行动。[4] 款具有民间自治和自卫的双重功能，通过公众合议形成的规约具有绝对的约束力，这反映了侗族社会制度文

[1] 贵州省民族研究所：《月亮山地区民族调查》，1983 年，第 218—253 页。

[2] 黄才贵：《独特的社会经纬——贵州制度文化》，贵州教育出版社 2000 年版，第 39 页。

[3] 《三江县志》，卷五。

[4] 邓敏文，吴浩：《没有国王的王国——侗款研究》，中国社会出版社 1995 年版，第 28—37 页。

化的发育成熟程度，峒款这种地域组织具备了政权组织的部分功能。

从互不统属、各相征伐的状态到出现了调解各部争端的中间人，从时聚时散的非正式联盟到初具政权规模的地域组织，聚落的大小和内聚力各不相同，但是，任何地方的环境条件都不会使小型社会群体完全自治和排他，也不会使其具有极发达的政治制度，这两点我们完全可以从"嘎背亚梅"和"峒款"两种制度的分析中得到验证。在血缘观念淡薄之后，共同居住就成为联结人们之间感情的天然因素。即使是组织最为严密、内部联系最为密切的区域组织，其成员对该区域社会内部的各层社群的感情也有很大的区别，村寨内部的感情联系就远比村寨之间的要强。在较大区域内共同生活的不同村寨的接触是很少的，其群体性的合作行动多限于防匪防盗一类；而在像村寨这样的群体中，不仅有通常是合作性质的日常交往，而且其成员之间还被各种密切的血缘、婚姻的纽带结合在一起，因此可以说，地方性群体越小，其成员间的感情就越强烈。

少数民族社会治安习惯法

第一节　维护社会公共秩序的习惯法

我国少数民族习惯法重视维护社会公共秩序，在各民族流传下来的禁止性规范中，维护社会公共秩序条款常常列在首位。例如侗族社会的《约法款》，其"序词"就说明了订立法约款的目的是为了赞扬好事、惩处坏事、解除内忧、抵御外患。

侗族维护社会治安，靠的是群众的力量。用现代的话说，就是"群防群治"。在《榕江石塘款》中这样描述："村寨要有条规，山场要有界石；木桶靠箍箍紧，村寨靠款首理事……刻石立碑，十塘齐心。人人牢记，寨寨依随。"[1]

再请看《二月约青》[2]款词开头[3]：

天管地，
地生人。

---

[1]　吴浩，梁杏云：《侗族款词》，广西民族出版社 2009 年版，第 554—555 页。

[2]　此条款词侗语称 "nyih nguedx yadc sul"。历史上的款组织，以款坪（中层款组织）为单位，每年农历二月或八月（有的地区为三月或九月），均要举行一次盛大的集会（每户均有一成年人参加），重申或修改当地维护生产及社会治安的条规，通称"二月约青"、"八月约黄"。

[3]　吴浩，梁杏云：《侗族款词》，广西民族出版社 2009 年版，第 456 页。

初大奶[1]管天下，

寨开款管人们。

从前祖先制"款约"，

世世代代都是这么行。

个胆敢来违犯，

款条治他罪上身。

（众）是呀！

再来看《八月约青》中的一段[2]：

木盆靠上箍，养猪靠围栏。

"款"靠款约，

村寨靠寨规。

要是田生稗草，

盐罐生蛆，

村寨出了害群之马，

哪家出了盗贼之徒——

百姓遭殃受害，

村寨不得安宁。

为得安居乐业，

世代立有寨规。

今日当众宣布，

大家遵守莫违。

要是谁家有人违犯——

全家都受连累。

谁个胆敢冒犯，

定按条律治罪！

（众）是呀！

可以看出，侗族及其先民维护村寨治安，实行分兵把地，各司其职。他们

---

[1]　大奶：指祖母神萨岁。

[2]　吴浩，梁杏云：《侗族款词》，广西民族出版社 2009 年版，第 466 页。

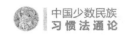

把村寨比做日常蒸糯饭的甑桶，村脚是甑底，村头是甑盖，底放得正，盖放得圆，不该漏气的地方就叫它严丝合缝，滴水不漏。村寨就应该是这样的，人们在村寨里可以得到物质和精神一定程度的满足，有宣泄的地方，但必须恪守习惯法，不能越雷池一步。村寨自我规范，自我管理，周到严密，就像底正盖圆的甑桶一般。

据调查，湖南会同全县至今还保存有侗族讲款的款场遗址 210 多处，有过跨县的联款组织，有固定的传送紧急信息的地址和路线，有过"合款立规，埋石为证"。攀龙乡酿溪村侗族于清代光绪三十年（1904 年）合款建立溪《永定团规》十二条，勒石立碑，以正团规，以垂久远，是以为引，订开团规款约于后：

> 一议各家弟男子侄必须尊敬长上，和睦亲族；
> 一议国赋重件必要早完，以免拖累房催差扰；
> 一议不准交结外人入村引诱人家子弟骄奢；
> 一议团中不准打牌赌博，违者责罚钱三串文；
> 一议不准砍剁油茶竹柴薪，公同责罚钱二串文；
> 一议团中不准持刀逞凶吃酒滋闹，违者公罚；
> 一议团中妇女不准横行咒骂恐生祸端，违者责罚；
> 一议春耕之田各有坝水灌济，不准拦腰截放；
> 一议秋收之期毋得任畜践食五谷，违者量地赔还；
> 一议茶桐油子熟期不准乱行摘取获得责罚；
> 一议款内有崔角争论投团理斥毋得听唆与讼；
> 一议早夜不准面生之人牵牛过境务须盘查。

坪村和金子岩等地每年二月、八月各吃款酒一次，检查款规的执行，处理具体问题，或议新的条款。据 70 岁以上的会同侗族老人说，过去侗族地区联款传递火急木牌信号的路线是从靖州经过会同县的攀龙桥、洒溪、坪村、堡子、马鞍等地进入黔阳，飞向沅州；从沅州侗族地区传来的火急木牌信号，经过会同这些地方，飞向靖州侗族地区。[1] 可以说，因为款约法的存在，使侗族社会长期保持安定、团结、文明和进步的局面，成为"道不拾遗、夜不闭户"的典范。秦汉以

---

[1] 吴万源：《湖南民族探秘》（上卷），人民出版社 2011 年版，第 262—263 页。

来，历代王朝在侗族地区极力推行郡州县制。民国时期，实行区、乡、保、甲制度，然而，侗族款约制度仍起作用，双轨并行，直至新中国成立后，侗族款约演变为乡规民约，在实施社会主义法制中，仍有一定的积极作用。

前文所述的侗族民众以款制度维护公共秩序，而主要分布在贵州省黔南、黔东南、黔西南等州县的布依族曾盛行议榔制、寨老制等。布依族人通过这种方式制定规约，规约的主要内容有：保护私有财产不受侵犯；维护生产、生活秩序；维护公共道德纲纪伦常；决定采取保卫集体安全和抵御外侮的具体措施等。这些规约具有较强的约束力，必须遵守，违者必究，特别是在社会动乱时期，其作用更大。在黔西南布依族自治州兴义、兴仁、册亨、安龙和贞丰等县市，保留了不少类似榔规榔约的古代碑文，为当地群众所必须遵守的习惯沄，至今还有影响和一定的约束力。例如道光二十七年（公元 1847 年）的《册亨县马黑村禁革款目碑》强调乡规之宗旨在于维护地方之安宁，其内容如下：

永垂千古

善（盖）闻士农工商，是君王之正民，奸诈淫恶及乡里之匪类所□，奸情贼盗起于赌博。我等生居乡末弹丸，少睹王化之典，各宜所有，务要出入相友，守望相助，勿以相仇之心。少男当以耕种，女（当）绩纺，庶乎家家盈宁殷室，□□乐享光天化日。自立碑之后，□示子弟，贫不可为贼，贱只宜卖气。倘有忽（胡）行乱偷，通寨一律禁革。上下邻村多有被盗苦案，只因强盗告失主之事。今我寨上，若有为（非）及行强盗告失主者，人众必同力面差吊打，支用钱粮不能相丢。倘有白日夜晚拿得是贼是盗者，众人一律上前砍手、剜目，使成废人。若窝藏匪类勾引外贼，必定擒拿，送官治罪。若有贼人枉告中（主）人以为磕索者，此事指鹿为马，众手不致□丢。兹恐无凭，故立碑为照，再列禁革款目，列载于后：

禁革不许赌钱；

禁革不许偷笋盗瓜；

禁革不许掳抢孤单；

禁革不许调戏人家妻女；

禁革不许游手好闲；

禁革不许窝藏匪类；

禁革不许偷鸡盗狗；

禁革不许作贼反告。

寨老：黄朝通、覃抱心、覃应贤、岑抱幕、黄秉秀、岑抱台、覃抱赖、杨卜乎、陈抱龙、班卜政。

同众花户人等共主。

道光二七年秋七月谷旦立[1]

这是一则由马黑寨的寨老等人共同制定的一则习惯法，提出八条禁约，特别是要严禁偷盗、窝藏匪类，对这些行为的处罚也较重，要"砍手剜目，使成废人"。据史记载，在平塘县上莫乡，布依族议榔组织曾在民国年间召开群众大会，宣布榔规，并当场处死偷牛盗马、屡教不改的罪犯。惩罚方式是采用大竹篝装犯人，再用石头捆绑沉入塘中溺死。[2] 这说明民间习惯法的刑罚也有严酷的一面，是野蛮时代法制残余的反映，但它又是一定历史环境下人们的一种选择。

第二节　维护地方经济秩序的习惯法

治盗防匪是少数民族治安习惯法的一个主要内容，特别是在生产水平低下、消费品相对匮乏的社会环境下，偷盗是村寨治安面临的主要问题。在当时的历史条件下，人们食勉为果腹，衣仅可以蔽体，一旦发生偷盗，就必须有人受饥受寒，社会平衡的杠杆就会失衡，对生产和生活的破坏最大。偷盗是最容易激起群众公愤的问题。所以在侗族的《约法款》中，有三分之一的条款谈到偷盗问题。如《六面阴规》"五层五部"中这样规定：如果谁人的子孙塘里偷鱼、田里偷谷，就要"抓上十三坪坛，推上十九款坪"，"拣钱财像拣螺蛳，抽家产像抽鱼帘"——以没收家产处罚。再如《六面阳规》"三层三部"中规定："上山偷鸟套，下河盗钓钩；进村偷鸡，下溪偷鸭。偷瓜偷茄罚两一，偷鸡偷鸭罚三两；偷条烟杆罚两二，偷李偷梨受人批。偷鸟罚六钱，抓得蚂蚱赔油盐。""六层六部"："地头偷红薯，地尾偷豆角。园内偷白菜，田中偷萝卜。抓不得不讲，如果抓得哪个——肩上得担，背上得篓；筐里得青菜，篮里得豆角。瓜薯菜豆罚四两四，还要罚他喊寨敲锣。寨中要有人做主，船中要有人把舵。祖宗传下章法，我们后代依样来学"等。有这些款约规定，可以看出，侗族对偷盗行为，视情节轻重，给予不同的处罚。

[1] 李嘉琪：《贵州省志·文物志》，贵州人民出版社 2003 年版，第 344—345 页。

[2] 翁家烈：《贵州省志·民族志》（上册），贵州民族出版社 2002 年版，第 187 页。

最常见的首先是示众，当众数落。侗族人自尊心强，好面子，一旦偷盗被揭露，信誉扫地，往往抬不起头来，无异于自毁名声。其次是罚钱罚物。再次是"打人连抄家"，就是当众杖打，并抄家没收财产。

侗族及其先民以种植水稻为生，是典型的稻作经济社会。保护生产资料和收获物是习惯法的重要内容之一。请看《六面威规》"四层四部"对耕牛和其他牲畜等生产资料的保护：

> 讲到谁人——
> 狼手虎脚，
> 猫眼狗肠。
> 偷猪出栏，
> 盗羊出圈。
> 偷马过坳，
> 盗牛下山，
> 穿圆角[1]，
> 牵扁角[2]。
> ……
> 要你白石撬出土，
> 要你荆棘挖出山。[3]
> 河里的龙子你莫护，
> 朝中的王子你莫袒。
> 拉他出门，
> 拖进款坛。
> 推上大庭广众，
> 游过四村八寨。
> 你扛黄旗走先，
> 我扛红旗随后。[4]

---

[1] "穿圆角"：指偷牛。
[2] "牵扁角"：指偷羊。
[3] "要你白石撬出土，要你荆棘挖出山"：指协助找出罪犯。
[4] "你扛黄旗走先，我扛红旗随后"：指共同惩处罪犯。

让他父受重处，

让他子受严惩。

　　偷盗猪、牛、马、羊，就要游寨或处罚罚金，甚至违规者的父亲都要一并受罚，还有被驱逐出村寨、开除村籍的可能。这是因为这些牲畜是侗族人民生产、生活不可或缺的生产资料。例如，侗族人对耕牛爱护备至。农历四月初八是爱牛节，给牛喂乌糯饭；六月初六是洗牛节，给牛洗澡。冬天草料缺少时，要时常给牛喂些米饭。他们把牛看成人类最亲密的朋友，对盗牛罪犯予以重惩是在情理之中的。在《二月约青》中对偷盗耕牛者就有专门的规定："偷盗耕牛，处罚铜钱百吊；谁抹黑脸强奸妇女，罚铜钱五十吊。"需要提及的是，在侗寨，若是一家被偷牛盗马，往往是全村的人集体去寻找被偷盗的牛马，并一起处罚偷盗之人。这种习俗在现在还存在。贵州民族大学的学生——吴开杰（男，侗族，从江县高增乡美德村人）提供了这样的资料：1997 年吴开杰大姨妈家的牛被偷。寨上号召了几百人去追牛讨债，场面十分壮观。吴开杰说："我们先击鼓喊寨，然后，每人带上一杆鸟枪，放枪示意。从我们寨子走，要走三天才能到达某地，被偷的人家要煮饭带去给大家吃，不然追牛的人很可能饿死。正常情况下，大家都要去。如果不去，下次你家被偷，就没有人帮忙了。偷牛人最怕找牛的人。其实找牛的花费都足够买头新牛了，但为了尊严，还是得请人去找。为了防盗，我们寨上还列了名字守寨。我虽然在贵州民族学院读书，远离家乡，但我的名字也被列在名单上。一般四五天轮到我一次，由爸爸帮我守。爸爸既要守他自己的份，又要帮我守，所以他两三天就要轮上一次。守寨时，领一个牌牌，晚上不能回家睡觉，就睡在门边的一间房子里，像门卫一样。秋收以后是最需要防盗的时候。"[1]

　　羌族、苗族、侗族、土家族、瑶族和壮族关于御盗防匪的习惯法也不少。广西龙胜龙脊十三寨道光初年（1821 年）的《会议禁约》是一典型例证，条款订得细密，其规定：盗窃猪牛者罚钱×千，如违送官究治；盗偷布帛鹅羊者罚钱×千，如违处置。清道光二十九年（1849 年）乡约写道：见田地种稻、粱、菽、麦黍、稷、薯芋、盐业、瓜菜、山上竹、木、柴、笋、棕、茶、桐子以及家禽等项乱偷者，拿获，房族送官究治。民国初的乡规规定：偷盗包粟、红薯、芋头、黄粟、旱禾等物，一经拿获，罚钱九千九百文。清道光二十九年（1849 年）的

---

[1]　余未人：《走进鼓楼》，贵州人民出版社 2001 年版，第 127—129 页。

联合御侮共同防盗禁约规定：离团独村寡居，恐被聚集贼匪昼夜掳掠窃抢，鸣团一呼而至，不得萎缩逡巡，立即四路捕守拿获送官究治。清光绪四年（1878 年）龙脊十三寨订立互相支援的合同，规定如有匪犯，一呼百诺，患难相顾，通村齐临，如若各寨远望旁观，均同送官究治。

广西金秀滴水、容洞两村清光绪十七年（1891 年）石牌法律规定：偷禾仓、挖屋、偷坟各罚银 50 两；偷猪牛、偷棉花各罚 50 两。清宣统三年（1911 年）六拉三姓石牌规定：山中香草乱偷扯者，有人抓获，赏红花 36 元；如捉不到，用炮打死亦可，赏红花 36 元。将杂粮、生柴偷窃者当场抓获，赏红花 12 元。偷薯莨、乌胶木有人确证，赏红花 2 两 4 钱。偷窃鱼蛙，罚银 12 两。金秀六十村石牌于民国三年（1914 年）规定：如有匪到瑶山，务要同心协力起团追捕，何村不起团，与匪同罪究办。何村通匪，以米粮、油盐、腊肉、鸡鸭、小菜济匪，依石牌法律究办；知匪不报，石牌追捕究办；见逃来报者，赏花红银 3 元；擒拿匪者，每名赏花红银 5 元。客商进瑶山，途中被抢，闻知即起团追拿，闻知不追拿者，究治。带匪进瑶山窝藏，日后查确，家资一概充入石牌。民国七年（1918 年），三十六瑶七十二村大石牌重申上述规定，并提高报告匪情和擒拿匪徒花红银到 5 元和 10 元。这说明瑶族习惯法已有了防御盗匪的种种办法。[1]

---

[1]　张有隽：《广西通志·民俗志》，广西人民出版社 1992 年版，第 182 页。

第7章

少数民族婚姻家庭习惯法

本章探讨婚姻及其衍生的相关问题，这对我们进一步了解少数民族的社会生活与法律规则有特别重要的意义。婚姻是人类社会生存和发展的独特方式，根据韦斯特马克的定义，婚姻乃是"得到习俗或法律承认的一男或数男与一女或数女相结合的关系，并包括他们在婚配期间相互所具有的以及他们对所生子女所具有的一定的权利和义务"[1]。婚姻的存在意味着避免混乱的性竞争，以寻求安全的生活；达成经济协作和共同分享的和谐机制以维持生命；繁衍种族，哺育后代，完成家庭的生物性功能。同时，结婚又可当做个人于社会中获得某种地位的手段，由此他或她与社会中其他人的关系方被确定。每个小孩即因其为由结婚而生的孩子取得在社会结构中的地位，社群中有些人成为他的亲人，有些人虽非亲人但属于同氏族的人，有些异性是可以结婚的，有些则不可，所有这些以及此外的关系都是由于出生而定。[2] 在地域相对封闭的民族社会中，家庭的存在保证了族群社会机制的正常运转，各种法律规则将社会责任、义务与社会的个体成员直接联系在一起，通过婚姻组成形形色色的家庭形式，族群意识获得不断的强化与认同。

---

[1] ［芬兰］E.A.韦斯特马克：《人类婚姻史》，李彬等译，商务印书馆 2002 年版。

[2] 林惠祥：《文化人类学》，商务印书馆 2002 年版，第 141 页。

第一节　婚姻习惯法

一、婚姻缔结习惯法

（一）通婚范围

1. 内婚制

历史上，我国很多少数民族都实行严格的民族内婚制，禁止同外族通婚，以维持本民族的信仰和风俗，并维系民族种属的纯正，如彝族、苗族、侗族、布依族、瑶族、撒拉族和云南的回族等，尤其是苗族、瑶族等，不仅不与外民族通婚，而且本民族内不同服饰的各支系之间也很少通婚。又如藏族，因为宗教信仰的问题，禁止与回族通婚，但不太严格。其他少数民族如壮族、水族和毛南族等与外族通婚现象较为普遍。

同等重要的还有一种情形，即阶级内婚，这在存在等级制度的少数民族中是一条十分严格的规则。如新中国成立前的藏族社会分为贵族、差巴和堆穷等。农奴主阶级只能在同等级内互相通婚，严格实行阶级内婚制，贵族和贵族通婚，一般等级的人和一般等级的人通婚，"不干净"的人和 "不干净"的人通婚。彝族社会中有兹莫、诺合或曲诺等几个等级，各等级之间严禁婚媾，违者将受到重处。

2. 血缘外婚

人们普遍认为有血缘关系之人如婚配或发生性行为，必然玷污祖先神灵，紊乱伦常，此种行为被称为 "乱伦"，其处罚常为处死。在藏区，人们认为 "这种人（指有血缘关系而婚配的人）踏过的地方不长草，蹚过的水不能喝"，"近亲结婚会使整个村庄连续八代不吉利"，"青草要干枯，水源要枯竭，老天都不下雨"。如果男女双方有血缘关系而成婚，一旦被发现，双方需到佛塔前去洗垢，且要被舆论斥责为罪人，亲朋好友也与其断绝来往，甚至还要告官惩办。在彝区，氏族外婚表现为家支外婚，规定同一家支的男女不能通婚或发生性关系，违者应处死。

3. 特定婚配

特定婚配是一种独特的婚姻习俗，在这种习俗下某种配偶选择法优先适用。最为常见的一种乃是父方的交互从表婚，即姑姑家的女儿一定要优先嫁给舅舅家的儿子，舅舅对外甥女的婚姻拥有优先权。除非舅家表示不要，才得许配他人。"交互从表婚"异于其他婚制，最重要的是它的优先性具有强制性特点。如傈僳族即强调"有女先向舅"[1]。为了缓解婚姻无法缔结的压力，通过协商，舅家也可放弃优先娶甥女的这种权利。但嫁出甥女后，甥婿必须给舅舅家一笔身价钱。这笔钱，瑶族叫"血统养育金"，苗族称"西江"（即回头钱），其数目之多少，要看甥女的才貌而定。起初"回头钱"由双方商定，后来各村寨大都通过议榔大会，在"榔规榔约"中对"西江"的数额作出限定，一般为四元四或五元五。这笔钱，或由舅家登门索取，或由甥婿送去，通常是在婚后二三年交纳，也可以分期交付。交纳时舅爷一般将尾数退回，意思是还给甥女买伞的钱；也有人说，这是为了保持亲戚关系。

第二种形式是母方的从表交互婚，即舅父家的女儿优先嫁给姑妈家的儿子（布依族俗称"侄女赶姑妈"）。有的少数民族，如景颇族、独龙族等规定，男子只固定地与舅方家族联亲，并形成较固定的婚姻集团，构成单面循环的婚姻关系，景颇人将这种婚姻称为"墨尤—达玛制"。"墨尤"，景颇语的意思是"丈人种"，"达玛"的意思是"姑爷种"，也即在丈人种这一方的所有女子固定地与姑爷种这一方的所有男子婚配。其特点是：甲家族的男子固定地娶乙或丙家族的女子为妻，但甲家族的女子绝对不能嫁给乙或丙家族的男子，即所谓"血不倒流"[2]。

对称的、双方面的交互从表婚在我国各少数民族中并不是流行最为广泛的。就我们所知，布依族、马散佤族及门巴族确是姑、舅双方都可以互享婚配优先权的，但这种情形较为鲜见。众多实例表明，缔结姑舅表婚的优先权偏重于舅父一方，这或与我国近代的少数民族多处于父权制时代相关。

除姑舅表婚外，特定婚配还有夫兄弟婚和妻姊妹婚等。前者系指在兄弟死后娶其寡妇，又称转房、收继婚等，后者指姊妹共嫁或续嫁一个丈夫。关于前者，在我国少数地区极为普遍，转房的原因有两个，一是源自买卖婚，把妇女看成家族的财产，丈夫死了，作为可继承的动产，寡妇仍需保留在家族内部，不得流失；二是群婚制的遗存，在群婚制下，一家的兄弟们原来都是她和姐妹们的共同丈夫。到对偶婚后，一个人一般只与一个配偶同居，几个兄弟已不可能同时作为她的丈夫，但在其丈夫死后，她仍然保留与故夫之兄弟结婚的权利义务。妻姊妹婚则有

---

[1] 林耀华：《原始社会史》，中华书局 1984 年版，第 95 页。

[2] 《景颇族社会历史调查（三）》，云南人民出版社 1986 年版，第 16 页；龚佩华：《景颇族山官社会制研究》，中山大学出版社 1988 年版，第 105—108 页。

两种，一是妻在世时娶其姊妹，一是妻死后方得续弦。独龙族属于前者，他们把妻姊妹婚叫做"安尼南"，并发展为"迪玛制"，即娶姐姐为妻时，姐夫用一把梳子或一头小猪与妻妹定亲，待其成年即可迎娶。[1]泰勒认为，结婚是团体的契约而非个人的事件，故一个配偶死了其团体须再供给一个。依此，妻姊妹婚也可得到解释，男方的兄弟同负对于妻的义务，兄死由弟代，故女家的姊妹也同负对于夫的义务，一个姊妹义务未尽，则女方再送一个来，妻若不生育或死亡则其姊妹须再嫁来。这种权利在夫家不只是权利，还是义务，因为夫须得到妻家的允许才能另娶。[2]据泰勒的学说，夫兄弟婚和妻姊妹婚应当并存，事实上也是如此。在僜人中有一个可靠的例子，男子对于兄弟的妻子，对于妻子的姐妹，或者说女子对于丈夫的兄弟，对于姐妹的丈夫，称呼都是相同的，即"达饶"或者"德日吾"。在实际生活中，对这种称呼的人，有优先成为夫妻的可能，其优先次序只在姑舅表婚后，并且成婚时可以少花代价。[3]

（二）婚姻的缔结方式

1. 抢婚

抢婚，即男子不待一个女子本人或其亲族的同意而使用武力夺取其为妻。在新中国成立前，少数民族地区盛行此俗的民族不在少数，广西三江侗族的《抢亲歌》是其明证之一。歌中唱道："春天，她被抢走了。她痛苦！伤心！在黑莽莽的杉林里，蒙蒙雨天悄悄来到了，我伤心，痛苦！在湿漉漉的茅棚里。"[4]都安瑶族亦有抢亲之俗，不经女方父母及本人同意，男方率领房族数人在中途将女子抢回去，杀鸡祭鬼成亲，然后报知女方父母，以酒肉赔礼，婚事即算完成。按当地习俗，认为经杀鸡祭鬼后便成夫妻，即使女方不愿意，别人也不敢再娶她，否则会认为不吉利。[5]

据韦斯特马克讲，抢婚并不是一种常见或普通的婚姻缔结方式，它多是战争的结果，或者因为依普通方法获得妻子较困难或不便，所以不得不采取的一种非常手段。[6]当文明进步到此种困难与不便足以消除时，这种带有强迫性质的

[1] 史继忠：《西南民族社会形态与经济文化类型》，云南教育出版社 1997 年版，第 47 页。

[2] 林惠祥：《文化人类学》，商务印书馆 2002 年版，第 168—169 页。

[3] 中国社会科学院民族研究所：《僜人社会历史调查》，云南人民出版社 1990 年版，第 139、141 页。

[4] 黄海：《瑶麓婚碑的变迁》，贵州民族出版社 1998 年版，第 68 页。

[5] 张有隽：《广西通志·民俗志》，广西人民出版社 1992 年版，第 265 页。

[6] 林惠祥：《文化人类学》，商务印书馆 2002 年版，第 153 页。

抢婚将逐步蜕化，今天我们能看到的多是古代抢婚的遗风。一个例子乃是闹婚习俗，据史籍记载，广西东兰、河池、那坡的壮和瑶族均有"闹婚"之俗。男子于结婚当夜率壮夫十余人闯入岳父家，见岳父母则开口大骂，岳家亦以相当之恶语相报。于是双方吆喝格斗，新郎趁乱入新妇室拉走新妇，助斗者亦一哄而散。三日后，婿偕新妇至岳家致聘礼。当地少数民族认为"不斗不得偕老"，故以斗为吉。[1] 羌族人的"抢婚"之俗更有人情味，一般情形是：男女双方私下两情相悦，苦于女方与他人已有婚约或业已成婚，而羌族又不支持解除婚约或离婚，男女遂相约时间、地点，届时男子带人将女子抢回男方家立即成婚，抢婚过程中可能要受到女方家族或其夫家的暴力阻拦，抢婚成功后，抢婚者须立即派人到被抢婚女子的夫家讨论对其"失妻"的损失进行经济赔偿。[2] 这种抢婚对抢婚者与被抢女子来说是善意而多情的，其性质更接近于"私奔"成婚，只不过借用了抢婚的形式而已。

2. 买卖婚、服务婚及交换婚

买卖婚是将女子如同货品一般，而以其他的财物来换取妻妾的方式，这种婚姻类型具有明显的交易特征。女方父母生下女儿并将之抚育成人，花费了不少心思和财力，姑娘出嫁，意味着女方家庭将从此丧失一个劳动力，相反男方将获得重要的"经济资本"——女性出嫁夫家，不仅可以直接为男方增添劳动力，而且通过新的族群繁衍，还能为男方延续香火，实现人口的再生产。因此，买卖婚实质上是获得潜在利益的男方家庭给女方家庭劳动力损失的一种补偿。

服务婚是由男方到女方家服劳役或以在女方家服务作为代替娶妻之聘礼或补偿，期满方可携妻而去。服务婚也是一种试验能力的办法，求婚者在对方家里工作，常遇到对方家里多方的为难，作为对求婚者各项生存技能和忍耐力的试验。

交换婚，又称调换亲或换亲，是两位寻求配偶的男子，互相交换其姐妹为妻，或双方父母各以其女交换为子妇，交换婚的原因大多是家境不好，获妻不易，更以各自的姐妹、女儿作为交换，可以省去一大笔费用。新中国成立前的赫哲族这种婚姻形式普遍存在。

3. 包办婚与自主婚

自主婚是不再由父母而是由男女当事人来决定婚姻的对象及过程。新中国成立前，我国少数民族的婚姻多较自由，不过如壮族、仫佬族、京族以及毛南族等

---

[1] 张有隽：《广西通志·民俗志》，广西人民出版社1992年版，第265页。

[2] 龙大轩：《乡土秩序与民间法律——羌族习惯法探析》，华夏文化艺术出版社2001年版，第96—97页。

仍以包办婚姻为主要形式。广西仫佬族社会中的男女仅六七岁时，便由父母替他们找对象，父母最关心的多是对方有没有像样的房屋、肥壮的耕牛等，在亲自看过认为满意后，便找人说媒，与对方相约，在"赶圩"时吃米粉讨论亲事[1]。其间子女尚在幼年，何来自主，所以说完全的包办婚确实存在。完全的自主婚则少有。恋爱或可自由，婚姻却少能自主，一个最常见的原因是少数民族存在姑舅表婚等一些特殊婚配原则，这极可能造成青年男女自由恋爱时订立的婚约不一定能兑现，又一个可想而知的因素是双方财力的限制。青年人自由恋爱，私订终身，必得告知父母，若上述两个问题不成为障碍，父母多会同意，但需再经央媒求亲等必要程序方可缔结婚姻。

（三）婚后的居住形式

新婚的夫妇可以暂时地或永久地跟丈夫或妻子的家族同居，也可以另立门户，这就产生了从妻居、从夫居等几种居住形式。

1. "坐家"

"坐家"在我国少数民族社会中普遍存在，是指新婚夫妇婚后一段时间内，并不居住在一起，新娘住在娘家，只有当农忙或逢年过节时，经召唤后，才到夫家短住一段时期。这种短住，多少带有做客的性质。至于"坐家"时间的长短，各地区差异巨大，有的地区两三天就回，有的要等到一两个月才回，较多的地方是十几天。但不管时间长短，"坐家"都有一定的仪式，仪式结束后，便在娘家长期居住。

2. 从妻居

从妻居是母系社会繁荣时期流行的一种婚姻居住形式。男子从过去走访女子，过偶居生活，改为迁往妻方氏族公社居住，通常称这种居住形式的婚姻为妻方居住婚。由于这时夫妻仍未组成独立的经济单位，因而夫妻间仍然易合易离。随着母权制向父权制的过渡而为从夫居所代替。新中国成立前，部分拉祜族地区盛行妻方居住婚，如布朗、哈尼、景颇、佤、傣、壮和瑶等民族的某些地区，也还保留着短期或长期从妻居现象，短者住一至三年，长者住十余年。仍需要注意的是，这种并非地地道道的从妻居制度，而是上文我们所叙的"服务婚"使然，这种情形非常普遍。

---

[1]　广西壮族自治区编辑组：《广西仫佬族毛南族社会历史调查》，广西民族出版社 1987 年版，第 197 页。

3. 两边居

两边居又称两边走，这在盘瑶、广西龙胜苗族及部分壮族地区流行，青年男女结婚后，夫妇的居住地不固定在一方家庭，而是两边"走"，可以在女家居住，也可以在男家居住，一般多是一年里轮流在两家居住。居住的时间长短，视农活、生产节令和家庭劳动等情况而定。夫妇在一方居住，少则十天半月或一个生产季节，多则不过半年，同时兼顾双方家庭的劳动需要，也有"两头走"坚持三五年或十多年、二三十年的。瑶族"两边走"的夫妇对双方的父母都负有赡养照顾的义务，参与两家的农事劳动，生下的子女分别继承两家的香火，同时解决了双方家庭的后顾之忧。[1]

（四）几种较为特殊的婚姻形式

1. 藏族的多偶制婚姻

新中国成立前的藏族多以一夫一妻为主，其次为多偶制婚姻。多偶婚还可进一步划分为"兄弟共妻"、"父子共妻"、"朋友共妻"、"叔侄共妻"、"姐妹共夫"、"母女共夫"和"姨甥共夫"等多种形式，但需遵守"血缘外婚"的原则。在多偶婚中，"兄弟共妻是一妻多夫婚姻的基本形态，同时姐妹共夫是一夫多妻婚姻的基本形态"[2]。除此以外，在各地还有其他数量较少的婚姻形式，如"两夫两妻"、"外室"[3] 等作为变异或补充形式。

2. 摩梭社会的婚姻形式

居住在四川的盐源、木里、盐边、冕宁等县和云南的宁蒗、丽江、兰坪、永胜、迪庆等县摩梭人的婚姻模式主要包括三种，即阿夏异居婚、阿夏同居婚和一夫一妻婚。阿夏是摩梭古语，即亲密的情侣。所谓阿夏异居婚，就是男不娶，女不嫁，建立婚姻关系的男女双方，以性爱、感情为基础，各自终身生活在母系大

---

[1] 张有隽：《广西通志·民俗志》，广西人民出版社1992年版，第215页。

[2] 马戎：《西藏的人口与社会》，同心出版社1996年版，第200页。

[3] 有关这两种婚姻形式的调查资料较少。从有限的资料看，两夫两妻似乎与没有子女有关。如资龙溪卡的扎德多吉"与妻结婚，几年不生小孩，这时其弟也十六七岁了，就与妻商议，要妻妹与弟结婚，结果娶来后，原妻也是弟妻，弟妻也是己妻"，形成了两夫两妻家庭。（《西藏社会历史调查资料丛刊（五）》，1988年，第593页）。外室的情况也较特殊，"与有妇之夫正式同居的妇女被称为素莫，意为一旁的妇女。这种当外室的妇女与情妇还有所不同，她是经男方在她巴珠（头饰）上戴了边玉的，所以是公开的。当外室的妇女都是单身妇女，如堆穷、尼姑和佣人。有外室的都是家里有妻，但是兄弟共妻，或因门户不相当而不能娶女方为妻，便作为外室"（《西藏社会历史调查资料（五）》，1988年，第320页）。张建世：《20世纪藏族多偶家庭调查研究述论》，载《中国藏学》2002年第1期。

家庭里，白天各自劳动和生活在自己原属的家庭，夜晚男子到女阿夏家居住，过偶居生活。阿夏同居婚是在阿夏异居婚的形式上发展起来的，是介于"阿夏婚姻"和"一夫一妻制婚姻"之间的过渡形式。这种婚姻的特点是：凡过阿夏婚姻生活的男女，一旦双方有共同生活的愿望时，便可以组成同居家庭，不受任何限制，男女双方的地位是完全平等的。到女阿夏家同居的男子，其子女从属于女方，血统按母亲计算。这种婚姻虽在不同程度上保存了阿夏婚的内容，但与真正意义上的一夫一妻制婚姻家庭尚有差别。

3. "戴天头"

这是青海甘肃一带的藏族、土族中流行的风俗习惯。青海藏族，姑娘到十五六岁时，家长要为她改装易服，举行没有新郎的婚礼——"戴天头"。所谓"戴头"，本是"家姑娘"娶女婿的泛称。然而，在这里举行"戴头"仪式的姑娘，所娶的女婿既不是英俊结实的小伙子，也不是实实在在的男人，而是蓝蓝的青天，是姑娘们抬头就能见但不能与之同床共枕的青天。因为所娶的对象为青天，所以这种指天为配的无偶单婚仪式又称为"戴天头"。实际上，它是藏族姑娘的一种成年礼仪式。这种仪式十分隆重，在喇嘛为戴天头的姑娘举行宗教洗礼、念诵祝词以后，由母亲、姨母等将姑娘的单发辫改为许多小辫，然后插入她脊饰的两个"加尤"之中，象征姑娘已成年，今后有权成双配对。待姑娘更衣、分辫结束，妇女们便簇拥她来到正屋中央，举行没有新郎的拜堂仪式。仪式包括先拜天地，后拜祖先，再拜父母，最后拜假想中的配偶。

蒙古族另有指名为婚制和指物为婚制，指名为婚是由于喇嘛名义上不能结婚，故采用"担名"的办法。指物为婚即女子不婚而育后不出嫁，通过拜火（灶）的形式，指某些物件如烧火棍、蒙古刀、火镰、鼻烟壶等（这种物件必须是现在生存的男子的物件和所有主明确的物件）为丈夫，便梳起媳妇发式，进而生子养女，其所生子女不被认为是私生子而受歧视。[1]

二、再嫁及离婚习惯法

（一）寡妇再嫁

在少数民族社会中，妇女丧偶后一般都可再嫁，并没有汉族"从一而终"的封建观念，社会对再嫁也不加指责，但多数民族有转房之规定，必得经此方能外

---

[1]　严汝娴等：《中国少数民族婚丧风俗》，中国国际广播出版社 2011 年版，第 50 页。

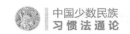
嫁。苗族未生育的青年寡妇，夫死不久便回娘家居住，照常可以"游方"，自找合适的对象，夫家及她父母都无权干涉。贵州剑河、台江一带有这样的说法："头嫁归父母，再嫁由本身。"

生有子女的寡妇，再嫁时有所限制，为照顾子女，一般都得常住夫家，即使无子女，再嫁也多需前夫家长的允许，并送一些彩礼。贵州苗族则较为自由，只需有下列三种情况之一即可自主：第一，鳏夫主动请媒说亲，女方同意；第二，在征得本人同意后，由娘家主动为她找对象；第三，由寡妇自己提出再嫁。但这三种情况都必须事先通知夫家，并不以征得夫家同意为限。若小孩太小，可随母亲抚养，长大后归前夫。代养时间一般为三年，费用由前夫家支付。鄂伦春族的寡妇如有儿子，一般不能再嫁；如其娘家坚决要她再嫁，须把儿子抚养长大后才行。再嫁时，须把男孩和一切财产留下；女孩可以带走。如其娘家向再嫁的男方家要彩礼，原夫家有权要回彩礼。[1]

再婚也有一定的仪式，但很简单，到夫家后立即执行主妇职务。一般出嫁后两三天内回娘家一次，小住一两天便回。再婚后，不坐家。同时，新夫须以一定的祭品向前夫祭奠一次，以示赔礼。至于前婚中夫妻财产的处理，原则上退回结婚时带来的东西；如有子女，根据女方意愿，可以留部分给予子女享受。

例外的情形自然不少，如羌族社会不允许寡妇再嫁，家中若无兄弟可以转房，则在征得家族内部同意的前提下，可再行招夫，其中情形与汉族地区的"招夫养子"、"招夫养老"、"招夫传后"和"坐产招夫"等一般无二。[2]青海海南藏族亦有"丈夫有死的，妻子没有改嫁的"之说，寡妇只能招赘不能改嫁。

（二）续弦

妻子死了，年轻男子，尤其是没有子女的，都要续弦。中年丧偶但有子女的，唯恐引发家庭纠纷，亦有不少不再续弦。鳏夫续弦，须遵守一定的规则，如有妻姐妹婚的，需先娶亡妻的姐妹，这是义务，即使无此规定，亦得征求亡妻家族的同意，苗族规定"要在妻死一年后，事前征得前妻方同意，才能再娶"，否则将会受到前妻父母的责问，为社会舆论谴责，一般要罚牛一头给前妻娘家，以示谢罪。在鄂伦春族社会，如果妻子不能生育，丈夫也可以续娶。[3]

[1] 秋浦：《鄂伦春社会的发展》，上海人民出版社 1978 年版，第 50—51 页。

[2] 《民商事习惯调查报告录》，台北进学书社 1969 年版，转引自梁治平：《清代习惯法：社会与国家》，中国政法大学出版社 1996 年版，第 70 页。

[3] 秋浦：《鄂伦春社会的发展》，上海人民出版社 1978 年版，第 49 页。

三、婚姻纠纷的处理

离婚，是婚姻纠纷的主要形式。

在民族地区，订亲是有一定约束力的，只要经双方家人同意，男方给女方赠送一定的彩礼，周知亲邻，并举行宴请、起誓等仪式确定双方的婚姻关系，此后，姑娘不得嫁给他人，男方也不得变卦，若有一方私自变故，就会引起纠纷。若男方悔婚，则不能将订亲时送给女方的财物索回，在藏北一些地方还要给女方一些补偿，才能平息事端。如青海果洛地区规定，将破坏已有誓约的婚姻称为"女仇"，按其身份分上、中、下三等向对方赔偿名誉损失费，另加一定的处罚。[1] 若是女方悔婚，女方除须全部退还男方所送的彩礼外，一般还要给予一定的赔偿，广西防城京族的女方退婚赔偿竟高达男方彩礼的两倍。

民族地区的离婚多属协议离婚，一方要求离婚，必得由另一方同意，若另一方并不同意，则请本地头人、寨老和家族长辈等进行调解仲裁。各族各地离婚仪式及财产处理、赔偿等多有不同。广西龙胜壮族若男女双方合意离婚，则只请一个中人来作证，每人给中人一吊钱，从此各不相干。有的民族受汉族影响，要立"休书"或"离婚书"。那坡壮族是由离婚双方各写字据一张，请村中父老作证，当面交换字据即算离婚有效。亦有他种离婚凭证的，如花兰瑶离婚仪式一般在村外举行，双方带柴刀一把、竹筒一节，然后把竹筒破开，各拿一块向相反方向走去，表示从今各走各路、永不回头。贵州麻山苗族则是由一代书人将经离婚双方画押后的离婚证书揉成小纸团，吞食下肚，离婚即刻生效。婚姻关系破裂自然又涉及赔偿与财产分割问题。一般来说，主动提出离婚的一方须赔偿对方的损失。若由男方提出，则女方不用退还聘金，并可带走嫁妆，有些地方还须由男方付给女方一笔钱，价值与出嫁时的彩礼钱相当；若由女方提出离婚，须退还结婚聘金的大部分或全部，嫁妆也仅能取回一小部分，其再婚时，后夫一般还要给前夫赔一份彩礼。不管是哪一方提出离婚，都涉及一个离婚责任的问题，比如说一方已有外遇等，负有离婚责任的一方还须再行赔偿，贵州雷山、台江一带规定，有外遇一方须付给对方一头牛。付清赔偿，婚姻关系方能正式解除。在确定赔偿条件后，由理老取一拇指大小、长十三四厘米的小木棒一根，在上面刻上若干横纹，每道横纹代表清偿债务的一天，付清赔偿后，将木棒一剖为二，双方理老各执一

---

[1] 陈庆英：《藏族部落制度研究》，中国藏学出版社 1995 年版，第 227 页。

块作为凭证，这种离婚凭证称为"破木额"。有了"破木额"，则离婚生效。[1]

当然，也有一些民族对离婚进行了严格的限制，例如哈萨克族规定婚姻是终身的，一经缔结婚姻便不能随意解除婚约。婚后，一般是不允许离婚的，尤其是女方，更没有毁约和离婚的权利。若丈夫死去，则须与丈夫亲属结婚。[2]达斡尔族人也认为离婚是极不体面的事情，因而离婚的极少。即使是男方提出离婚，如果双方家族不同意，一般也是离不成的。女方除因受男方虐待无法生活下去者外，提出离婚的极少。跑回娘家闹离婚，往往要被娘家赶出来。因自己的过失被男方提出离婚时，会遭到娘家长辈的责骂，甚至毒打。[3]在维吾尔族社会中，只有丈夫有离婚权，妇女没有离婚自由；只有在丈夫外出多年无法联系，或是不同居半年以上，或不管家庭衣食这几种情况下，妻子才可以提出离婚。离婚时，妇女可以将随嫁财产带走。已生下的子女，7岁以下从母，长大后从父，但父方须给暂时从母的幼儿担负生活费。[4]

第二节　家庭习惯法

事实上，任何形态的社会组织都脱胎于亲属关系，它往往是指以广义的亲属关系为中心的一系列问题，虽然这不仅仅是亲属关系。家庭是由亲属所组成的共同生活组织中最基本的一个，是社会的细胞、社会关系的起点，自人类进入文明时代以来，每个人无不生活在特定的家庭中，扮演家庭成员的角色，在一般情况下，都不可能脱离和逃避家庭生活。组成家庭的背景常常有很大的区别，婚姻形式的差别或许是造成不同家庭形态诸多因素中最重要的一个。

一、家庭的诸种形态

在原始社会中，人们以血缘亲属关系结合在一起，成为社会组织的基本聚居单位，即氏族公社。氏族的成员出自一个祖先，他们被血缘关系牢固地联系在一起，居住在共同的地域，因而出现了许许多多的家庭、氏族村落。原始社会末期，虽然出现了对偶家庭，但"这种对偶家庭本身还很脆弱，还很不稳定，不能使人

---

[1]　龙生庭等：《中国苗族民间制度文化》，湖南人民出版社 2004 年版，第 142 页。

[2]　严汝娴等：《中国少数民族婚丧风俗》，中国国际广播出版社 2011 年版，第 115 页。

[3]　莫日根迪：《达斡尔族的习惯法》，载《民族学研究第六辑》，民族出版社 1986 年版，第 275 页。

[4]　任一飞等：《维吾尔族》，民族出版社 1997 年版，第 157 页。

需要有或者只是愿意有自己的家庭经济，因此，它根本没有使早期传下来的共产制家庭经济解体"[1]。

随着生产力的发展，明清以来，我国很多少数民族已脱离原始氏族公社，形成了以核心家庭为主，主干家庭、扩大式家庭和多偶婚家庭为辅的多种形式并存的家庭结构。主干家庭包含两个或两个以上的核心家庭，它凭借血缘纽带把几代家庭成员联结起来。核心家庭系指父母及其未婚子女所组成的家庭形式，我国少数民族的核心家庭其规模一般都不大，多在 3—5 口之间。直接导致核心家庭制的，是儿子婚后分家析产的习俗。一些少数民族对结婚后分家形成了特定的看法，布依族俗语说："人大分家，树大分桠。"黎族也有谚语："男大要分家，女大要出嫁。"土家族则认为："家不分不发。"分家的时间在各个民族中并不完全一致，多是在结婚之后即开始分家自立，而哈尼、毛南、仫佬和畲等几个民族则是在儿子结婚生育子嗣后与父母分居并建立核心家庭，而在盛行幼子继承制的景颇族山官社会，除幼子外的其余各子结婚后都要携带妻子离开老家，去另辟山头，在新的土地上自谋生计。当然，不管是采取何种分家方式，总有一个儿子，或是长子或是幼子会始终与父母居住在一起，承担赡养父母的义务。

僜人中曾有部分一夫多妻制家庭，据调查统计，西藏察隅僜人中一夫多妻家庭的比例为 11.3%。这种家庭虽然也是核心家庭，不过这种核心家庭比较奇特，妻子们虽都住在丈夫的长屋内，但并不组成统一的生产和消费单位，而是每个妻子各住一两间，各有自己的灶塘，分别种植丈夫开垦后交给的土地，各有仓库分别保管自己种植的土地上的收获物。有奴隶的家庭，一般也是把奴隶分给各个妻子，各妻子既不互相支援协作，也不统一调配劳力，实际上每个妻子都各构成一个独立生产和消费的单位。[2] 在任何一个群体中，人口总与食物供应息息相关。我国少数民族生活的地区多为山地，环境较差，地形破碎，地方狭窄，可供耕作的土地是极为有限的，生产力又极为落后，部分地区直至新中国成立前仍不会使用耕牛和铁制农具，这样的山地农牧业无法承受大量的人口，因此，必须分家析产，各自谋生，方能勉强维持起码的生活水平，使社会得以继续发展。此外，我国少数民族的聚落多依山而建，也无法建筑容纳大家庭共同生活的大型房屋，这亦为小家庭制形成的原因之一。

不过，生产方式极度落后又极可能催生另一种情况，在云南横断山区生活着

[1]　《马克思恩格斯选集》第四卷，人民出版社 1972 年版，第 43 页。

[2]　中国社会科学院民族研究所：《僜人社会历史调查》，云南人民出版社 1990 年版，第 158 页。

的独龙族、布朗族等，在近代仍存在不少家庭人口众多且所有家庭成员均居住在同一幢超大型房屋中的扩大式家庭。扩大式家庭的一个显著特点是家庭中有两个或两个以上的子女在结婚和生育后不分家，而是与父母共同生活，形成一个祖孙三四代同堂共居的亲属群。如云南澜沧县的拉祜族中曾存在一种名为"底页"的母系大家庭，数代人共居于名为"耶类玛"的大房子中，由成员中辈分最高、年纪最大的妇女担任家长。如同蜂巢一样，"底页"孕育着若干个"底谷"，最大的热那·娜珠朴"底页"拥有 25 个"底谷"，130 多人。这种扩大式家庭的存在，乃是取决于刀耕火种[1]的旱地农业经济对集体劳作的需要，在这种经济方式下，砍伐大片的森林垦荒是耕作的前提，这绝非个人的能力所能做到，必须集体协同劳动，且这种耕作方式下土地肥力消耗巨大，耕作一两年后必须大面积地轮歇，金平拉祜族一般每隔 1 年就短途迁徙一次，每隔 12 年左右就须长途跋涉到另一片原始森林。不过有意思的是，即使在如此需要集体劳作的经济条件下，小家庭化的趋势仍顽强地显露出来。在拉祜族的母系大家庭中，除开荒需同一"底页"集中劳动外，耕种则是各"底谷"之事，且"底谷"也有自己的谷仓，各设"火塘"自行开伙。但在土地共有和脆弱的刀耕火种方式下，"底谷"难以自立，耕作往往采取共耕方式，收获也要留存"底页"一部分，当各"底谷"粮食耗尽后，"底页"有责任提供其储粮。不过这种由一夫一妻组成的小家庭"底谷"只是个体家庭的萌芽，并不是独立进行生产生活的基本单位。与之相类似的还有西双版纳布朗族的"戛滚"（布朗语音，译意为大家庭）。所不同的是，"戛滚"具有父系氏族的特征，而"底页"则是母系大家庭或是双系家庭。[2]

又一个鲜明的例子是独龙族。除了与藏族及怒江地区其他民族接触较多的北部独龙族外，独龙族人结婚后不分居，他们紧接着父母原来的住宅加盖一间房子，下一代再依次加盖，排列成一行，最长的有十多间，分为两厢，中间留一条过道，大家住在一起，共同劳动、共同生活，一切粮食财产都归大家庭所有。早期的独龙族扩大家庭中实行"额杂布朵"的主妇分食制和"棒千"的主妇管仓制，每家只有一个公仓"棒千"储存着全家的粮食，由主妇掌管的公灶供给全家饮食。为了照顾每对夫妇及其幼子，把他们的食物分在一起，以便他们围着自己的"姆拉木"进餐，久而久之，"姆拉木"便形成了一个消费单位，即通常所说的火塘。

---

[1] 近代西南地区仍存在刀耕火种农业的主要有贵州的乌蒙山、黔桂交界之月亮山、大小麻山和滇西的刀耕火种地带。

[2] 史继忠：《西南民族社会形态与经济文化类型》，云南教育出版社 1997 年版。

后来，干脆把一部分粮食分给各个"姆拉木"，每个"姆拉木"都设立一个小仓库，公仓"棒千"吃空以后，则由各个"姆拉木"轮流负责供给全家生活。这几个民族扩大式家庭的存在，主要原因是刀耕火种这种低下生产力下伙有共耕的生产协作方式，同属一个大家庭的人们共同出力耕种某块土地，收获的粮食平均分配。一旦土地开始变为家庭所有，或是生产力提高，这种扩大式家庭就很难存在，下文我们将撇开这些独特的扩大式家庭不谈。

二、家庭内的权力分配

就近代以来的情况看，我国各少数民族多已进入父系社会，家庭结构以核心家庭为主。但就具体民族而言，家庭内部的分工、男女老幼的地位、家长权的表现形态等各不相同。在这里，我们不妨以羌族的情况来作一具体分析。

羌族是我国历史悠久、活动区域相当广泛的民族之一，但在长期与汉族以及其他民族的融合中，仅有岷江上游的一部分羌人延续至今，并保存了羌族的基本特征。羌族与我国其他少数民族的社会发展历程大致相仿：元明之际，羌族进入封建领主制时期；至清、民国时期，通过改土归流，进入封建地主时代。个体家庭是羌区 [1] 社会的基本组织，每个家庭都是一个生产和生活单位，家庭成员最多只限于祖孙三代，尤以父子两代居多，平均一家三至五口。母系血缘形式的舅权（母舅分为两种，母亲的兄弟叫小母舅，奶奶的兄弟叫大母舅）仍起着一定的监控作用，从而防止了父权、夫权的专断。就社会而言，羌人的家庭可称为功能齐备的小社会；就家庭而言，羌人社会又可称为处处受血缘关系左右的大家庭。

（一）家长权

在小农社会中，父亲是一个家庭的强劳动力，上养父母，下养妻子儿女，又有丰富的生产、生活经验，是一家人的主心骨，父权作为家庭的内在权威自然产生，受到家庭成员的承认和维护，尊父就意味着保家。随着汉族中央政权对羌区加强统治以及儒家文化的渗透和影响，"父为子纲"的原则也得到了羌民的普遍认同，父权在这一观念的维系和支撑下更加牢固和强大。

在羌区，父母对子女的权力几乎是绝对的和长久的，只要父母健在，子女无论是否成年，都从属于父母，而没有独立的人格和自主权，处处受父母的主宰和

---

[1]　羌区是指四川阿坝藏羌族自治州茂县、理县和绵阳地区北川县等地。

支配，父权实质上是一种对子女的所有权。当儿子成年，也成为父亲之后，他就部分地继承了父权，但即使他已经从其父亲的家庭分离出来，他的父权仍受其父亲的父权限制，直到他的父亲死亡，他才能拥有完全的父权。

1. 管教权

羌民认为，子女的生命是父母给的，没有父母便没有子女，父子之间是一种天生的不平等的领属关系。在这种条件下，父亲的意志不容违抗，父亲的权威不容置疑，父子之间的尊卑地位不容篡改和颠倒。羌族人的规则是：父母对子女有抚养和教育的责任，子女则有尊重善待父母并为父母养老送终的义务。子女对父母的尊重表现在如下几个方面：其一，讲究座次。羌族家庭的火塘是饮食、会客的重要场所，其正面有一神龛，神龛之下，面对门口，是上把位，由父母专坐。左把位，由儿子坐用；右把位，由女儿、儿媳坐用；下把位，设灶，不设座位。生活中，家庭成员各居其位，不能混淆座次，以免形成对父母的不尊敬。其二，"父母在，不庆寿"。按羌人习惯，60岁以下的人过生日叫"做生"，60岁以上的人过生日叫"祝寿"。祝寿是人生重大礼仪之一，亲友、房族和邻里都要送礼朝贺，晚辈要向"寿星"磕头，然后设宴庆贺。但是，若父母在世，即使年满花甲，也不能举办"祝寿"，因为"尊亲在，不敢言老"。其三，听任父母的训诫。父母对子女的管教，一是在技能上，要求他们虚心学习，子承父业，凭本事吃饭，养家糊口；二是在品行上，顺从父母的教诲，不远走他乡，而是留在父母身边服侍他们。如果子女违反父亲的意志，不遵约束，父亲可行使父权予以处罚，轻则责骂，重则体罚。子女对父辈的管教，只能"骂不还口，打不还手"，有顺无违，因为"天下只有不是的子女，没有不是的父母"。如果子女赌博、盗窃、犯奸、斗殴或杀人，父亲可剥夺子女的财产继承权，断绝父子关系，将其逐出家门，甚至乱棍打死。人们只谴责子女的不孝行为，而不会追究父亲伤害子女的任何责任。

2. 财产权

羌族家庭中，无论男女、长幼，都要进行力所能及的劳动，共同创造家庭财富。男子一般从事上山砍柴、挖药和伐木等强体力劳动，女子一般从事田间耕作和家内劳务，如安排饮食、织衣、哺育子女、侍奉老人、喂养牲畜，财产归家庭所有，父亲是家庭财产唯一的合法掌管者，由他统一决定财产的提留、支配、使用和消费，子女一般无权过问。

为了维护父亲的家庭财产权，民间一切有关财物交易的契约在通常情况下，必须由一家之长的父亲署名画押，方能产生效力。官衙、村寨和家族下达事项，大多责令作为家长的父亲遵行。子女若不经家长许可私自动用或处分家庭财产，要么被视为"越权"，要么被视为"家盗"，都要受到家法的严厉制裁。如果子女背着父母典卖家中财物，如土地、房屋、耕牛和粮食等，社会不予承认；违者，物还原主，财没不追，家长还要重罚子女。新中国成立前，不但家财是属于父亲和家长的，子孙也被看做他的私有财产，可以将他们典质或出卖于人。

当然，羌族的这种父权并不能等同于古罗马的家父权。羌人社会中，父亲并不能单独占有财产，他实质上只是家庭财产的监管人而已。

（二）两性的分工与地位

无论是在何种社会，家庭生活都会受两性分工之影响。美国人类学家罗维认为，这种分工多半由于传统的习惯，并不一定和两性的生理特征有关，这可以由比照不同的民族甚至接连的民族之规则而得到证明。[1] 不过在我国少数民族社会中，倒较少见到因习俗不同带来的男女分工的重大差异。限于经济水平的原因，夫妻一般共同分担家庭的大部分劳动，其劳动项目虽有某些侧重，比如缝纫、织布仅由妻子操作，而伐木、犁田等重体力活则多由丈夫完成。笔者在云贵高原调查时，感受到少数民族家庭的民主氛围并不比现代社会的家庭差多少，夫妻双方都有提出离婚的权利。总的来说，夫妻双方还是较为平等的，尤其是受"男尊女卑"、"三从四德"等汉文化影响较少的苗、瑶、侗等族，丈夫虽然作为家长在生产活动、财产管理和儿女婚姻方面有支配权，但往往都要事先与妻子商议方才决定。生活在连山的排瑶家庭，夫妻双方都有提出离婚的权利，而且丈夫常为妻子所出，"妇无为夫出者，若夫好懒惰，或反目，则常为妇出"[2]。

不过这种民主的氛围并不是每个民族都是如此。有些民族受男尊女卑的观念影响较深，比如羌族，他们认为，女人始终受男人的意志和权力支配，应居从属地位。加之羌族婚姻大都带有买卖性质，表现为男方在迎娶女方之前要向女方家长支付一笔相当可观的彩礼，以作为对其嫁女的经济补偿，无钱交纳彩礼的则长期给女方提供无偿的劳动。另外，无论是逢年过节，还是女方举办大事，男方都得赠送礼品或出力相助。由此看来，男方娶妻等于是拿钱买妻，妻子实际上成为丈夫买得的物品，丈夫对妻子行使类似于物的所有权。因此，婚后，社会上的男尊女卑衍变为家庭中夫妻地位不平等，妻子白天和丈夫一样要从事较重的农活，

---

[1] ［美］罗维：《初民社会》，吕叔湘译，商务印书馆 1935 年版，第 88 页。

[2] 《连山县志·瑶排志》。

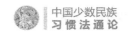
晚上还要包揽一切家务，服侍丈夫，妻子言行举止受丈夫节制，不得在社会上抛头露面，在家里也没有财产处分权，其家庭地位比较低。受汉族文化影响较深，羌族妇女结婚后必须放弃己姓，改从夫姓，以示脱离女方家族，归属于男方家族。

（三）舅权

舅权在我国少数民族社会，特别是在西南民族社会中是一种有代表性的现象，几乎所有生活于西南地区的少数民族在历史上、在现实生活中都或多或少、或强或弱地存在舅权。羌区亦然，进入父系社会之后，母系血缘关系逐渐淡化，羌区广泛流传着母系血缘"一代亲、二代表、三代四代认不到"的说法。当然，我们在说一个社会是父系社会还是母系社会时，指的只是在这个社会中占主导地位的原则，母系血缘天然地决定了舅权的存在，它作为母系权力的变型与遗存仍然存在。

羌族谚语曰："天上雷公，地上母舅。"羌人男性亲属中，舅舅居"四大门亲"（舅舅、伯叔、姑夫、姨夫）之首，是受人尊敬的社会权威。母舅有大母舅、小母舅之分，大母舅是祖母的兄弟——舅爷，他们有的已经过世，有的年迈体衰，不再理事，由祖母的兄弟出面干预祖母夫家事务，机会不多，实际权力较弱；小母舅是母亲的兄弟，他们年富力强，且与父系家庭成员的关系十分密切，在主持和参与处理涉及出嫁姊妹和外甥的合法权益的各项事务中，握有实权，树立了威信。羌族谚语曰："大不过大母舅，亲不过小母舅。"大母舅辈分高，声誉高；小母舅情感深，关系近。羌区推崇的舅权，实际上指的是小母舅之权。羌人的舅权主要体现在如下两个方面。

一是对出嫁姊妹合法权益的保护。当出嫁的姊妹与其公婆、丈夫、儿子或儿媳产生家庭矛盾和冲突时，往往需要母舅充当中间人，出面调停，协调男方家庭各方的利害冲突，母舅一方面要考虑到出嫁姊妹与自己情同手足的关系，另一方面又得顾及出嫁姊妹日后还要在男方家庭长期生活的现实，所以其意见较为公允，对两方都有劝慰作用，容易消弭矛盾，达成共识，促进家庭和睦。对于夫家的家庭暴力，母舅则一定要施暴者给一个说法，向女方家庭赔礼道歉，并作出丈夫不再虐待妻子、儿子不再虐待母亲的承诺，母舅才会善罢甘休，不然会趁机闹事，向男方家庭讨还公道。母舅对其出嫁姊妹死亡具有验棺权，每位已婚羌族妇女死亡，要立即派专人请其母舅到场，男方向母舅详细回顾死亡妇女的人生经历、在世恩德、病情及医治过程，表述自己的哀伤心情，以及打算如何筹办丧事。舅舅要亲自验尸，并作出定论，若属正常死亡，则与死者沉痛告别，钉死棺木，由男方家庭将死者入殓安葬；若系非正常死亡，如虐待致死，逼迫自杀，或死因不明，母舅就可以率领母系氏族成员到男方家庭"打丧火"。"打丧火"是舅权最重要、最集中、最激烈的一种表达方式，它明显打上了母系社会血亲复仇的烙印。母舅率领女方亲友来到男方家庭发难，有的对男方家庭财产实施打、砸、抢，有的住在男方家里杀鸡宰羊，大吃大喝，勒令男方认真款待，赔礼道歉，赔偿损失，待怨气消除之后，才撤离而去。例如，1952 年茂县回龙乡兰曹氏与儿媳妇不和，跳河自杀了，兰氏娘家就来"打丧火"来了，情势非常紧张，当时区里派人进行调解才没打起来，结果请客赔礼，念经做道场了事。[1] 再如，汶川龙溪乡巴夺寨刘建秀（女，30 岁，离异）于 1970 年跟同寨村民余时中（男，26 岁，未婚）结婚后，感情不和，争吵不断，于 1988 年服农药自杀。余时中将凶讯通知刘家，刘氏家人愤怒至极，在刘氏舅舅的带领下，20 余人到余家闹事，砸坏锅盆，掀翻家具，迫使余时中跪地求饶，直到余时中写下赔偿刘家经济损失的保证书后，刘家人才撤离余家。由此看来，"打丧火"虽不会对屈死妇女带来任何好处，但它却对男方家庭有着威慑和警示作用，让丈夫善待妻子，儿子善待母亲，和睦相处。如果虐待妻子，致使其非正常死亡，其后果不堪设想。

二是对外甥的监护和教诲。羌区外甥的成长离不开母舅的言传身教，外甥有困难，不便于向父亲提出，或其父无能力解决，均可向母舅求援，母舅责无旁贷，会在精神上、经济上给予一定的支持。逢年过节，外甥都要带上礼品去拜望母舅，舅舅则借此机会了解外甥的情况，并给予教诲和鼓励。外甥的人生大事，舅舅都得出席；外甥娶亲，母舅的女儿有优先婚配权。母舅以十分重要的身份参与议婚，行使或放弃优先婚配权由母舅说了算，因此，外甥的婚姻，只要舅舅表示反对，就很难成功。外甥成家立业，从父母家分离出来，要另建新房，新房落成的重要仪式上梁则必须由母舅主持，其仪式庄严而热烈，旨在给外甥祝福，并向社会宣告一个新"门户"的建立。母舅不出席上梁仪式是件十分丢人的事，房子即便建成，小家庭即便独立门户，也不吉利。分家析产也须由母舅到场并由其和家族长辈主持，订立的分关契约要有母舅的签名，否则不能获得承认。此外，母舅对外甥的社会失范行为有矫正、处罚的权力。外甥为害一方，母舅有权责骂殴打，也可召集亲友，共同予以严惩。

舅权的普遍性从"姑舅婚"的盛行中可见一斑，舅父作为母系亲属中唯一可

---

[1]　《1953 年茂县人民法院关于婚姻情况的专题报告》，现存于茂县档案馆。

以确认的男性，在父系社会中，充分享受着女方代表和父权原则的优势，交织着父权制的普遍原则和母系制遗留下来的历史惯性，在对男系家庭父权、夫权的约束与抗衡方面发挥着积极的作用，忠实地执行着其姐妹和外甥监护人的职责，以避免及解决其姊妹、外甥可能受到的伤害和损失，并对其姊妹、外甥的社会失范行为进行矫正，甚至给予处罚。功能学派认为，文化的各种项目和制度之所以能延续至今，是由于它们具有现代的功能，而不是因为它们具有远古的已死寂的遗迹。舅权制是一种文化现象，并不是母权制向父权制过渡的遗留，而是由多种不同的原因所致，其发展线索并不完全与母系制的发展线索相吻合。[1] 玛格丽特·米德在研究阿拉佩什社会时发现舅父对外甥有一种"加害权"，尽管在多数情况下它属于滥用，但这从另一个方面证实了舅权有某种控制社会、亲属关系的社会功能。[2] 对于此，彭兆荣所著《西南舅权论》一书有较为详尽的论述。

---

[1]　彭兆荣：《西南舅权论》，云南教育出版社 1997 年版。

[2]　［美］玛格丽特·米德：《三个原始部落的性别与气质》，宋践等译，浙江人民出版社 1988 年版，第 147 页。

少数民族财产习惯法

第一节　土地习惯法

土地作为农业生产的首要因素，始终吸引着人们去对它的所有权进行追逐。少数民族社会的土地所有权习惯受多种因素影响，但就一般意义上讲，多属家庭所有，少数为家族或村寨共有，这一情况，我们在上一章中已作了部分说明，此处我们依田地的类别分别考察。

一、牧场

在安多的游牧部落中，牧场的基本单位是部落，每个部落都控制着一片疆界明确的地域，其疆界由诸如山脉与河流这样的自然特点作标志。在特定疆界内，唯有部落成员才有使用草原的权力，牧民们随着季节变化从山谷中的冬季住所向高山上的夏季牧场循环流动，在这两个季节内对土地的不同利用导致不同所有权的产生。夏季草原不属于部落内任何一家专有，头人和长者把这些草原分给不同的家庭。冬季的宿营地则是不变的居住点，虽然在夏季这一居住点无人居住，但牧民总是于冬天回到原来的冬季住所。冬季营地建有许多坚固的小房，周围有畜

栏，每个家庭还有专供自己使用的干草田。[1] 有人认为，冬草场是最先由个体家庭占有的牧场，川西北牧民的冬季定居点附近划有一块冬草场，用于自家割草放牧；有些部落的牧民在自己驻地周围留一块称为"比杂"的专供牛犊食用的饲料地，这些草场归个体家庭占有，他人的牲畜不得入内，有的还可以买卖。[2]

二、猎场

渔猎是人类早期获取食物的一个重要渠道，至少在明代以前，这还是我国很多少数民族的先民主要的获食手段，后随着漫长的刀耕火种的粗耕农业和溪峒稻作的发展，大量的森林被开垦为农田，狩猎成了一种辅助手段，猎场也很少存在了，人们只能在农暇时节到离村寨较远的荒山野林中从事狩猎活动。荒山和野林或属于村寨共有，或根本没有明确的归属，是无主物。不过，若据此认为猎场的所有权与牧场一样，必归村寨、部落等集体所有，那也不尽然。

在珞巴族社会中，农业经济极不发达，渔猎仍是获取食物的重要手段，猎场就显得尤为重要。珞巴族博嘎尔部落的猎场占有情况，大体说来，处于集体所有、私人占用的状态。就整个部落而言，猎场是划归杭隆（兼有血缘和地缘双重性质的共同体）使用的。在杭隆使用的范围内，各小家族或各户分别占有一定的地段。他们在那里围栅设栏，安装暗套或设置陷阱。这些设伏的地段，长期归设置者使用，直到荒废为止。他人想使用那些废置地段时，也需要向原使用者讲明以示对先占者所得权利的尊重。但一旦出让地段的使用权，先占者就丧失了使用那块地方的权利。各杭隆占用的猎场，仅有安装暗套陷阱等权利，不能阻止其他人用弓箭前来行猎。凡用弓箭猎得的野兽，猎场占有者无权分享。此外，在主人架设的捕猎装置猎到野兽时，他人如果首先发现，可以割下胸脯肉烧吃。主人知道后也不责怪，反倒认为这是应该的。实际上，保留发现者割胸脯的权利，对于猎获者也是有利的。因为发现野兽并吃完肉后，往往要告知猎获者，使其及时把猎物取回，免于腐烂。此外对于外来户，按照惯例，住地的杭隆各户一般也配给其小片猎场供其使用，使之能取得一定的猎物。分到猎场的外来户，无须向住地的各户主人交纳实物。如住在普坚杭隆住地的海多氏族仁宁等几户，就得到该杭隆分给他们的一块叫做"邦勃则地"的猎场，供他们长期使用。

[1]　［美］皮德罗·卡拉斯科：《西藏的土地与政体》，陈永国译，西藏社会科学院西藏学汉文文献编辑室 1985 年编印，第 76—77 页。

[2]　陈庆英：《藏族部落制度研究》，中国藏学出版社 1995 年版，第 157—158 页。

河流也是这样，在杭隆范围内的河流，归杭隆全体成员所有。但谁在河上安放了捕鱼设施，这一河段就归谁占有，他人不能在那里再安置捕鱼设施，直到原主人放弃不用为止，否则会引起纠纷。但垂钓不受限制。这一点即是罗维所言的"对土地的改良修正了财产原则"。一个纠纷的例子是在雅其人居住的布鲁英村，有一小段河流叫布宁西拉，古丁杭隆的波尔东在那里架设了鱼亮子。按照惯例，应该归他占有，他人不得再架设捕鱼设施。但其同祖父的堂兄玛波不考虑这些，悄悄地在那里架设鱼亮子。波尔东发现了，向他提出意见，怔玛波不听。波尔东便派一个奴隶去拆玛波的鱼亮子，玛波不准，两人殴斗起来。玛波被打倒在河里淹死。从这一争斗的事件看来，作为渔场的河段，其占有权是明确的。[1]

僜人对于居住地区的自然占有认为是自从有了僜人以来就天然地划分好了的，在这个范围内，他们按姓氏聚居，习惯上经常打猎的地区是全姓氏共有的，即使在姓氏杂居之后，仍然有祖辈传下来的、自然形成的属于本姓的猎场。例如，在达让语分布地区的杜莱曲上游的阿宗宁地方已呈各姓氏杂居状态，但该地方的山林荒地都已按姓氏划分，住在不同村社的同姓人都只能在本姓原有的猎场打猎。只有很少去打猎的山林地区才可以由各姓的人随意去打猎，这样的地区是全体僜人共有的。[2]不过，同一份资料又表明，在某些地方，有极个别的个体家庭买卖猎场的情况。[3]

三、农田

在人类社会的早期，占有土地的欲望比较淡薄，因为在广袤无垠的森林中，到处都可以开荒种地，刀耕火种的生产方式下，人们总是不断地更换地点，根本没有必要长期固定在某块土地上面，正如恩格斯所说的那样："由于人口稀少，荒地总是很多的，因此任何争夺土地的纠纷就没有必要了。"[4]所以土地观念非常淡薄，不但私人缺乏占有土地的欲望，而且集体占有土地的欲望也不强烈。这种现象，我们在新中国成立初期的滇西少数民族地区还能看到。金平的拉祜族多用竹、木工具，只有少量的从附近哈尼族传入的铁器，他们的农业非常粗糙，是一种典型的刀耕火种农业，流动性很大，据调查统计，百分之四十的"卡"在一地

---

[1] 西藏社会历史调查资料丛刊编辑组：《珞巴族社会历史调查（二）》，西藏人民出版社1989年版，第3—4页。

[2] 中国社会科学院民族研究所：《僜人社会历史调查》，云南人民出版社1990年版，第65—66页。

[3] 同上，第74页。

[4] 《马克思恩格斯选集》第四卷，人民出版社1972年版，第138页。

住了半年或两三年就迁走了，迁徙如此频繁，森林又是如此之大，谁也不会因缺地而感到苦恼。按照传统，看中了森林中的某片土地，只需把土地四周的树木砍倒形成一条边界，然后在树桩上放一根短木作为记号，别人一见就知道这块土地已经有了主人，便主动离开。倘若要耕种别人已经使用过的幼林地，只需同主人商量一下或赠送主人一只松鼠干之类的礼物，主人便会十分慷慨地将土地留给他耕种。[1] 需要注意的是，拉祜族人虽然还没有强烈的土地意识，但这毕竟不是氏族时代早期氏族成员共同劳动、产品平均分配，除砍伐森林仍需集体进行外，播种、收获等行为已由个体家庭完成，由此产生了"共有私耕"的二重性。土地之所以共有，一则是因为地多，不足为贵，没有个体家庭占有之必要；二是必须合力开垦。私耕之所以有必要和可能，一是因为操作简单，二是生产工具的个体家庭占有要远较土地为早，各家庭有必要的工具。不过我们从中也可以看到，虽然长期占有土地是不可能亦无必要的，但在驻地的短时期内，开垦出的土地定归某个特定的家庭使用，别人若想耕种，须告知原主，虽仅是告知，可毕竟体现了个体家庭的使用权。

滇西的刀耕火种带直到现代仍然存在，其原因在于这一地带独特的自然环境。这里气候温和，雨量充沛，光照充足，草木生长很快，往往在砍倒一片森林一段时间后，又得到一片新的森林，如此就永远有充足的刀耕火种用地。但这样好的条件并不是哪里都能碰上的，更多的情形是随着年代的久远和人口的不断繁衍，再也没有可供开垦的荒山，土地就成了人们热切追逐的资源，人们只能定居下来，改善农业技术。自唐宋开始，铁器和牛耕技术传入我国少数民族地区，铁刀、铁犁代替了原来的木石工具，成为农业生产的主要工具，情况就完全不同了，这使得生产上集中劳动的规模逐渐缩小，过去需要较大集体才能做的事情现在小集体甚至个人也能进行了，再也无须由村寨集体统一开垦土地，只需小家庭的夫妻，再加上他们的子女就可以完成了，这就为个体家庭所有制的出现奠定了基础。人们完全有可能利用工余时间，在村寨的公地旁和房屋旁开垦出归个体成员耕种的小块土地，其产品归个体家庭所有，一些离村近、土质好的休耕地这时也纷纷被村寨成员"号地"耕种并长期使用，不断对肥力进行改造。这样，在休耕地之外，出现了半固定的耕地与固定的旱地。这种分散的小土地个体劳动，是"私人占有的泉源"，个体家庭对土地的长期占有使用，逐渐获得了支配权，土地成为

---

[1] 贵州民族学院民族研究所：《中国南方少数民族社会形态研究》，贵州人民出版社 1987 年版，第5—8页。

个体家庭的主要财产，并可世代承袭。

不过，个体家庭并不可能将村寨占有的土地全部瓜分完毕，村寨仍然保留很大一部分共有地。白裤瑶个体家庭所有的土地主要是平坝上的旱地和水田，离村较远的生荒地或休耕地、森林仍是油锅的共有财产，油锅内任何一个家庭都可以垦荒耕种。不过这类土地由于肥力低，不具有长期连续使用的价值，当某个家庭耕种两三年后，地力耗尽即抛弃另垦新荒，故很难像那些离村近、土质好的土地一样由个体家庭长期占有使用而取得所有权。土地既已抛荒，就不再属原耕种者所有，待数年后地力恢复，油锅内的任何家庭都可以自由地重新垦荒耕种，谁种谁收，不受干涉。[1] 云南碧江地区白族社会中已开垦的土地也多被个体占有，村寨共有地虽然在数量上要远多于各家庭所有的耕地，但大部分是荒山、草场和林地，也有少部分土质较差的轮歇地，即火山地和手挖地。[2] 不过，有的民族地区受汉族影响较深，发展到地主经济时期，村寨就已很少保留共有地了，如榕江县的两汪乡空烈苗族村寨中除吴姓有百余亩族有山林外，全部耕地、山林和荒地都属个体家庭所有。[3] 除荒山外，另一类村寨共有地属于公益宗教用地，如广西仫佬族村寨有大庙田、清明田、蒸尝田和社田等，一般出租给田少的家庭耕种，所得用于祭祀等活动。[4] 上述白裤瑶油锅的"油锅田"及部分地区的"渡船林"等也属此类共用地。在有些地方，共有土地的单位是血缘家族，凳人的猎场和田地都是以家族划分领地的，在其他民族中家族一般也共有部分土地，以其产出支付族内祭祀等开支。

早先，土地是由村寨、家族等共同体共有的，随着经济的发展，拥有土地的主体逐步向个体家庭转移，但村寨等共同体的领地观念仍然存在。村寨视某一地区为其共有的土地，任何本村人都可利用，但外人不得进入。相传在很久以前，月亮山地区的摆拉寨与从江县加牙、加叶等寨发生山界之争，后来通过协商解决，两方的山界就山梁的坡头为定点，以河为界。[5] 在山林、土地比较短缺的地方，相邻的村寨更可能常因边界问题发生争执，有的还要派出手持猎枪的武装队伍巡

[1]　玉时阶：《白裤瑶社会》，广西师范大学出版社 1989 年版，第 17—21 页。

[2]　云南省编辑组：《白族社会历史调查（三）》，云南人民出版社 1991 年版，第 14 页。

[3]　贵州省民族研究所：《月亮山地区民族调查》，1983 年，第 363 页。

[4]　广西壮族自治区编辑组：《广西仫佬族社会历史调查》，广西民族出版社 1985 年，第 142页。

[5]　黄才贵编著：《独特的社会经纬——贵州制度文化》，贵州教育出版社 2000 年版，第 202页。

狩边界，以防对方挪动界碑，事态严重时甚至可能酿成大规模的械斗。土地由村寨共有的痕迹非常明显，还有另一原则可以佐证，即土地虽不一定由团体共有，但如果出让就必须先询问该团体成员是否有意购买。一个例子是僜人的土地经开垦后即归个体家庭所有，但其继承买卖只能发生在本姓氏范围之内。白裤瑶要出卖土地，必须先询问本油锅成员，只有本油锅成员都不愿买，才能卖与别的油锅成员。锦屏县文斗寨的苗族人也总是声称，他们只买外村人的土地，但本村的土地绝不卖与外村人。

除村寨、家族和家庭三个层次的共有形式之外，还有一种伙有形式，它的产生可能要早于个体家庭所有形式。在刀耕火种农业向锄、犁耕农业过渡的过程中，耕地逐步趋于固定，私占共有地的情形开始出现，个体家庭成为基本的生产、生活单位，在通常情况下固然可以独力生产，但遇农忙或天灾，仍要回归集体，以共耕的形式组合起来，于是形成一种多角关系，人们在参加这一共耕组织的同时又参加另一共耕组织，这就是共耕制。[1]

共耕可分为"伙有共耕"与"私有共耕"两种，前者其实是村寨共有共耕的残余退化形式，不同家庭结成共耕关系，在某块土地上继续实行共同耕种、平均分配的原则。共耕的伙伴可以是血族成员，也可以是母系亲戚，还可以是近邻好友，已不限于家族的狭隘范围。形成伙有共耕的原因主要有以下几种：（1）兄弟、叔侄和堂兄弟等共同继承祖先留下的土地，因数量少，优劣差别大，无法析分，只得共同占有，形成伙有地；（2）双方或双方的祖辈共同开垦一块地；（3）几户家庭共同购买一块土地，或是出卖土地的人家只愿意出卖土地的一部分，都因土地无法分割，于是成为伙有地；（4）男方因无力支付彩礼，只能用某块土地的一部分去抵押，而保留另一部分，形成翁婿伙有地。这种伙有地的伙有关系是不稳固的，伙有关系的任意一方都有权单方面处理属于自己所有的那一部分土地，对方无权干预。按习俗规定，任何一方出卖伙有地，首先要转让给伙有关系内部，若对方不要，方可转给别人，从而使伙有地变换伙有关系。或者双方析分伙有地，使之变成一方家庭所有。同时，某一家庭独立拥有的土地可以转化为伙有地，如后代共同继承、出卖部分保留部分或者是出卖给几户人家等，都可使之成为伙有地。[2]

———————
[1] 史继忠：《西南民族社会形态与经济文化类型》，云南教育出版社 1997 年版，第 200—201 页。
[2] 云南省编辑组：《白族社会历史调查（三）》，云南人民出版社 1991 年版，第 19—20 页。

僜人社会里伙有共耕较为罕见，不过有意思的是，察隅的萨琼村有这样一种说法，开垦荒地时如果某家劳动力弱或生病不能劳动，或外出未能回来，可以请人帮助，只需煮酒招待即可，但一般由母系的亲戚来帮忙，至于父系的兄弟叔伯在开垦荒地时是不来帮助的。这种说法证实，为了保持个体家庭的土地占有权，所以只请异姓人来协助开荒，因为异姓人不占有这些土地，他们来帮助属于互助协作的习俗，并不影响个体家庭对土地的占有权。但如果请同姓的人参加开荒，在姓氏共有制的前提下凡是本姓的人开垦的土地都应归开垦者占有，那么几个同姓的人共同开荒则会产生土地占有权应属于谁的问题。[1]

共耕的另一种形式是"私有共耕"，所谓私有，即指土地只属于共耕的一方。傈僳族私有共耕有三种形式：一是由土地所有者出土地、耕牛和籽种，自己出劳力，并邀请家族成员参加，收获物对半分成；二是由一方出土地、耕牛，另一方出籽种和劳力，收获物四六分成；三是由一方出土地、籽种，另一方出劳力，收获物对半分成。从现象上看，双方处于互相合作关系，并不违背人之常情，然而，在共耕互助的掩盖下，雇工劳动不知不觉地发展起来。[2]

第二节　财产权利变动习惯法

一、财产的占有

（一）先占

先占具有很大普遍性，在苗、侗、瑶、壮、藏、彝和羌等民族法律中也有类似的做法，只要是暂时还未有任何所有人的物品（包括土地），第一个发现并占有的人将取得所有权。例如苗族中有"结草为记"的习惯做法，无论是准备开垦的荒地、砍倒的树木、打到的猎物、待运的柴草，只要用一把野草挽成一个草结放在上面或拴在上面，便说明该物是有所属的了。这些财物除了该物的主人，其他任何人是不会私自去触动的，物的主人也不会担心有人去偷盗。[3]西双版纳的傣族也采用"号占"之法，若在打算砍伐的一片柴林处，将其中一棵树的皮砍去，

---

[1]　中国社会科学院民族研究所：《僜人社会历史调查》，云南人民出版社 1990 年版，第 69—70 页。

[2]　史继忠：《西南民族社会形态与经济文化类型》，云南教育出版社 1997 年版，第 202 页。

[3]　徐晓光、吴大华等：《苗族习惯法研究》，香港华夏文化艺术出版社 2000 年版，第 83 页。

即表示占有。[1]

（二）家庭共有

家庭共有是我国少数民族社会中一种较为普遍的财产所有形式，家庭作为独立的经济单位享有共有财产，作为家长的父亲虽然对该财产拥有近乎绝对的处分权，但他也只是该财产的一个"代管人"而已。

（三）个人私有

家庭成员中的个人私有财产，主要是一些个人劳动的产物，例如傣族夫妻在从妻居时，通过在家庭之外种植粮食、蔬菜，饲养鸡鸭，乃至经商积累的财产，属于小夫妇二人的私产，不归母家所有。[2] 在广西瑶族社会，家庭成员个人的私储属于个人财产，此份私储购买的小块土地等财产也属于个人财产，家人一般不加过问。[3] 还有一种情况就是一些个人专用的物品，例如哈萨克族、蒙古族的牧民家庭会在新生儿出生后的第三天为他举行仪式，并分给他第一份财产，一般是一只母羊羔或一头牛犊，这就是其私人所有的财物。[4]

二、财产的买卖、典当和借贷

（一）财产的买卖

财产买卖是与个体家庭财产私有制相伴而生的，一般指山林土地的买卖，少数民族的习惯法对山林土地买卖的条件、范围和程序等都有较为详尽的规定，并且发展出了一整套的契约制度。以田地买卖为例。卖主决定出卖田地后，先请一至二名中人（多为亲戚）去寻买主、讲价钱。买主定下后，将田款经中人转交给卖主，再办酒宴，请中人和卖出者共进餐，并写字画押。有的还要给中人少量费用（苗族称中钱）。不需订立契约的地区，在一节竹筒上刻上纹道，然后对半劈开，买卖双方各执一半，作为对该田地享有所有权的标志。可以说，同锦屏契约一样，某些地区的竹筒乃至这一系列烦琐的仪式也具有物权公示和公信的效力。至于田

---

[1] 云南省编辑组：《白族社会历史调查（一）》，云南人民出版社 1983 年版，第 123 页。

[2] 云南省编辑组：《白族社会历史调查（二）》，云南人民出版社 1983 年版，第 126 页。

[3] 广西壮族自治区编辑组：《广西瑶族社会历史调查（三）》，广西民族出版社 1984 年版，第 37 页。

[4] 参普拉敦力布：《我国游牧社会家庭财产的分配继承习惯法初探》，载《中央民族大学学报（哲学社会科学版）》1997 年第 5 期，第 31 页。

地上的树木、坟地，事先讲好或卖或留。

值得注意的是，买卖田地时，家族成员有买田的优先权。卖主必须先告知其家族成员，只要他们所出价格不比外人低，必须首先出让给家族成员。除此之外，苗族还有"卖田不卖坎"之说，在田产出卖后的第一年秋收时，卖主按例要按卖价每两银子折合十斤谷给卖主，作为"补买田坎"。

（二）财产典当

新中国成立前，少数民族典当多于买卖，一般是因为急需用钱，将自己的财产（如土地、林木）典当出去，转让一定时期的使用权，以换取一部分款项，典当所得之款不再付利息。另一方面，承典人也愿意承典，因为典当价贱，承典人可以以较低价格典进更多田地或其他财产。典当的期限由双方协商，有的当期一年，有的三年。到期以后，有钱就赎，无"死当"期限，十年、八年皆可，甚至是父当子赎，出典人也愿意，因为到期之后可以随时赎回，且价不太高（典价一般为卖价的 1/2，有的是 2/5），积累这笔赎回田地的资金应该不太困难。到期后实在无法赎回，可以将田地出卖，卖给承典人或另卖他人皆可。如果卖给承典人，承典人按市场地价扣除典价后，找补差额进行购买。

亲房、家族有优先典当的权利，只有无亲房、亲房不需要或亲房所出的典价比外人低廉时，才能典给外族或外寨人。但从少数民族过去的典当看，典当土地的典当双方，一般都是田地相邻，以便耕作。即使是当给比邻村寨，也大都是边界地带相邻的土地。典当其他动产的，不受地理限制。

典当要请中人，中人一般为当事人双方的房族。达成典当协议后，中人到场，说明原委，不需立约，但凭中人为证。典当之后，财产使用权暂时移转承典人，直至典当期满后由出典人赎回。一般说来，田地的典当，通常是出典人再将典出的土地承租回来耕作。

（三）借贷

在少数民族社会中，借贷主要有借粮和借钱（银）这两种情形，此外也有少量借牲畜的，少数民族习惯法对借贷的程序、契约和利息等内容也都有相关的规定。一般情况下，借贷者都需支付利息，且多按年计算，很少有按月计算的。对借贷的利息一般也有规定，例如在彝族地区，借银的年利息多为 20%，借粮的年利息为 50%；而在苗族社会中，无论是借银还是借粮，年利息不得超过 50%，且

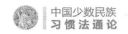

不许计算复利。

如果借贷的数额较大，出借人为保证借出的款或物能按期收回，可要求债务人以田或其他财产（通常是田地、房屋）抵押。如到期不能清偿债务，债权人可以逼迫债务人把抵押的财产折价抵偿。一般本寨人放债的利息要低些，相应地，收回债款的手段也要温和些。据调查，在贵州台江县巫脚交寨新中国成立前有万九莫、万文高、张羊你三家，在本寨放债时不放大债，债务人到期不能偿付或不能全部偿付，他们一般都不会立即对抵押之物作价抵偿，而给予一定的宽限期。相反，当他们放债到外寨，欠债不还就"踩田"、"踩山"（即将抵押的田、森林作价抵债）。万九莫曾"踩"过反排寨。虽然他也"踩"过本寨，但并非他直接踩的，而是使用其他方法迫使债务人自动把田地"踩"给他抵债，他却假装推托一番。台江债主邵、杨、伍几家也"踩"过巫脚交寨的田。例如，杨家"踩"过张九往田 19 度 [1]，张耶梭田 12 度。巫脚交寨张正刚的父亲"踩"给张明祥祖父 14 度，张定九连田带屋都完全"踩"给台江县城边巫孟沟的债主了。一般地，田地房屋等不动产抵押物折抵的价钱要高些。

三、财产交换和商品交易

这一领域的法律文化内容也因各少数民族社会经济发展水平的差异而呈现出极大的差别，有的少数民族社会在新中国成立前还停留在物物交换的阶段，有的少数民族则以善于经商闻名，其商业法律文化也相对发达。

（一）物物交换

新中国成立前，物物交换在很多少数民族社会中盛行，例如藏族的牧民用自己的畜副产品到农区去交换农民的粮食，手工业生产者以自己的手工制品交换粮食和羊毛，以维持他们的生活和再生产。苗族主要是在赶场时以大米、稻谷和猪等交换油盐、针线和农具。[2] 因为直接的物与物的交换是极不方便的，于是就产生了中间等价物，一般作为中间等价物的多是粮食，此外也有用羊来作为等价物，例如塔吉克族；还有以牛作为等价物的，例如碧江县打洛村的怒族，他们广种漆

---

[1]　度，苗族田地面积的计量单位。在苗族的田，都种稻谷。从前，苗民收割时用摘刀拾穗，连同穗茎一起摘下来，每足一握扎成一束，为一把，两把交叉扎成一非，十非就为一度。苗族没有"亩"这个词。其换算关系大致是 1 度 =0.16 亩 =0.53 挑。

[2]　贵州省编辑组：《苗族社会历史调查（三）》，贵州民族出版社 1987 年版，第 5 页。

树，用生漆到兰坪换牛，然后再用牛换回所需的粮食。[1]

云南西部的一些少数民族社会中，还有一种称为"隐身贸易"的交易方式，交易双方互不接近，一方先把要交换的货物拿出来放在一个中间地方便退回原处等待，之后另一方出来收起那些货物，并将自己的货物放在其处作为偿品随即离开，前一方便再来收走换得的物品，这就算达成了交易，自始至终两方不交一句话。例如曾经一直生活在原始森林中的苦聪人，他们将兽皮和药材放在路边，并用树皮或草扎成标记，用来交换钢针和食盐。

（二）集市贸易

集会是少数民族群众交换商品的重要场所，例如立秋节是云南哀牢山彝族传统的集会日，这里的人们认为，立秋日是地母的忌日，不许动土，禁做农活，所以这一天是彝族男女青年集会交往的日子。集会的场所多较固定。在集会的同时，人们也会带来各自的产品，借集会进行交易。[2] 大理白族的渔潭会于每年的夏历八月十五日开始，历时七至十天，每逢集期，人们在渔潭坡上搭起帐篷，举行盛大的民族歌舞集会，集会期间举行物资交流会。附近的白、彝、汉、藏等族群众赶来牛、马、骡和驴等牲畜，携来玉器、首饰等民族装饰品及名贵中草药、竹木家具和铁制工具等进行交易。[3] 集会的发展，促进了商品交换的进行，久而久之，形成了一些定期的集市甚至是常设的市场，例如明清时期在贵州少数民族与汉族杂居的地区，出现了许多农村集市，其特点是以城镇为中心，在周围轮流赶场。场期依干支为序，场市皆以十二生肖命名，此日赶鼠场，彼日赶牛场，虽经常有集市，但赶场地点逐日轮换[4]。此后，更是出现了一些大规模的商业交易场所，如集镇，甚至是商业城市，例如清代贵州锦屏就是当时全国最重要的木材交易中心之一；又如土家族聚居的乌江流域的龚滩镇、酉水流域的龙潭镇等都曾是清代著名的商业重镇。随着商业贸易的发达，在这些商业城镇中已经出现了大量的贸易规则。

---

[1]　李根蟠，黄崇岳，卢勋：《中国原始社会经济研究》，中国社会科学出版社 1987 年版，第 251 页。

[2]　同上，第 84 页。

[3]　同上，第 118—119 页。

[4]　弘治《贵州图经新志》。

第三节　财产继承习惯法

　　现代法律概念上的继承，主要指遗产继承，即被继承人死亡之后，其生前的财产和其他合法权益转归合法继承人所有的无偿行为。相对而言，少数民族法律中的继承较为复杂：一是继承人从已死亡的被继承人那里承受的不仅有财产权利，而且有身份上的权利；二是继承可以在被继承人死后进行，也可以在其生前以分家析产的方式进行。因此，这是一种广义的继承。为什么说是广义呢？因为一个家庭的大部分财产是以家庭集体共有形式出现的，家庭的子女既参与创造了这部分财富，且本已拥有这份的共同所有权，分家析产时此部分财物的继承，只能说是子女们继承了父母对该财物的支配权，所以我们也可以看出，财产的转移部分取决于身份的转移[1]，这一点，我们在本节中还会提到。

一、几种继承法则

（一）单系继承原则

1. 母系继承

　　在母系社会里，只有母系子女、孙辈才能算是家庭成员，其财产按母系继承，即母死财产由子女继承；舅死其财产由甥女和甥男继承。拉祜族、布朗族、傣族和佤族等民族有女儿继承制，如云南孟连县公良乡公吉村的佤族，男子外出结婚，女子结婚五年或七年后分家立户。分家顺序一般由长及幼，父母分给长女、次女等人一部分牲畜、粮食及土地，幼女留家与父母共同生活，财产主要由幼女继承。[2] 这是罕见的女儿继承制，男性没有任何继承权，男子外出结婚时只能带走自己的衣物被盖、背袋和烟袋；若带走长刀和火枪，到分家时也要归还姐妹。宁蒗摩梭母系社会中却并不排斥男子的继承权，儿女有同等继承家庭财产的权利，不过儿女只能优先继承其母亲的私人财产，而其父亲的私人财产则由其甥男、甥女优先继承。不过最终继承住宅的，只能是女儿，而不能是儿子；若家中无女继承人，则意味着家族绝嗣了，须过继养女作家屋的继承人。

---

[1] ［英］拉德克利夫 - 布朗：《原始社会的结构与功能》，潘蛟等泽，中央民族大学出版社 1999 年版，第 43 页。

[2] 民族问题五种丛书云南省编辑委员会：《佤族社会历史调查（二）》，云南人民出版社 1983 版，第 90 页。

2. 父系继承

除上述我们提到的少数几个民族外，我国少数民族多数实行父系继承制度，男性的继承权相当突出：父母去世，遗留的家庭财产及个人财产多由儿子继承，几个儿子则将遗产平均分成几份；没有亲生儿子的，可以过继兄弟之子或收买养子、招上门婿为继承人；未立嗣或未招收养子、未招上门女婿者，其家产由本家族从亲到疏血缘关系中的男性继承；如果无家族成员继承，或者家族中无人愿意继承，该遗产即作为绝业遗产处理，由家族或村寨收归所有。不过正如我们上文所讲，儿子继承也并不是指财产将成为儿子个人的私有财产，他享有绝对的处置权，名义上或许是如此。但在实质上，他从父母亲那里继承的更多的是这份财产的处分权，此份财产从被他继承那一刻起即成为他的新家庭甚至是他子孙后代的共同财产。日后他将此份财产再分给他自己的后代时，也必须如他父亲一样遵循习惯法律规定的分配原则，而不能肆意而行。为了行文方便，我们在下文仍用"由儿子继承"此类的文本，希望读者明白他们的所指。

父系继承制度下女性原则上没有继承权。土家族人就认为，女子"只吃得肉，吃不得骨"。分家时，父母要留三五挑谷的田给未婚女食用，但女儿出嫁时，不能带走，要留给父母。[1] 女儿长大成人就出嫁到夫家，成为男方的家庭成员，同时失去女方家庭成员的身份。女儿出嫁时，其父母为她们置办嫁妆，这实际上是以其失去继承权为代价换来的经济上的一种补偿。有的父母不惜通过赠予的方式，把土地转移到自己喜爱的女儿手中，但这种行为在名目、性质上不能称为继承，严禁出嫁女回门争夺遗产。

"在任何有秩序的社会体系中，某种形式的单系制度（指继承。引者注）即便并非完全是，但也有部分是必需的"[2]，这种单系继承最为重要的功能即在于对血缘家族的维系。罗维认为，继承法实质上是血族观念的基础，其结果是一个属于死者血族的远亲占取较血族之外的近亲更优先的地位[3]。关于血族内继承的原则，下文我们还要谈到，这里要说的是，极端的单系继承极为罕见（一个最容易让人想起的例子乃是摩梭人的部分双系家庭，足证此言为确。引者注），一般说来都可能会有一定的调和，当一方的亲属具有优势权利时，另一方面的亲属也具

---

[1]　严汝娴：《中国少数民族婚姻家庭》，中国妇女出版社 1986 年版。

[2]　［英］拉德克利夫－布朗：《原始社会的结构与功能》，潘蛟等译，中央民族大学出版社 1999 年版，第 49 页。

[3]　［美］罗维：《初民社会》，吕叔湘译，商务印书馆 1935 年版，第 296 页。

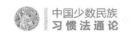

有某些得到认可的权利。[1] 这种权利可能是舅父对财产分割事宜的监督权等。又如在藏族、彝族和排瑶等民族社会中，若一个男子受到伤害，则其舅父等母系亲族还有权利向凶手索取经济赔偿。藏族部落的继承法则，对财产继承方面的调和亦有一定阐述。吐蕃时期的《狩猎伤人赔偿律》规定子女妻室是第一继承人，父母是第二继承人，兄弟近亲是第三继承人。[2] 近代藏族大部分部落规定，女儿与儿子一样享有财产继承权，姑娘出嫁时陪嫁物也可以看作她从父母处继承的财产。姑娘离婚后返回娘家或入赘于他人家庭的儿子重回自家定居，他们都有和在家的成员一样的继承权。当然，有些藏族地区女儿所得的份额要比儿子少一些，极个别的地方女儿也没有继承权，如庙顶藏族等。

（二）族内分配原则

鉴于对血族观念的强调，人们把个体家庭的财产看成夫家家族财产的一部分，如同有些民族中土地的买卖必得在本姓氏内进行一样，遗产一般也只在本家族内分配，防止本家族财产外流，以维护继承中家族成员的切身利益以及家族的整体利益。肯定族人对宗族内家庭财产具有一定的共同继承权，是宗法制度下宗族共财制的遗存，这为巩固宗族的生存和发展提供了便利条件。在继承过程中，家族扮演着重要的角色，主持、干预、指导按习惯做法分割、转移遗产。这主要表现在以下几个方面：其一，族长和族人对家庭财产继承行使保障权和监督权，凡继承遗产、分家析产，都须请同宗同族有影响力的人物到场，由族长主持仪式，其他家族成员既是公证人，又是评议人，所签订的契约才具有法律效力。其二，男子无后可立嗣，嗣子一般需从同亲近支或同姓卑亲属中挑选。立嗣的目的是传宗接代，以保证宗祀、家统不绝。嗣子的法律地位与亲子相同，不仅可以继承所嗣者的家业，也能够继承所嗣者在家族中的身份地位。即使立嗣后嗣父又生子，嗣子也有权与亲生子共分家产。但立嗣有严格的限制，立嗣的对象必须按血亲宗支由近及远，且辈分相当，不许尊卑失序。立嗣关系一经确立，即不可随意解除，只有当嗣子不行孝道或与继亲相处不和睦时，方可退继，另立嗣子。由于立异姓为嗣子会扰乱宗族，并使家产从本族落入外姓他族，故为法律所禁止。其三，妻子一般没有继承丈夫遗产的权利，夫亡无子，守志寡妇可以占有、使用和管理丈

---

[1] ［英］拉德克利夫－布朗：《原始社会的结构与功能》，潘蛟等译，中央民族大学出版社1999年版，第43页。

[2] 陈庆英：《藏族部落制度研究》，中国藏学出版社1995年版，第229页。

夫留下的财产，且须凭家族择嗣继承遗产。但若寡妇改嫁，就只许带走自己的嫁妆，她无权带走和处分夫家的财产。有的经家族同意寡妇可以招赘，后夫在不离开前夫家族的前提下可分享前夫的财产，但养子要改从亡夫的姓，待两人死亡后，家庭财产由其儿子继承。有的民族还盛行收继婚，把妇女看成家庭的财产，为了防止其外流，有兄亡收嫂，弟亡收弟媳的习俗，称为转房或坐床。珞巴族博嘎尔部落中，不仅死者的妻子要转房，而且若死者没有成年的儿子，其儿女亦归其兄弟所有。[1] 其四，男子若无子且未立嗣，其女儿一般仍没有继承权，财产则由同族人继承。岳宋佤族社会女儿没有任何继承权，若她想得到父母的某些东西，必须出钱向继承遗产的族人购买。

（三）长子继承制与幼子继承制

1. 幼子继承制

我国少数民族地区广泛流行"皇帝爱长子，百姓爱幺儿"的说法，幼子是诸子中宠命优渥的特殊对象，在身份继承、财产继承甚至是权力继承方面，均有优先权。羌族规定除幼子外的诸子成年结婚后，必须另建房屋，与父母分开居住，亦分给他们一份财产，让其另立门户，自创家业。幼子则留在"老屋"随父母居住，为父母养老送终。父辈建立的亲统、所代表的身份在死后由其幼子承继，契约当事人由幼子延续，家庭其余财产统统归幼子所有。怒江白族素有"幼子住正屋，长子住猪圈"之说，家产由幼子继承，其余诸子须自立门户，除了有权和幼子同耕家庭共有土地、平均分配收成外，无权享有任何牲畜及生产工具的继承权。

景颇族的幼子继承制或可详尽地说明这种继承法则。景颇族的幼子继承制不仅适用于百姓等级的财产继承方面，亦适用于官种等级的山官官位的继承，这种以幼子身份继承的称为乌玛官，即正统山官。幼子继承使幼子的地位比诸子要高，兄长们即使已经离开老家，另立门户，仍要尊重老家和幼弟，当老家和幼弟遇到困难时要尽可能给予帮助。[2] 按理说，长子、幼子都是家长直系血统的继承人，都是家族香火的传承者，因此，重长重幼与宗法上要求维护以父权为中心的继承制并不矛盾，都是维护血缘家庭的方式。[3] 但其社会原因在于：首先，幼子继

---

[1] 西藏社会历史调查资料丛刊编辑组：《珞巴族社会历史调查（二）》，西藏人民出版社 1989 年版，第 6 页。

[2] 龚佩华：《景颇族山官社会制研究》，中山大学出版社 1988 年版，第 120—121、125 页。

[3] 张冠梓：《论法的成长——来自中国南方山地法律民族志的诠释》，社会科学文献出版社 2000 年版，第 236 页。

承制的形成，可能是财产积累刚产生时，掌握着财产权的父亲，在群婚制残余及婚前性自由的影响下，怀疑长子不一定是亲生子[1]，相比较而言，幼子为亲生子的概率更大，为了确保父系的直系血亲的继承权，故推行幼子继承制。当然这只是表象，对景颇族来说，本质上则是与低下的经济水平相关。景颇族原先主要从事刀耕火种的旱地农业，而其所处的环境较差，山区地方狭窄，可供轮歇丢荒的土地是有限的，这种农业无法承受大量人口，换言之，有限的土地和低下的生产力无法养活更多的儿孙，所以男子长大结婚后要携带妻子离开老家，出去开辟山头，在新的土地上自谋生计。同时，诸子年龄差距较大，长子已结婚，而幼子尚幼，需父母抚养，待父母年迈时幼子年富力强，能够更好地照顾父母，这样在父母还有能力抚育幼子时先分出长子独立生活是适宜的，留下幼子让其长大后赡养年老的父母并继承父母留下的家庭财产也是适宜的。幼子继承制就是这样与刀耕火种的旱地农业生产方式相适应。如果长子没有能力独大出去，就只好从属于幼子，被视作无能之辈。[2]

2. 长子继承制与诸子均分制

与幼子继承情况恰好相反，长子继承中的长子，作为第一序列的财产继承人，有权继承较多的甚至全部家产。云南沧源县佤族家庭的财产全部由长子继承。父亲死后，长子为家长，财产由长子分给各位兄弟，孰多孰少，全凭长子个人意愿决定。长子是父亲亡故之后的一家之长，兄弟们对他尊若"小父亲"，就连母亲也不能取代他在家中的绝对权威。这种长子继承制有浓厚的宗法色彩，但比较罕见，即使在长子享有较优越地位的地方亦是如此，更多的是在长幼之间不作任何歧视，这就是诸子均分制，主要流行于苗、侗等族中。

（四）其他

在上述几个法则之外，仍有一些因素需要在此一并考虑，首先是继承者须以履行赡养义务为继承的重要环节，二者密切联系，不可或缺。凡能孝敬父母、养老送终者，才有资格享有继承权利；分家析产时，与父母在一起居住，承担赡养义务多者多分，自立门户尽赡养义务少者少分。即使在财产份额同等的情况下，多尽义务者也有优先选择的权利。有的父母在给子女平分财产时，往往事先提留"养老田"，哪一个儿子赡养父母，就把"养老田"给他。父母死后，子女必须送终，

---

[1] 杨怀英：《滇西南边疆少数民族婚姻家庭制度与法的研究》，法律出版社 1988 年版，第 706 页。

[2] 龚佩华：《景颇族山官社会制研究》，中山大学出版社 1988 年版，第 120—127 页。

安葬死者，否则丧失继承权。没有子女的绝户，出资安埋死者，可以得到他的部分遗产。义务先于权利，以权利作为履行义务的回报、补偿，杜绝了唯利是图观念的泛滥，忘恩负义、六亲不认的现象也很少出现。其次是在继承财产权的同时，亦须继承被继承人生前的债权债务，无论是租佃、抵押、典当或借贷中哪一种法律关系，都由继承者从被继承者那里原封不动地承袭下来，继续拥有其特定的权利和义务。"债务不死"、"父债子还"规则被普遍认可和严格执行。继承人接受继承后，对被继承人所欠债务，应倾其所有，予以全部清偿。当债务超过遗产的实际价值时，也要设法偿清。只有放弃继承者，方可不承担偿还债务的义务。偿还债务是继承遗产的要义之一，法律支持继承者变卖遗产偿还债务，他人不许阻止干涉。例如 1941 年羌族茂县沟口乡椒之堡何何氏之夫何全盛死后，有幼子一人，何何氏将不榴沟遗产出卖偿还亡夫生前所欠债务，族人何全仁、何全忠出面阻止，引起纠纷，后经族长依据法律裁决，何何氏卖产还债，事出有因，应予支持，他人无权干涉。债权债务继承并举的原则仍沿用至今。

另外，前在论及所有权时所述几个原则，必然地适用于继承。一个重要的原则是"继承的有效应用原则"[1]，在法律规则许可的范围内，人们总是把财产留给用得着的继承人。上文述及的摩梭社会里，被继承人个人庈有的衣物等零星日用品，一般按性别留给下一代，如母亲的衣物首饰等，母死首先由亲生女继承，无亲生女则由其姐妹或姐妹的女儿继承，舅父的衣物等用品，由甥继承。在苗族中，女儿可以继承母亲的首饰、衣物等，藏族也有"父业由儿依次继承，松耳石由女儿保管"的说法。

二、分家析产

财产继承有两种形式，一是父母在世时诸子分家析产，二是父母亡后分割家庭财产，不过因为土地分散等原因，父母在世时即分家析产的现象十分普遍。有的是随着儿子结婚而次第进行的，也有的是以分家的形式一次性把家庭财产的所有权进行重新认定，我们来谈谈后一种情形。在这种情况下，分家析产与财产继承实际上是同一过程。即原来家庭成员之间对家庭共有财产所形成的共有关系，通过分家析产，改变为每个主体单独所有。

羌族谚语曰："树大分丫，儿大分家。"除独子家庭外，多子家庭在儿子长大成人后一般都要分家，羌区分家现象十分普遍，天经地义。分家的原因，虽有儿

---

[1]　［美］罗维：《初民社会》，吕叔湘译，商务印书馆 1935 年版，第 294 页。

子成婚后，婆媳关系不好处，兄弟不和睦等情感因素，但主要还是从经济方面考虑，几代共居，众人杂处，互相依赖，彼此牵制，生活难以统筹安排，生产难以合理调配。分家之后，化整为零，别居独处的小家庭从自己的实际情况考虑，灵活自主地安排生产和生活，由于生产行为与既得利益直接挂钩，调动了个体家庭的生产积极性，对发展封建经济极为有利，同时也减轻了父母的生活负担，为幼子继承制提供了方便。

分家是人生中一件大事，不可草率私下行事。分家多要举行分家仪式，邀请母舅、家族和亲邻到场，分家仪式由母舅、家族长辈主持，众人公证、评议、监督，对争执不清的问题由主持者最终裁决。分配方案确定后，分配者不服，可以强制执行。

近代随着汉字在少数民族地区的传播，分家若涉及田产、房屋等不动产的分割，一般要订立分关契约。2000 年 7 月，中国政法大学李鸣教授在羌族聚居地区茂县沟口乡到财主村田野调查时，收集到一份分关契约[1]如下：

> 立出分关文字人何清莲、何清海、何清儒、何清贤弟兄四人，情因商议愿望祖父遗留田地房屋，弟兄愿将分批各居另住，自请中证家族说合，愿将各业分与何清莲名下只呼共地上下三块，共授种贰石四斗，左边正房乙向；何清贤名下纳乌吹地乙块，授种乙石四斗，日乌多块乙块，授种八斗，墨作卦地乙块，授种五斗，右边上房乙向；何清海名下牙的地乙块，授种乙石六斗，勤立地乙块，授种八斗，八巴地乙块，授种八斗，菜菌地乙块，授种乙斗，正房侧近新房乙向；何清儒名下庙浚地乙块，授种五斗，古咱上下共地叁块，共授种六斗五升，入咱巴地乙块，授种八斗，牙巳白地乙块，授种八斗，兹外房乙向。租地均分，并无紊乱。外有河坝里买明房屋乙向，共地一段，何清莲、何清贤贰人均分。再有双磨子买明地段新房一向，何清海、何清儒贰人均分外，有磨房一向，弟兄四人同用，自分之后，弟兄不得异言。此系弟兄心切意愿，立出分□，同执一纸，永远存据。

> 永远发达。

凭中人舅父　杨清喜

依口代笔人　易含富

光绪十七年十月初四日　立

---

[1]　契约引自李鸣：《羌族继承习惯法试析》，载《政法论坛》2004 年第 3 期。

对不动产土地、房屋的分割都要明立分关契约，一一均分，处处写明，不得混淆。对于实在无法分割的土地、房屋也可让众兄弟合伙使用，一切友好协商，酌情处理，灵活掌握，做到"分家不分心"。

家产的搭配均分与赡养老人是分家析产的核心问题，家产如何搭配均分由父母决定，如果兄弟为得到特定的一份财产争执不下，互不相让时，就采取听天由命的办法，即在天地祖宗牌位前抓阄来决定，抓到哪份财产就拥有哪份财产，以示公平。为了避免因儿子分家造成父母生活无依无靠的窘况出现，一般给与父母共同居住的小儿子多分一些财产，让其履行养老送终的义务，或是父母提留一份家业或田产（俗称"老业"或"老田"），父母与哪个儿子生活在一起，所提留的"老田"由该子耕种，"老业"归该子享有，父母百年之后的丧葬费也由其负担。有未婚姊妹的家庭，兄弟在分家析产时要为她们提留部分财产作为以后妆奁的开销，或者让其与兄嫂居住，兄长承担其出嫁的花费。

少数民族纠纷解决习惯法

第一节　纠纷解决模式

在我国少数民族地区，对于违法行为以及社会内部产生的一般纠纷，虽很少有专门的法律执行机构，但在纠纷处理方面的法律规则是相当丰富的，诸如调解处理审理的机构、人员的职责与权限、处罚方式等均有较为详细的规定，这就形成了少数民族独特的纠纷解决机制，这一机制主要包括当事人个人和解及在第三方参与下的调解、审判制度。

在群居的村寨生活、互助的生产方式之下，和睦相处、团结友爱、同享幸福是社区共同的精神追求。任何纠纷，都是对这种和谐关系的破坏。藏谚讲"与其沟头建寺庙，不如沟尾无争执"，这是少数民族社会较为普遍的追求。即使纠纷不可避免地发生，当事人首先想到的还是依靠自力解决。藏族还有这样一句俗语，"口伤口养"，意思就是口里的伤由自己去养，不需要医治，纠纷不需要别人去做工作，由自己去解决，大多抱着息事宁人的态度，大事化小，小事化无。这种方式具有纠纷的自愈性功能，对社会影响不大，在此不作赘述。

纠纷一旦超越当事人自力解决的范围，那就必须由第三方参与，或审判，或调解。

调解一般由村寨的头人、长老、宗教人物或家族内的长辈等主持，有的民族如彝族和早期的藏族还有专职的调解人。这是一种最主要的纠纷解决方式，藏族称为"说口嘴"。吐蕃时期，不管是家庭纠纷，还是杀人、伤害，当事人均可以请部落的长老斡旋调停。近世的甘南藏族部落中甚至有专职调解的"老民"，川康牧区叫"速巴"[1]，这种调解的效力是获得保障的，谚语说"穿羊皮者调解的纠纷，穿虎皮者也不得翻案"，普通人调解的纠纷，领主和头人也不能更改。

生活在云南剑川地区的白族，把民间的调解称为"议话"（羌族也是如此），就是讲道理的意思。若双方发生殴斗，则由其中一方准备酒菜，邀请本村有威信的老人、知识分子或旧时的保甲长到家评理。双方到齐后，先由当事人分别叙述事件发生的原因和经过，然后由其他人评理。对盗窃、通奸等违法的行为，一般也是请人议话。不对的一方即为输理，要赔偿损失并罚款。相同的方式如毛南族的"匠讲"，主持人是村老、排头、学童或文武相公等。[2]

又如瑶族的"交码"，当村子里发生争端需要请石牌头人处理时就要请老。请老可以口头通知，还可以用禾秆一节穿上一枚铜钱送到头人家里，表示请老。判案时，以禾秆为筹。当事人申述发生争端的原委，每讲一条道理头人就折一节三寸长的禾秆放在桌上，有多少条道理就有多少根禾秆。甲方申述完了，头人把禾秆收起来带到乙方家去摆禾秆，把甲方的理由重复一遍。乙方如果不同意，又向头人申述理由。这样往返数次，直到双方的理由都摆透了，头人再根据双方的陈述判案。若一方不服，可以请更大的石牌头人来处理。大石牌头人请来以后，一般还要在争端的双方之间往返数次，听取双方的申诉。如果双方坚持己见，事态有进一步发展的可能，石牌头人就要他们交码。交码就是用禾秆一节扎上一枚铜钱或一个手镯交给头人。交码以后石牌头人再次调停，调停无效，石牌头人就向双方退码，退码意味着只有借助武斗来解决矛盾。头人退码以前双方是不许开打的，否则就算是触犯石牌法，要受到石牌头人的惩罚。所以，交码与退码是纠纷能否和平解决的关键。石牌头人在判案过程中为了惩罚违反石牌法的人，带领村寨群众去兴师问罪，又称为起石牌。[3]

上述这些纠纷解决方式，我们很难清楚地分辨出哪些属于调解，哪些属于审判。虽然是普通的纠纷，如家庭不睦、邻里争吵和田地纠纷等，在一般情况下，只要纠纷双方通过自身努力无法获得妥善解决，不论当事人有无主动请第三方进

---

[1]　陈庆英：《藏族部落制度研究》，中国藏学出版社 1995 年版，第 239 页。
[2]　刘黎明：《契约·神裁·打赌——中国民间习惯法则》，四川人民出版社 2003 年版，第 142—143 页。
[3]　《广西瑶族社会历史调查》（一），广西民族出版社 1984 年版，第 68—70 页。

行调解，肩负着保一方安宁的部落头人或村寨长老，从村寨社区的秩序与价值观念维系出发，一般都会主动调解，以强制手段解决纠纷，由他们主持的调解自然也会带有很强的教育色彩。如上文讲到的瑶族，非经头人调解，双方绝不允许通过私力解决。如1935年，长二村和田厂为争山界发生纠纷，长二村没有请老就擅自抓了田厂的两名妇女作人质，石牌头人知道以后便起石牌到长二村去论理，长二村自知理亏，不仅释放了两名妇女，还被罚款120元。[1] 同时，在以"说口嘴"、"议话"、"匠讲"和"交码"等方式解决纠纷的过程中，往往需要调解者调查纠纷的来龙去脉，依据法律来判定双方应承担的责任，调解者往往扮演法官的角色。但值得注意的是，在调解内部纠纷时，调解人仅处于仲裁人的地位，他不能强制任何一方接受自己的判决，在某些情况下不得不通过劝诫和恐吓，来力劝纠纷双方接受他的仲裁，但不能把这种压力看做是一种命令。埃文思–普里查德曾认为调解人施加的压力在有些时候"是被怂恿到极点的"，它的目的在于"通过屈从如此的劝诫，死者亲属才不至于因放弃用一命抵一命的强烈要求而蒙受耻辱"[2]。这就是说，在开始考虑解决纠纷的成本之后，人们理性地放弃了武力解决的途径，但在人们转向妥协之初，本能的情感使这种想法表现得过于羞涩，于是，需要具有一定权威的第三人来代替纠纷者表达出这种妥协的意愿，第三人施加的压力其实也正是出于纠纷双方进一步掩盖羞涩的需要，所以并不具有强迫性质。第三人的调解之所以会成功，更多的是因为争执双方希望使纠纷得以解决，他的参与是一种机制，使群体各方在期望纠纷事件恢复到正常状态时达到这一目的。不过在另一方面，在自治性较强的共同体内，对于那些入屋盗窃、拦路抢劫、行凶杀人或者是勾结外人谋财害命这样严重威胁共同体安全的事件，有权威的头人则享有绝对的管辖权，他可以强迫作案者无条件接受判决，或可以召集民众会议将犯案者处死。

纠纷到最终必然走向秩序的恢复和再生，这是一个社会能够存在必然具有的调适机制。什么样的状态才是纠纷的理想解决，有学者认为："所谓纠纷的妥善解决，是指以一定社会中被视为正义的规范及秩序为前提，并通过做出某种符合这些规范或秩序理念的安排才达到冲突的结束。换言之，纠纷的解决是否具有正确性、妥当性，主要看是不是符合作为前提的一定规范，并直接取决于这种规范

---

[1] 陈华：《中国少数民族的传统政治组织》，新华报业网，2005年1月24日。

[2] ［英］埃文思–普里查德：《努尔人》，褚建芳等译，华夏出版社2002年版，第200页。

的具体内容。"[1]棚濑孝雄在谈及准审判制度的解决功能有效性的标准时，认为有四大标准：纠纷的终结、满意的程度、社会的效果和代价。其中，就满意的程度这个标准而言，他认为，即便通过某种纠纷解决过程，使纠纷得到了最终的解决，但如果一方或双方当事人对解决的内容抱有强烈的不满，则该纠纷解决过程恐怕很难说是成功的。当事者不满不仅在于本身所不希望的东西，而且还可能成为将来发生纠纷的原因；或者积累起来，传播开去，导致对特定纠纷解决过程的回避和拒绝。在谈到社会效果标准时，他认为，在某种社会里，友好关系的恢复被作为准审判过程最重要的目的[2]。

事实上，在少数民族地区，纠纷解决的原则不止表现为公平，因为公平只是一种原则，绝非最高原则和最终目标，最终目标是将纠纷解决，避免双方矛盾冲突的激化，对村寨的现存秩序及友好关系造成破坏。霍布豪斯也说："古旧的诉讼手续不以有罪无罪之确实决断为中心，而注重在部族内仇之防止。"[3]四川凉山彝族地区的德古在处理纠纷时，不仅关注客观上存在的纠纷事实，还要综合考虑当事人双方过去的恩怨、他们的品行、纠纷时的感情和情绪等主观因素；不能仅满足纠纷解决的本身，还需要把当事人之间今后的关系调整纳入视野中。在一些难以辨明双方责任的情况下，德古往往表现出一种极大的灵活性，他们会放弃对案件事实的追问，努力促成当事人之间的妥协，希望双方能分别得到一定程度的满足。我们在四川凉山调查中遇到这样一个案例，某甲认定乙曾向他借过 500 元钱，乙不承认，某甲便偷偷拉走了乙家的一匹马，于是两家人即请德古调解，不过证据不足，双方各执己见，互不相让，德古亦不能判定孰是孰非，按通常的做法，只能诉诸神裁，打鸡赌咒。不过德古考虑到一经神裁，两家即成世仇。我们在调解现场看到，从中午直至夜间 12 时左右，两位德古始终致力于劝说当事人双方放弃打鸡赌咒的想法，各退一步，甲退还乙家的马，乙赔付甲 200 元人民币。即使案情清晰，他们也未必严格按照逻辑的三段论来适用法律，当事人双方的关系、家支势力、对结果的预期和社会舆论等复杂的"法律外因素"所产生的张力常常使最终的结果偏离规范的预设。德古需要对这些因素在头脑中反复博弈，寻找到双方心理的平衡点，越接近这个平衡点，他提出的和解建议便越容易为双方所接受。在许多案例中，调解结果在规范运用之形式逻辑的意义上显失公平，然

---

[1]　王亚新：《对抗与判定：日本民事诉讼的基本结构》，清华大学出版社 2002 年版，第 66 页。

[2]　棚濑孝雄：《纠纷的解决与审判制度》，王亚新译，中国政法大学出版社 1994 年版，第 27—30 页。

[3]　[美]罗维：《初民社会》，吕叔湘译，商务印书馆 1935 年版，第 488 页。

而综合诸如前述的种种"法律外因素"考虑，这个结果却乐于为双方所接受。

语言技巧在调解纠纷中也非常重要。谚语既是一种生动活泼、易于接受的调解语言，更重要的是，他还是彝族人通过口承形式传诵的道德法则和法律制度。在讲道理劝服双方当事人的时候，德古多半会引用彝区的一些典故、谚语来论证自己的主张，如"没有树林在，哪有鸟兽存"、"没有家支在，哪有黑彝存"来说明家支之重要性，这成为他们裁处家支与其成员之间纠纷的依据。再如，"打死人，黑沉沉；杀死人，血淋淋"表达了他们视杀人之事态严重。成套的民间惯用语言，具有很大的感召力，易引发当事人在思想上的转变。德古们这种通过说唱来运作法律的方法，在对少数民族的法律进行研究的资料中实不乏见。如侗款质问盗窃行为者的款词是这样的："一个像阳雀子落在蓬蒿上，一个像嗡嗡鸟钻在蓬蒿里，一个在上面叫，一个在下面应，有人已抓住了你的手，有人已捞住了你的髻，个个都见得，个人都听说，不是你偷还是哪个？"[1] 周勇通过对黔东南苗族"佳"歌的法律分析发现，在黔东南的凯里、麻江和丹寨等县市的苗族聚居区，能唱"佳"歌的人在当地极受苗族群众的尊敬，被称为"佳"理或理老。他们通常被请来作为纷争双方当事人的代表或评断纷争的仲裁人，在他们履行其调解评判纷争的职责时，其所主张的观点和提出的解决纠纷的方法都必须援引"佳"歌中所记载的规则和案例。只有这样的调处才被视为公正允当，而为纷争双方所接受。比如对于已秦晋之好的夫妇，若一方反悔或者与第三者相拐私奔，致使婚姻关系无法继续，均需当事人所在家族一方赔偿对方所受损失。"佳"歌诵"男人不愿要女人，男人就赔钱女人……上到金鸡家，不配金鸡身，也拔金鸡的尾巴毛；上到金鸡屋，不配在金鸡的房间，也要拔金鸡的翅膀"[2]。由此可见，彝区德古们采用那样的处理纠纷方式，也绝非偶然，而是有其历史的必然性。

第二节 民间的纠纷解决者

在解决纠纷的过程中，至关重要的莫过于第三方的参与。如我们所知，"德古"正是在四川凉山彝族纠纷解决机制中的第三方。"德古"是彝语的音译词，可分为两个语素，"德"是"重、稳重"的意思，而"古"指"圆、圆圈"，因

[1] 高其才：《中国习惯法论》，湖南大学出版社1995年版，第427页。
[2] 周勇：《初民社会纷争调处的法则——黔东南苗族"佳"歌的法律分析》，载《比较法研究》1993年第2期。

此德古可直译为"一个稳定的圆圈",其本身也就有召开家支大会"蒙格"时之议事地点的含义。另一说则认为"德"是彝语"瘠"、"瘦"的意思,即病态的象征;而"古"是"治"的意思,故"德古"指治理人间的病态,惩罚非正义的行为。这两种说法均有其依据,而从"德古"一词最初的意义我们便可粗识他们的性质与功能。在彝族社会中,人们把足智多谋、能言善辩,遇到纠纷不仅能明析事理而且能仗义执言、以理服人者,尊称为"德古",意指稳定而牢靠的中心人物。与德古这种角色相类似的民间纠纷解决者,有壮族的"都老"、苗族的"寨老"和"理老"、东巴人的"师公"以及藏族社会中的"老民"、"速巴"等。

在少数民族社会中,虽然是普通的纠纷,但通过纠纷双方的自身努力仍无法获得妥善解决的,在多数情况下特定的第三方将会从共同体的秩序与价值观念维系出发,主动参与到纠纷的解决过程中去,这因此使纠纷解决兼备了调解与审判的双重性质,同时,这也能看出解决纠纷的第三方本身既有纠纷解决者的身份,同时又有村寨社会的管理者身份。那么,从纵向上说,到底是管理者的身份使德古等调解人成了自然的公认的纠纷解决者,还是他们在纠纷的解决过程中形成的权威使他们自然成长为村寨的管理者呢?应该说,两种因素都有,这颇类似于那个"先有鸡还是先有蛋"的命题,但是果真要追问下去又会如何呢?

或许在僜人的社会中可以找到这个问题的答案。在西藏民主改革前,僜人尚未形成稳定的区域社会,他们没有自己超越血缘的地区首领,但是总需要有人在各个血缘集团之间介绍婚姻;尤其是在不同的血缘集团发生纠纷时,必得有人来解决,因而产生了"嘎背亚梅"这种角色。[1] 他的主要职能是调解发生在不同姓氏人们之间的矛盾或纠纷,包括人命案件、血族复仇、财产争端以及因违反社会传统习俗而引起的一般事件。嘎背亚梅也时常充当介绍人,促成青年人的婚事。当人们有了难以自行解决的矛盾或纠纷时,一般都要请嘎背亚梅进行调解。被邀请的嘎背亚梅不能与纠纷中的任何一方是同姓。嘎背亚梅接受当事人的邀请,即在双方进行斡旋,听取当事双方各自的申诉,了解情况,最后提出解决方案。调解方案一旦为双方所接受,嘎背亚梅就要监督实施。事情了结,当事的双方对嘎背亚梅进行酬谢。在僜人社会中,嘎背亚梅具有较高的社会地位,他们比一般的富人或宗教权威——在僜人社会中多是能送大鬼的巫师,更受人尊重,其权威是

---

[1] 中国社会科学院民族研究所:《僜人社会历史调查》,云南人民出版社 1990 年版,第 132 页。另,关于嘎背亚梅的社会功能,详见本书第五章第二节的论述。

超越狭隘的血缘群体的。[1]

嘎背亚梅受人尊重的原因是他们能调解人命案、平息血亲复仇，维持社会的稳定。但从《僜人社会历史调查》一书记录的部分案例来看，嘎背亚梅的声望及调解人身份也使他具备一定的特权，其中一个案例说有些嘎背亚梅可以向其他人派工，还有案例说某些嘎背亚梅甚至借助调解之机勒索财物，[2]这从某种程度上说明嘎背亚梅是未形成地域组织的僜人社会中的权势者，或可看做是地域性首领的前身，他是一个不明确的和暂时的公共官吏，"当人们接受他的判决和意见时，他就是一位酋长，当人们否定时，则不是"[3]。

至于彝族的"德古"，则往往被认为是源于彝族远古时代的"莫"。彝文文献《玛木特衣》曾谈到彝族社会的等级结构，认为在远古时代出现过兹、莫、毕、耿和卓五个等级。《玛木特衣》载："君贤则理政，莫贤则判案，毕贤则祭祀。"可见在当时，莫的职能就是审理案件、判案等。此后随着彝族人口的不断繁衍，居住地域不断扩大，新的家支不断产生，莫作为统治阶层，人数甚少，而民间发生的各类大小纠纷层出不穷，莫要处理如此繁多的案件，往往鞭长莫及，力不从心。于是，这就为各家支、为民间产生自己的莫，即"德古"创造了有利的条件。但莫是官方的，而德古则是民间的。当彝族进入奴隶制社会以后，掌权的"兹"等级失去了统治地位，各氏族家支互不统属，凉山无统一政权，但传统的法律规则却成为统一的、共同遵守的行为规范，这为德古运用法律来调解纠纷创造了极有利的条件，此时的德古已不是一种专门的职业人，而是人人都可以通过自身修养而能够成为的一种人。在近代史上，在阿都兹莫其管辖区，还形成了由著名德古吉都各史勒、则纳比、布子来九、子尔拉莫和舍联日惹五人组成的德古集团，其中舍联日惹是常务主持人，他们统揽了阿都地区主要的案件纠纷调查、起诉、审理、辩论、判决和处罚等全部事务，实际上就是专门的司法机构。此外，阿勒兹莫与沙马兹莫地区同样存在德古集团。德高望重、知识丰富、能言善辩的德古，随后便逐渐取代了原有莫的社会职能。具体来说：（1）德古一定是某个家支的首领，但家支首领却不一定成为德古。[4]德古的威望远远超出本家支而及于外家支，而家支首领的地位仅限于本家支。每个家支通常拥有水平高低不等的若干名德古。（2）德古既非任命，也非世袭或禅让，而是依靠自己的才能，在长期的法律

[1] 中国社会科学院民族研究所：《僜人社会历史调查》，云南人民出版社1990年版，第243页。

[2] 同上，第134—135页。

[3] ［英］雷蒙德·弗思：《人文类型》，费孝通译，华夏出版社2002年版，第24页。

[4] 海乃拉姆，曲木约质：《凉山彝族习惯法案例集成》，云南人民出版社，1998年版。

生活中取得的，是得到社会公认的，正如彝谚语云："老人懂事做德古，儿子无知去牵马。"一旦成为德古，其行为举止都要受到全社会的严格监督和考核。（3）一个德古的大小，不仅取决于其所处理的案件的难易程度、地域空间的大小，更取决于其在家支与冤家之间、不同等级之间、不同民族之间表现出的公正无私和宽容大度。水平高的德古能处理各类不等的大小案件，涉及外家支的大案时，须由高水平的德古来出面进行处理。

民间的纠纷解决者多是自然产生的，既非选举也非任命或世袭，往往是以个人的才德和威望受到众人信任和拥戴而自然形成的。一旦枉法废公甚至欺压百姓，就自然失去解纷者的地位。一般来说，要成为公认的"民间法官"，以下几个条件是要具备的。

一是必须办事公平，不偏袒任何一方，这样人们才会找他来调解纠纷。凉山彝族地区广为流传的一匹马和一只野鸡的神话故事，意在告诫世人特别是德古要公正无私、不畏权势，不敢说真话、贪图钱财、丧失公允，不仅社会地位受到影响，而且还要遭到神明的惩罚。纠纷解决者对纠纷裁决的公正性源于民主的监督机制，其解纷者身份的基础是民众的认同，如果德古此类民间的纠纷解决者在某个案件中表现出偏袒一方，办事不公或接受贿赂，而又不能说服不平者，非议便接踵而来，从而失去众望，以后就不会再有诉主登门，德古的地位也就自然消失。如在 20 世纪 50 年代，有一个神童式的人物叫余至保，14 岁时因调解繁难的纠纷而成为一名德古，但在 20 岁时骄傲起来，并且偏袒不公，不但把德古的头衔丢掉了，而且遭到家支的抛弃。再如 20 世纪 40 年代，越西县普雄地区德古阿侯忌哈是塔，在参与解决阿侯家与果基家冤家纠纷中没有回避，又接受果基家的贿赂，暗中通知果基家作好打冤家的准备，从而损害了阿侯家的利益。此后，阿侯家及有关家支成员都不再找他调解纠纷，他自然失去德古的身份。这正如彝谚所说："德古受贿赂，办事失威信。"《僜人社会历史调查》也说在额曲流域的两个嘎背亚梅杜西—博楞·日枯下和达卜劳—阿旺·本宗，因为办事不公，且有敲诈勒索的恶迹，所以在群众中威信不高，人们并不怎么找他俩调解纠纷，他们也只能调解诸如小偷小摸及男女关系之类的小纠纷。[1]

二是必须阅历广，熟知传统习俗法律。一个共同的特征是，在各民族社会中，担当纠纷解决者角色的多是老年人，这很好理解。在不甚发达的社会中，人们生产生活主要依靠的是经验和阅历，人们认为，年越长，经历越丰富，经验也就越

[1]　中国社会科学院民族研究所：《僜人社会历史调查》，云南人民出版社 1990 年版，第 135 页。

多，年龄和经验值基本上是成正比的。让有经验的人来领导大家，为众人拿主意，这是符合逻辑的，也是符合生产力发展需要的。同时，在自治社会中的纠纷有很多是陈年积案、数代旧账，因此僜人社会中的嘎背亚梅必须知道一二代人中互相抓人、抢劫等纠纷的情况，群众才会找他调解纠纷。而彝族的传统法律主要是保留在德古与毕摩（彝族从事原始宗教和文化活动的人，相当于巫师、祭司）的头脑中，准德古们更需要从小旁听前辈德古解决纠纷的过程，累积经验。比如，昭觉县库伊乡的瓦扎屋义德古，其曾祖父、祖父和父亲均是当地有名的德古，他从17岁开始旁听他人处理纠纷案，22岁时和其他人一起调处纠纷，至24岁时单独操持此行，其活动范围达到西昌、喜德和越西等地，处理纠纷年平均30余起。可见，他从旁听到独立调处，经过了6年的学习时间。如美姑县柳洪区的日尺哈德古，他十四五岁的时候跟随其叔叔（也是一名德古）旁听纠纷的处理，到23岁时与其他德古一起调解纠纷，其学习时间将近10余年，不可谓不长。德古们在成为德古前如此长的培训时间，基本上保证了他们对特定地域传统习俗制度和历史的熟知程度。

三是要善于辞令。关于语言艺术在纠纷解决机制中的功效，上一节我们已有所领略。口才好是获得纠纷解决者身份的一个重要条件，在云南西盟佤族的一些村寨中，调解纠纷的头人往往称为"函痕"，即能说会道并善于办事之人[1]。各民族的纠纷解决者都需要熟知典故，运用各种语言技巧达到化解纠纷的目的。例如藏谚讲："话无谚难说，器无柄难握。""最可口的酒是甘露，最悦耳的话是谚语。"成套的民间惯用语言，具有很大的感动力，易引发当事人在思想上的转变。善于掌握谚语并能准确运用的人，将会受到大家的尊重，他的口才、机智往往会化干戈为平和[2]。除了法谚，知识丰富、阅历广泛的调解人往往还会使用史诗、历史典故、宗教故事和歌谣、俚语等调解纠纷。20世纪三四十年代在安多藏区草原上有一位以雄辩著称的人叫雅锐阿尔索，贫穷却仗义，直率而机智，爱为牧民们打抱不平、伸张正义。他的方式就是以即兴吟就的长诗说理，流传下来的《雅锐阿尔索忠告》是一部颂扬藏民族优秀传统道德的长诗，在安多至今仍有人引用来调解纠纷。[3]谚语在彝族社会也较重要，德古对案件的定性及裁判多需借助谚语

---

[1]　民族问题五种丛书云南省编辑委员会：《佤族社会历史调查（二）》，云南人民出版社1983版，第261页。

[2]　刘俊哲等：《藏族道德》，民族出版社2003年版，第254—255页。

[3]　该诗的部分内容可参见尕藏才旦，格桑本：《青藏高原游牧文化》，甘肃民族出版社2000年版，第130—133页。

进行，如"科阿坡勒"（汉意：不开口的牛，喻铁板钉钉，借指黑案）；"一根树桩插了牛毛，一颗鸡蛋长了牛毛，都是牛"（比喻不论牛之大小都是牛）；"欧的拖次，住马史科吾；拖的欧词，西尼弥丁"（从脚赔到头，从头赔到脚），诸如此类。德古对这些法谚的掌握程度，是其是否有威望的主要标志。又如熟知侗款和苗族的理辞，也是侗族、苗族社会中成为寨老、理师的必读功课。

还有一点，那就是在多数民族社会中纠纷解决者的经济条件是较为富裕的，但这并不是一个必备条件，如彝族出身贫寒的德古也不在少数。不过在僜人社会，有很多富户都成了嘎背亚梅，为了保证调解协议的顺利达成，嘎背亚梅需有办法答应替应赔偿财物的一方筹借财物偿还对方，甚至先由自己垫支[1]。彝族的德古们常常也需为当事人垫付部分钱物。虽然纠纷的解决者在调解纠纷成功之后会依据案情酌量收取一定的报酬，但在很多时候当事人的经济条件非常窘困，德古们通常会主动提出不要酬金。

民间的纠纷解决者也有大小之分，如僜人社会中的嘎背亚梅，凡声望大、能调解人命案件、平息血亲复仇者为大嘎背亚梅；可以解决一般争端者属于小嘎背亚梅。大嘎背亚梅为数不多，而小嘎背亚梅几乎每村都有一个。[2] 彝族的某个德古如果能独立地调解五个以上的疑难案件，甚至将原本是"黑案"的恶性案件，经德古的调解变成"花案"或"白案"，双方当事人都服从他的裁决，那么他的地位和知名度就高，就会闻名遐迩。[3] 反之，原本属"白案"的，经其调解变成"花案"或"黑案"，该德古地位就会降低，甚至得不到承认。具体来看，诸如此类的民间纠纷解决者在具体案件中的身份亦非单一，根据当事人的需求和案件的性质，他们随之履行多重的职能。例如在彝族社会，当甲、乙两个家支发生矛盾冲突或械斗后，邀请丙家支的德古参与调解纠纷，这时他的职能称"谋目"，彝语意为调解、疏导，强调化解激烈的冲突，如彝谚所云："谋目平屋基，劝架救人命。"当甲、乙两家支之间发生普通纠纷时，请丙家支的德古来进行评理、裁判，这时德古就要从事"谋凯"，彝语意为裁断、判断。做谋凯的人必须精熟规则判例，

---

[1] 《僜人社会历史调查》第 135 页记录了这样一个案例：在察隅曲上游东岸的西饶地方，某对男女发生了不正当的性关系，嘎背亚梅马宁·甲翁对此进行了调解，最终由男方赔偿五头公黄牛、一头巴麦牛和一支枪，但男方实在筹措不齐，于是由嘎背亚梅马宁·甲翁代出一头巴麦牛和一支枪解决了纠纷。

[2] 中国社会科学院民族研究所：《僜人社会历史调查》，云南人民出版社 1990 年版，第 243 页。

[3] 如凉山地区越西县盲人德古海乃，闻名于越西、昭觉和美姑等邻近十余县，人们常牵着马（最高礼遇）请他调解纠纷，甚至政府、法院解决不了或已解决而当事人仍不服的案件，有他调解好的也不少。

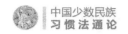
又能通过充分的论理说服双方服从判决或达成调解协议，这对德古的要求是比较高的。当甲、乙两个家支仇恨较深，双方难以进行协商或分歧较大时，邀请丙家支的人在德古（主持调解者）及当事人双方之间传递信息或意见者，便被称为"谋嘎"。当两个家支发生冲突，其中一方明显理亏且自己也愿意进行赔偿时，双方通过协商达成协议，站出来接受之并担保之的人，便称为"谋当"，意为"接受"（担保）。"谋当"通常会得到一定数量的担保费，并以个人威信保证双方不翻案并切实按协议履行义务。另外，作为德古侍从、辅助德古判案者，称为"丘西"，他们除了负责一些程序性的事务外，也对案件发表自己的看法或进行一些辅助性调解，影响最终的结果。由上可见，在不同案件甚或同一案件中，调处者的身份和职能是复杂的；一个纠纷可能由多个德古分工合作，而一位德古也可以身兼数种身份。

下　篇

中国少数民族习惯法的未来发展

激变与顿挫：习惯法的近代变迁及遗存

第一节　少数民族习惯法的变迁

一、"改土归流"和新政时期的习惯法变迁

改土归流始于明朝，但明初的许多尝试多归于失败，明王朝并未在西南地区作大规模的改土归流。在清代雍正王朝大规模改土归流前，中央政府对西南民族地区基本上采取的是一种羁縻策略，即使在设流官直接统治的地区，也多奉行"顺俗施化、不改其旧"的政策。在这种政策下，中央王朝的统一法制与当地民族习惯法不会产生激烈碰撞和冲突，西南地区没有发生明显的法制变迁。这一时期，盛行的是各少数民族的习惯法规，在有些地方甚至还出现了将本民族原有习惯法通过规、律的形式固定化、规范化的土规、土律。

清朝康熙年间开始大规模的改土归流，从而引发了君主专制的封建地主法律制度与西南地区各少数民族传统法律文化的一次大碰撞。改土归流是在"以夷变夏"这种思维和政策指导下进行的，清政权及流官以当时儒家文化的伦理道德观衡量少数民族的固有习惯，在少数民族社会实施儒家文化和封建王朝统一制度为标准的移风易俗。1697年，孔子第66代孙孔兴询到云南丽江任通判，他感叹："临丽伊始，睹山川之灵秀，与风俗卑陋异，不禁喟然三叹。……因思变迁之道，必

赖礼乐，礼乐之兴，在建文庙。"[1] 乾隆元年任丽江知府的管学宣认为："移其风俗，……一切规制，悉视内地。"[2] 这就是说要在少数民族地区强制推行中央王朝的正统文化及统一法律制度。少数民族习惯法，被认为是"狉獉草昧之风"，认为少数民族民间"每有因细故抄家、丢河等事"，"实系恶习，尤属大干法纪"，强制推行国家统一法制。同治四年（1865 年），清廷制定羌族地区《善后征程》二十条，规定少数民族地区的头人不得私自受理案件，"不得滥用民词，一概不准滥行擅受，如有违，斥革究办。其婚姻、田地、命盗正案，均归地方官办理。永为定例"[3]。

为了保证王朝统一法律制度的实施，清廷在西南民族地区推行"里甲制"，清末又将一些地方的里甲制改成团甲制，即把县分为若干里，里下设甲，作为基层的行政单位，要求甲民互相监督实施国家法律的状况；后又大力推广乡约，宣讲"圣谕"和儒家思想。里甲制的推行，使得国家能够对少数民族地区施行最有效的统治，并大力宣扬儒家文化和朝廷律例，国家制定法由此得以进一步深入。

改土归流这一历史事件一直持续到清朝末年，它对国家统一法制在西南地区传播实施的推进作用是毋庸置疑的，它引起了两种不同文化的激烈碰撞以及不同的价值观、伦理观、法理念和不同习俗的冲突。在实施改土归流的民族地区中，有些民族的文化和价值观发生了巨大的变化，最终接受了国家统一法制。如丽江在康熙年间即已实施改土归流，当地一切与当时内地汉文化不同的习惯法都被视为野蛮落后，强令改革，悉从汉制。归流后的丽江纳西族与一江之隔未实施改土归流的永宁相比，妇女在家庭和社会中的地位低下，无财产继承权。但在保留传统文化较多的中甸三坝等地纳西族中，虽然同样是父系制社会结构，但妇女的地位就有很大不同，比如母亲决定儿女的婚事，而不是父亲；女儿出嫁，可以带走自己积累的一切个人财物，甚至可以带走一块田地。家中无男儿时，女儿还可以继承父母的全部财产。

而在另一些地区，改土归流中国家统一法制的推行却并不顺利。首先是控制基层的行政组织"保甲制"的推行不彻底。如今天的贵州威宁、赫章一带的乌撒彝族地方，于雍正八年（1730 年）实施改土归流，将全境分为 10 个里，每里又

---

[1] 乾隆朝《丽江府志略》，转引自王筑生：《人类学与西南民族》，云南大学出版社 1998 年版，第 625 页以下。

[2] 同上引书，第 626 页。

[3] 《理番厅志》卷 4《屯制》，转引自俞荣根：《羌族习惯法》，重庆出版社 2000 年版，第 451 页。

分为 10 个甲。除全化里和宣化里为城区地及"客民"地不设土目外，其他 8 个里实际上变为"微型土司"，即"土目"统治地，除归化里仍保留原来土司宗亲的"则溪"领地，其余 7 个里分设土目 70 多名，分而辖之。很难说这样的"里甲"组织对推行清王朝的统一法制究竟能有多大效用。

至于苗疆，国家统一法制的推行竟出现了数次反复。康熙年间，清廷即已在湖广"红苗"地方添设同知、通判和巡检等，专理苗务。苗犯轻罪者，听土司发落；犯命盗重罪者，土官拿解，道厅审明拟罪。[1]"有大狱讼，皆决于流官。"[2]从雍正六年（1728 年）开始，云贵总督鄂尔泰清理苗疆，清廷用兵 9 年，于 1736 年在今天的黔东南地区分设清江、古州等 6 个厅，表面上取得了对苗疆的一元化统治。雍正五年（1727 年）规定，对苗疆死刑案件，必须按清律审理，苗族"杀人、伤人赔牛"的习惯法被明令禁止，通过制定条例，明确了对这一民族地区一切刑事案件的管辖权。[3]但此后，因清廷的统治遭到苗、侗等各族人民的坚决抵制与反抗，于是不得不作出让步，规定"苗民风俗与内地百姓迥别，嗣后苗众一切自相争讼之事，俱照'苗例'完结，不必绳以官法"。所谓苗例，是苗族等少数民族习惯法中由清政府确认的具有法律效力的部分，多为对杀伤命案的处理。道光年间，清廷又加强对苗疆的统治，贵州巡抚酌筹议定苗疆《善后章程》中规定苗地的劫盗斗殴案件及争执户婚田地等事一律由官府审理（至于依中央统一法制审理还是依当地苗族的习惯法处理，并未有说明）。这在表面上规定了中央政府在苗疆的统一司法权，但是同一章程又规定，有土司的地方苗民由土司予以管制，未有土司的地方由苗寨头人管束，只是苗寨头人的更选要经过公举和官府的同意。这一条款表明了清廷对所谓"苗地纠纷一律由官府审理"这一规定也感到苍白无力，难以实施，只好寄希望于土司及头人对苗众的管束。乾隆五年（1741 年）荔波县知县赵世伦作荔波城塘纪事碑纪："官吏……受任斯邑，莫不心怀畏缩，裹足不前，咸借寓于庆远府城，间有亲至者，皆清南丹兵防护。"[4]可见当时的真实情况是中央政府对苗疆的有效权力控制能力极为薄弱，实际管辖权极其有限，多为苗民不服寨老、头人的处理结果而上诉至官府，或者是将少数民族社会

---

[1]　《清圣祖实录》，卷 218。

[2]　《黔南职方纪略》，卷 7。

[3]　苏钦：《试论清朝在"贵州苗疆"因俗而治的法制建设》，载《中央民族大学学报（哲学社会科学版）》1991 年 3 期。

[4]　潘一志：《荔波县志稿》，转引自彭兆荣等：《文化特例——黔南瑶麓社区的人类学研究》，贵州人民出版社 1997 年版，第 176 页。

内部协商解决不了的案件诉至官府，流官才进行真正的处理。但即使是这样的处理，也须借助当地头人、寨老的威望以及民族习惯法才能得以圆满解决。官府主动管辖的，多只限于苗民之间的重大仇杀要案。而大量的村寨田地山林溪流纠纷、伤盗斗殴案件，或由头人、寨老审理调处，或以议榔栽岩方式解决，所依多为当地的习惯法，今天我们在黔东南各地能见到的清乾嘉咸道年间当地少数民族所立的习惯法碑文即是明证。（当然，这种习惯法碑文多用汉文书写，且不少带有儒家伦常的痕迹，如贵州锦屏县文斗村的同治婚姻改革碑，这也体现了改土归流对民族地区法制的影响。）

清朝末年实行新政，全面改革法制，相应地也在西南民族地区推行新政。1905 年，派川滇边务大臣赵尔丰在川康地区推行改土归流，施行近代化改革；1906 年，又派张荫棠进藏"查办藏事"；次年，张荫棠提出《新治藏政策大纲》，推行一些具有资本主义法制性质的内容，如在基层改变过去番营管理地方的制度，建设巡警局、裁判局，专管地方治安和司法，提出建立农务局、工商局和路矿局作为发展西藏新政的经济管理机构，从而突破了以往清朝治藏法制的范畴。这一改革方案后因张的调离而未被清朝采纳，但他提出的改革内容和许多具体措施，被后来的驻藏帮办大臣联豫和十三世达赖的新政所吸收。但是不久以后，联豫的改革也因清政府的灭亡而夭折，这一新政对藏区的法制影响也不大。

总的来说，改土归流开启了西南少数民族法制变迁的进程，自此以后，西南少数民族地区的法制就偏离了自觉发展的轨道，民族习惯法为适应变化不息的内外条件，不得不一次又一次地作出自我调整。改土归流使得国家统一法制在西南地区得以大规模施行，辅之以里甲制的基层行政控制与汉文化的迅速传播，西南地区的法制状况有了较大的变化，部分地区彻底施行了国家统一法制，其他地区的少数民族传统习惯法也不同程度地吸收了国家统一法制和儒家伦常观念的元素。但我们应该看到，这种改变并非质的变化，也并不能带来国家统一法制在西南地区的彻底施行。西南各少数民族的原有经济结构和社会组织形式并未发生重大变化，封闭的地理环境以及与其他族群处于隔离状态的生态环境，使西南地区大多数少数民族社会长期处于封闭的、具有自治性质的、与中央集权政府缺乏有效联系的社会状态。对于少数民族社会来说，流官官府机构是强加的外层政权，并不是本民族社会内在发展的产物。有清一代，中央政府对于西南民族地区的有效权力控制能力有限，以致在西南民族地区的腹心地带，似乎形成了政府行政统治、管理的"真空地带"，国家统一法制始终没有完全深入到社会基层。

二、民国时期习惯法的变迁

清朝的改土归流并不彻底，直到清朝灭亡，我国少数民族地区仍残存相当一部分土司，仅贵州一地，尚留有土司 56 家。民国时期，连年内战，后又爆发抗日战争，我国少数民族地区多属地方实力派的地盘（此外，如西藏地区和大凉山地区等，实际上处于一种独立状态），中央政府在民族方面并无大的建树。1935年提出要"重边政，弘教化，以固国族而成统一"，提出开发西南边疆的计划。1945 年国民党"六大"又宣称要赋予西藏以高度自治之权，但这些政策都流于文字。1917 年左右，国民政府也曾尝试改土归流，但不彻底，最终形成了西南地区"保甲制"与"土司制"合流的局面。如在云南金平，勐拉、者米和茨通坝土司地区司法行政合一，土司总揽司法权[1]；没有土司的地方，民间纠纷、一般民事案件由当地的龙头、寨老、保（甲）长调处，当事人不服可以向县衙门（或司法处）告状[2]。

真正在西南民族地区得以实施的也唯有保甲制。再以贵州荔波县为例，讨论民国时期推行保甲制度对当地少数民族法制的影响。在国民党推行保甲制前，瑶麓地方最高形式的政治组织叫"官侯"，实质上是一个地方性的自治行政机构，在瑶麓社会内部，负责调解各家族之间的矛盾，维持治安，订立和执行习惯法，树立石牌律的绝对权威。[3] 此后，民国政府推行保甲制，在瑶麓遇到了困难，据民族学家岑家梧先生在荔波县瑶麓的调查描述："县政府屡次拟派汉人或水家为瑶麓的保长，均遭到瑶人的拒绝。……县府只好按照他们原来的氏族组织，加以改编，每姓编为一甲至数甲，而以人数最多的覃、韦二姓各成一保。"[4] 官方性质的保甲制与血缘基础的传统社会组织合而为一，"官侯"组织依旧存在并继续发挥作用，事实上享有了高度的自治权利。这种自治，包括司法的自治，在违反乡规或破坏治安秩序方面，"瑶麓的事，都由他们自己处理，很少到乡公所，到县府的更少。大概财产诉讼，由保长判决，杀人或强奸由保长召集甲长会议决定"[5]。而"司法"的依据，则是当地的"石牌律"，一切都是人们约定俗成，作为调整人与人之间关系的法规和准则。1939 年，当地乡政府指派一人为保长，

---

[1]　《金平县志》，第 14 页。

[2]　同上，第 17 页。

[3]　黄才贵：《独特的社会经纬——贵州制度文化》，贵州教育出版社 2000 年版，第 140 页。

[4]　岑家梧：《岑家梧民族研究文集》，民族出版社 1992 年版。

[5]　同上。

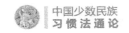
借督办丁粮之机，鱼肉族人，被揭发后又扬言杀人，激起公愤，被"官侯"组织击毙，当局妄图缉拿凶手，终归徒劳。[1]

这种保甲组织与少数民族原有社会组织合一的例子在民族地区非常普遍，原有的村寨头人、寨老兼任保长、甲长，客观上也使当地的族群、氏族头人利用官府赋予保甲组织的权力而对民族社会的控制实质上得到增强，传统社会组织和民族习惯法在这一时期反得以又一次活跃起来。如 1936 年，榕江计划计怀大寨的联保主任潘文高曾主持过"耶吉兄"的一次议事；1941 年时，计怀大寨的保长兼寨老潘文清曾主持过一次栽岩议事，依习惯法处理了一件偷盗案。可见，保甲制的推行并未能真正改变习惯法的作用，习惯法的威力仍大于"王法"。

三、新中国成立后少数民族习惯法的变迁

1950 年左右，我国少数民族社会相继获得解放，过去那种封闭的社会状态被彻底终结。政府逐步在少数民族地区建立了乡村组织，基层党的组织也随之成立，一批少数民族青年应征入伍，或是被选送到外地学习深造，成为民族地区建设的骨干力量，这就大大改变了民族社会传统权威队伍的面貌，带来了少数民族习惯法一次更为全面彻底的变迁。当然，这种社会改革和变迁都是渐进式的。20世纪 50 年代初，执行的是充分尊重少数民族文化的政策。毛泽东曾说过："少数民族地区的社会改革，是一件重大的事情，必须谨慎对待。我们无论如何不能急躁，急了会出毛病。条件不成熟，不能进行改革。一个条件成熟了，其他条件不成熟，也不要进行重大的改革。"[2] 少数民族的原有习惯法并未立即受到破坏，国家也没有在民族地区全面推行国家统一法制[3]。传统的社会权威仍然发挥作用，乡村的基层组织开展工作要想密切联系群众，就必须得到传统社会权威的支持。有过去的"理老"、"头人"、"榔头"和"鼓社头"等被吸纳进新的社会组织，成为新机构新制度的执行人。习惯法仍在发挥作用。但在另一方面来看，由于中国共产党民族平等政策的施行和新中国成立后社会治安的逐步好转，我国少数民族地区原有的社会政治组织，如苗族的"议榔"、侗族的"款"和瑶麓的"官侯"组织等，所担负的社会治安和对外御敌功能丧失，加之农协会、村寨党支部的建

---

[1] 黄才贵：《独特的社会经纬——贵州制度文化》，贵州教育出版社 2000 年版，第 140 页。

[2] 《毛泽东文集》，第 6 卷，人民出版社 1999 年版，第 75 页。

[3] 当时的司法部门认为："暂时不要在民族地区宣传婚姻法。"参见张培田：《新中国法制史研究资料通鉴》，第 5 编"民族法制篇"，中国政法大学出版社 2003 年版。

立，生产队长的产生，这些传统社会组织失去了存在的基础，其衰败是迟早之事。

　　经过短暂的沉寂之后，20 世纪 50 年代末直至 70 年代，接踵而来的土地改革（在西藏和大凉山是民主改革）、人民公社、大跃进运动、"四清"运动和"文化大革命"，更是对少数民族传统法文化的一次全面破坏。在土改中，村寨的头人、长老多被划成地主、富农，这些习惯法的传承者和执行者被剥夺了指挥农业生产和主持各项仪式的权力[1]；破"四旧"（旧制度、旧思想、旧风俗、旧习惯）运动，矛头直指少数民族习惯法；1975 年的《宪法》更是废除了允许少数民族保持和改革本民族风俗习惯的权利，承载习惯法的"议榔"等仪式被斥为"迷信"遭禁绝，伴随着土改等产生的农协组织、民兵组织和调解委员会等取而代之，完全摧毁了少数民族社会原有的组织结构。此外，土地改革等彻底改变了少数民族习惯法所依存的经济制度，在"极左"时期，我国少数民族的传统习惯法遭到了全面瓦解。

　　少数民族习惯法的整合和复兴发生在 1978 年农村开始实行联产承包责任制之时。我国实行改革开放政策以后。一方面，国家开始了依法治国、社会主义法治国家建设的进程，强调国家法制的统一（即使是"少数民族地区的变通规定"和民族区域自治法规，也属于国家法律的范畴），加大法制宣传力度，开展普法教育，在少数民族地区加强了国家法制的权威。另一方面，政治强权有所舒缓、宽松，政策逐步放宽，少数民族地区建立了更多的民族自治县、民族乡，实施民族区域自治的少数民族数量和人口数量大幅度增长，这为少数民族传统文化的传承、发展带来了极大的机遇。进入 20 世纪 90 年代以后，在一些地方，传统社会组织得以复兴，相应地，习惯法又得以不同程度地回归少数民族的社会生活。如在苗族地区，寨老的权威被重新确立，人们又开始以"议榔"形式订立乡规民约；在大凉山的彝族聚居区，民间德古再次担负起调解民间纠纷的职能；在藏区，甚至屡次出现"赔命价"等习惯法的民间适用。

　　应当看到的是，习惯法所赖以生存的社会结构和经济制度基础都已经发生了根本性的变化，复兴后的习惯法自然不能等同于传统。贵州苗族复兴后的民间组织在产生、组织形式上除少数保持传统习惯外，多数已具有明显的松散性和临时性倾向，在人员组成上也吸纳了村寨的基层党员干部。复兴后的寨老组织相当一部分职能被基层行政组织代替，平时不发挥作用，仅在组织族内公共

---

[1]　《基诺族——景洪基诺乡基诺族》，见高发元主编：《云南民族村寨调查丛书》，2001 年版。

事务和解决族内纠纷时发挥组织、策划、协调、监督和调解的功能，并与基层组织积极配合。此外，今天的寨老与往昔也大不相同，这些人有知识，对外界社会了解较多，甚至有相当一部分寨老是退休回村的县乡干部。习惯法在形式上也多以成文的"村规民约"所代替，在内容上，则很少涉及刑事方面，多为民事纠纷、保护生产和自然环境、维护治安，并吸收了社会主义道德风尚等一些新的东西。[1]

第二节　少数民族习惯法的遗存

在今天的少数民族地区，国家统一法律制度史无前例地深入少数民族社会中，虽然这在法律的形式意义上构筑了一个简单的"一元"状态，但是随着习惯法的复兴，在今天的少数民族社会，尤其是边远的少数民族乡村，实质上存在两套不同的社会控制机制，一是由国家统一法制和民族区域自治法规维系的现代法理机制，一是由乡土村落维持的传统的补救型、自治型的习惯机制。也就是说，在法律的运行和功能发挥层面上，两种机制导致了法律多元状况，其具体情况如下。

其一，习惯法已被视作偏离或违反国家法，但因纠正不力或无力纠正，依然与国家法并存。在此种情况下，习惯法与国家法通常存在形式、内容和效力方面的冲突，依照习惯法解决纠纷的行为被国家视为"非法行为"。虽然国家法和国家机关明确表示出对这些习惯法的否定态度，但由于司法资源不足，民族传统根深蒂固，案发地点偏远、封闭等各种各样的原因，国家权力对此常纠正不力或无力纠正，只能"无奈"地目睹其存在。例如在甘肃、青海的一些藏族聚居地区，至今仍然存在完全以赔命价、赔血价的方式解决人命案和伤害案的现象。这些案件没有公安、公诉和审判机关的介入，所依据的习惯法也与《刑法》的规定完全违背，但由于它们常发于偏远的山区、牧区，又有深厚的历史文化根基，国家法通常对此鞭长莫及。再以笔者曾关注过的凉山彝族"死给案"为例，"死给"作为一种对象性的自杀，在国家法的层面上是没有法律效果的"自杀"行为，但根据彝族习惯法的规定，"死给案"却是一种性质严重的"命案"——"被死给者"

---

[1] 沈堂江等：《贵州苗族习惯的历史、现状及发展》，载《贵州民族学院学报（哲学社会科学版）》2000年特刊。

必须对"死给者"的死亡负责，并向其家族赔偿"人命金"[1]。在"死给案"问题上，国家法明确表现出否定的态度，它不仅不认可习惯法的规定，甚至在个别案件中，对向对方追偿"命金"的"死给者"一方家族成员，可以"敲诈勒索"的罪名加以惩罚。国家法的否定态度依然无法阻止此类案件在凉山地区的发生，在更多的情况下，"被死给者"一方都会按照习惯法的规定向"死给者"家族赔偿命金，而这时，当地国家司法机关往往怠于干涉甚至无从知晓。

　　这是国家法与习惯法处于无沟通的冲突和断裂状态下的二元并存，习惯法在这种情况下往往越过国家法而发挥着实际效力。对此，我们不应片面地斥责习惯法对国家法的"触犯"，而应进行辩证的思考，并作出两种审视。首先，如前文所述，为避免对习惯法的探讨陷入解构国家法制统一的"法律相对主义"的论调，我们必须承认国家法在位阶、效力和原则上高于习惯法的主导地位，除轻微以外的刑事案件应依据国家法或国家法的授权进行解决。同时，从功能主义的视角来看，法律的存在是为了满足人们在异态下化解纠纷，在常态下构筑正常生活秩序的需要。现行国家法在功能上存在缺失，又无文化基础的支撑，这是它在民族地区遭遇困境的主要原因。假设国家法具有完整的功能，能够满足民族地区的民众在利益、情感、秩序等方面的需要，人们便会顺应社会变迁而逐渐选择和适应国家法，而不会总是甘冒违法的风险去寻求习惯法的解决。

　　作为对冲突和断裂的二元法律秩序的回应，国家法主要有两种选择：其一为在形式上完全废止习惯法，在运行中强势介入民族地区的各种纠纷，以"清除"习惯法的方式实现法制统一；其二为在形式上积极吸纳和借鉴习惯法，在运行中以授权等方式实现与习惯法的共生和互补。从我国多年来的法制实践来看，国家法"清道"式的实施不一定能够带来良好的效果，甚至可能酿成恶果。例如，我国藏、羌、彝等多个少数民族均存在"赔命价"的习惯法传统，在一些人命案中，尽管凶手已被国家机关依法判处刑罚，但受害者的家庭和家族成员由于未获得实际的补偿，因而并不满意。这时，若犯罪者家族依照习惯法进行赔偿，势必遭受"二次司法"的不公待遇；但若不愿进行赔偿，又极易诱发双方家族更大的冲突乃至械斗，从而造成更多的人员伤亡和财产损失。这种两难境地的出现与国家法和习惯法在功能上的偏向不无关系。我国现行国家法律重视公力报偿和刑事惩罚，对当事人的补偿和对社会关系的修复严重不足；相反，习惯法在功能上恰

---

[1]　陈金全、李剑：《特殊的人命案与特殊的惩罚方式——凉山彝族习惯法"死给案"的文化解释》，载《法律史论集》第 6 卷，法律出版社 2006 年版。

恰重视"疗治",即对受害者家庭、家族的物质与精神赔偿以及对当事人双方受损的社会关系的修复。而如卡多佐(Benjamin N. Cardozo)所言,法律的终极目的不是维护某个法律体系的权威性,而是"社会的福利","未达到其目标的法律规则是不可能永久地证明其存在是合理的"[1]。因此,国家法在民族地区推行的同时也应当检视自身,即便不考虑这些地区在文化上的特殊性,仅用功能、效率这些实用理性的标准来审视,国家法也需要以诚恳的态度,积极与习惯法进行沟通,只有这样,才能满足所谓"社会的福利"的需要。

其二,习惯法既未被正式认可,又未被视作违反国家法,以"暧昧"状态与国家法并存。在这种情况下,习惯法以"好像是合法"[2]的状态与国家法并存,它既未经由正式立法程序得到国家的认可,又与上文所述被国家法明确视作偏离或违反的情况不同。导致这种"暧昧"状态的原因是复杂的。在民族地区不少具体案件的解决过程中,习惯法尽管未得到正式认可,但由于"民族问题"的复杂性[3]或者出于维护社会秩序的需要,在司法、行政的实际运作过程中,习惯法实际上得到了相关国家机关的默许甚至支持。以发生在青海藏族地区的草场纠纷为例:1988年,同仁县瓜什则乡牧民与循化县岗查乡牧民因草山纠纷,几次发生械斗事件。1990年年初,青海人民政府调查裁定了这一由来已久的双边草山纠纷,文件下发后,双方群众一致要求政府派赛仓活佛和叶雄活佛参与处理双边草山纠纷遗留的处罚赔偿等各种问题。其后,两位活佛在政府的授权下,会同当地公安机关和群众代表对械斗中死亡人员的赔偿问题进行了协商,最后妥善解决了问题[4]。与此相似,对于这类案件,民族地区的司法机关大多摸索出一套经验,他们在处理这些案件时通常不会仅依照国家法的规定判决了事,而是由法院或当地政府出面,会同民族民间的权威人士,商讨赔偿(这里的赔偿不是指基于国家法的刑事附带民事诉讼赔偿,而是基于习惯法的赔命价、赔血价等)事宜,同时安抚、劝说当事人及其亲属、家族,以免再生事端。这些案件的纠纷解决基准明显

---

[1] [美]卡多佐:《司法过程的性质》,苏力译,商务印书馆1998年版,第39页。

[2] [日]千叶正士:《法律多元——从日本法律文化迈向一般理论》,强世功等译,中国政法大学出版社1997年版,第173页。

[3] 在我国,"民族问题"是一个颇具政治意味的官方话语。发生在民族地区的一些案件可能由个人之间的纠纷、矛盾上升为民族矛盾,事关该地区的政治稳定和民族团结,这些案件因而上升到"民族问题"的高度,不宜以通常的司法途径解决问题,而时常需要少数民族民间的宗教权威或世俗权威的介入,借助习惯法,以协商的方式解决。在这种情况下,习惯法通常在官方的默许甚至主导之下,发挥着解决纠纷的实际效用。

[4] 资料来源于宋晓军《西部少数民族习惯法与西部刑事司法实践间的对接》一文。

呈现出多元化的特征，国家的法制与政策、习惯法、宗教规约等规范均在国家机关的默许或引导下介入纠纷解决，而那些非正式规范也在这个动态的运作过程中得到了一定程度的认可。

一些在内容上与国家法没有明显冲突，在功能上却明显有利于社会秩序的习惯法规范，也在民族地区与国家法并存。以四川凉山彝族保护森林资源的习惯法为例，这个地区的彝族人在长期的实践中逐渐摸索出合理利用和保护森林的强制性规约，并借助宗教的诅盟仪式强化其强制效力。这类习惯法的内容细致周全，人们将一定区域内的林木划片管理，哪一片需要长期保护严禁砍伐，哪一片实行季节性封山，哪一片可以取用生活所需的木材和薪柴，都有相应的规定。为敦促规约得到更有效的遵守和执行，人们还利用宗教的"打鸡"诅盟仪式或大规模的集会活动进行由心理到行为的强制，违反习惯法者不仅被认为将遭受厄运，同时还会受到没收毁林器具、罚款、杀牲置酒向众人赔罪等惩罚。再如，近年来云南省宁蒗县跑马坪乡的一些彝族家支利用习惯法和宗教的力量强制家内的吸毒人员戒毒，获得了戒除率超过百分之八十的惊人效果，受到国内外各界的广泛关注。上述案例所涉及一类习惯法虽在国家法中无任何依据，但由于其良好的社会效果甚至一定的示范效应，不仅不被官方反对，甚至得到官方间接或直接的支持，从而与国家法以良性的互补关系并存。

另一类以"暧昧"状态存在的习惯法，体现或隐藏在普遍存在于我国农村的"村规民约"之中。"村规民约"作为国家法令的补充和村民自治的体现，具有一定的现实作用，并得到各基层政权组织不同程度的支持和倡导。有的村规民约仅作为某村寨针对某一特殊问题的规约（如"防火护林公约"、"禁放耕牛公约"等），有的村规民约则相对具体完善，内容可能涉及生产、治安、环保和家庭邻里关系等方方面面。民族地区的村规民约在规范来源上尤其复杂，其中既有习惯法的内容（如侗族的"约法款"，苗族的"榔规"，彝族的"节威"，佤族的"阿佤理"等，均明显体现在这些地区的村规民约之中），又有国家法律、政策的规定，而有的只是村委会或者村民们针对某一问题合议出来的权宜之计。当代的村规民约在形式上已基本丧失了传统习惯法的形式特征，多用汉文书写，张挂于各处，敦促人们遵守。值得注意的是，村规民约虽常在开篇第一条便声明"遵守国家法律、政策"云云，但实际上，这些广泛吸收习惯法成分的民间规约，时常没有法律（国家法）依据，甚至违反国家法的规定。如贵州省雷山县苗族陶尧片区的村规民约规定，偷鸡者应先罚 100 元，赔偿被盗者一只鸡，并按照鸡的价值再

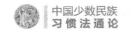
罚 10～15 倍的钱款，罚得款项一般分为三个部分：一份归村委会、一份归检举人、一份归被盗人。本案例中有关罚款的规定和款项分配的办法均无任何依据，而诸如此类"越权"罚款、罚没牲畜、勒令杀牲置酒请全村吃饭，甚至抄家拆房的处罚方式，在民族地区的村规民约中并不鲜见。这些规约的内容通常是该地区传统习惯法的变体，虽然被村民们认可，并包含于具有"准官方"性质的村规民约之中，但因有违法之嫌，故此仍被视作必须立即取代的非法规范。

传统与现代：习惯法的发展困境

近代以来，中国现代化进程中的反传统是一贯的做法。在这样的背景下，我国少数民族的传统习惯法亦受到了严重冲击。新中国成立以后，国家和执政党的权力不仅深入社会基层，而且扩展到乡土社会的各个领域，这不能不对延续了上千年的少数民族传统习惯法产生深刻的影响。令人惊异的是，这场变化不但波及并且改变着少数民族地区民众的传统习惯法心理，而且在很大程度上因非正式制度对正式制度的抵抗和挑战，而使以国家法律为体现的现代法律与少数民族的传统习惯法陷入了一种紧张和尴尬的两难境地。

第一节　习惯法的双重性

少数民族传统习惯法是一套有别于汉人社会传统习惯法和国家法律的"地方性知识"。我们若站在不同的角度观察，或者置身于不同的场域，完全有可能得出相反的评价。观察者认为不合理、不文明的，在参与者看来，很可能变得理所当然，甚至不如此行为才是不合理。举个例子，一个民族的传统文化是畜牧文化，通常在这个民族的史诗和传说中，民族英雄的形象和事迹都是与畜牧文化相匹配的，而这个民族的价值判断、审美、行为习惯和内部秩序等也都会带有浓郁的畜牧文化特征，如蒙古族崇尚强悍、粗犷，重感情，不斤斤计较时间与金钱，这些

都是在传统意义上具有极高审美价值的个人品质；但如果将之放在"现代化"文化价值的系统中考察，则很可能得到一些具有负面色彩的评价，如缺少效率与理性原则等[1]。

基于此，少数民族传统习惯法也呈现出两种相异的性质，如同一个硬币的两面，有精华也有糟粕。分析这种双重性，有助于我们进一步理解少数民族传统习惯法在国家法治建设进程中的消极影响，进而准确认识当下少数民族传统习惯法自身面临的发展困境。

一、公平性与等级差异并存

少数民族的传统习惯法保留了相当多的原始氏族制度的民主和平等，其中蕴含着人类的原创智慧，值得现代人去品味和吸收，这也是建设现代法治社会的一种精神资源。恩格斯赞美过氏族制度的平等、民主，孔子曾以古代氏族制度传统的顽强的承传人和卫护者自居，所谓"述而不作，信而好古"。例如，在凉山彝区的历史现实中，贵族与平民、主子与属民、娃子间，各守其本分、各司其职的融洽与和谐是社会的"常态"，而贵族或主子贪残暴虐或激起等级之间、家支之间矛盾并导致严重后果的事例并不多见。在凉山彝族社会的伦理观念和家支力量的双重制约之下，传统习惯法在精神原则与实际的运作中也明显体现出一定的公平性；无论在相同等级或不同等级之间，没有理由地伤害他人人身、侵夺他人财产或侮辱他人人格的暴虐行为，都会受到习惯法的惩罚，没有人能超脱于习惯法之外。

然而，凉山彝族社会又是典型的等级社会，按照最常见的等级区分方式和称谓，人们有"诺合"（俗称黑彝，贵族阶层）和"节伙"（俗称白彝，平民和奴隶阶层）之分。广义的"诺合"包含"兹"和"诺"两个等级，约占凉山彝族人口的百分之七，"节伙"则包含"曲诺"、"阿加"和"呷西"三个等级；诺合与节伙之间的等级鸿沟不可跨越，绝不可能相互转化或通婚；节伙的三个等级之间可能相互转化和通婚，但需满足一定的条件。凉山彝族社会的等级差异和人与人之间的不平等，在传统习惯法中是得到充分和直接体现的。"诺合"阶层享有完整的人身自由和民事权利能力，而"节伙"的三个等级则仅有有限的人身自由和民事权利能力，并且由上而下呈现出递减的趋势。曲诺等级相当于诺合阶层的属民，除必

---

[1] 关凯：《现代化与少数民族的文化变迁》，载《中南民族大学学报（人文社会科学版）》2002年第6期。

须保持对贵族阶层的人身依附和少量隶属性负担外，权利相对广泛；而俗称"锅庄娃子"的呷西等级则必须居住于主子家中，几乎没有私人财产，人身自由也受到极大的限制。而在刑事实体习惯法中，不同等级间则在很多情况下实行同罪异罚。如彝谚所云："一个孬黑彝也值四个白彝。"命案中，由于黑彝血统高贵，其命金为白彝的四倍。另一个典型的例子是，节伙摸了诺合头上的"天菩萨"，需赔九头牛或砍掉右手；而反过来，诺合即使扯光节伙头上的"天菩萨"也不为罪。不同等级之间相犯，相同的行为通常低等级者会受到更为严厉的惩罚，凉山彝族传统习惯法的规则对社会成员的等级差异公开的确认和维护，是其明显的特征。

二、追求个人自由与奉行家族主义并存

少数民族比较尊重社会成员的意志和自由选择。例如，瑶族还比较尊重离婚自由。离婚时，只要备一斤酒到中人家并向中人说明离婚理由和条件，中人了解有关情况后，经过一些简易仪式即告离婚。但是，其传统习惯法大多仍以家族主义为基础。川西的羌族，渝东的土家族，云黔桂的壮、瑶、苗、侗等民族都有族谱、族产、族权、族规和宗祠，其中族规即宗族习惯法。羌地至今还保存有明清以来的一些宗族谱系碑、墓碑和宗支簿（家谱），其家族规范要求父传子诵、母吟女承，家族成员必须按自己的身份地位去行事，违者受罚。广西壮族一般是聚族而居，一村一屯常常就是一个家族，其族规的内容一般涉及三个方面：第一，本族人规定了带有很强的宗法礼制色彩的伦理准则和一般的民刑事习惯规范，并伴以相应的惩戒手段，如尊卑长幼有序、赡养父母、教育后代、同亲之中不得通奸乱伦、对偷盗以及财产纠纷的处理等，核心目的是维护父权、夫权等家长权；第二，对异族的防范措施；第三，对宗祠地位本身的确认、族人对祠堂应承担的义务、其权限范围等。[1]

四川凉山彝族传统习惯法的产生、运作、执行与监督，更是无法离开家支而存在。其传统习惯法赋予人们最根本的义务正是"家支义务"；而最严格的惩戒行为，便是侵害家支利益的行为。近年来，在凉山彝族社会，家支复仇、包办或买卖婚姻、转房制、不同等级通婚的限制等习惯法，也随着家支的活跃而进一步复苏。家支势力及其习惯法影响之大，使有些本应由政府出面解决的事被家支包揽。而它作出的一些调解纠纷或处理、处罚的决定，在现实生活中具有很大的约

---

[1] 钱宗范：《广西各民族宗法制度研究》，广西师范大学出版社 1997 年版，第 203 页。

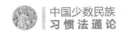
束力，有的甚至取代了国家制定法及其司法机关的裁决。

三、宽容妥协的精神与复仇的惯常性并存

少数民族对偷盗、杀人等严重违反刑事习惯性规范的行为，以及社会内部产生的纠纷都较为详尽地规定了解决处理的原则、机构人员和程序。从中我们可以看出，纠纷解决的最终目的并非简单的权利义务再分配，而是避免双方矛盾冲突的激化，使一时异常的秩序回复到有序状态。此外，在纠纷解决机制中，经济制裁方式占了很大比例，始终贯穿着以赔为主、以刑为辅的特点，实行"以赔代刑"的方法。这些特点充分体现了少数民族传统习惯法中的宽容、妥协、和解因子，集中表现在尚存于许多少数民族法律生活中的"赔命价"制度和调解制度上。

同时应该看到，在一些少数民族地区，复仇现象时有发生。如1981年7月凉山州甘洛县玉田乡、1983年7月美姑县牛牛坝均发生过五六百人的家支复仇械斗，造成了极其严重的社会后果。另外在凉山彝族不同等级的男女通婚还受到禁止，嫁娶仍要议交身价钱，也不能违背家长的意见，等等[1]。贵州省人民检察院曾对该省三个少数民族自治州非法拘禁案件做过调查，发现"三多三少"，即现在多、过去少，山区多、城镇少，农民多、干部少，这表明国家法薄弱甚至管辖不到的地域和人群，由于寨族势力、大姓家族操纵多按传统习惯法处理争端而造成如此严重状况[2]。一些少数民族群众甚至认为"官法在远，蛮法在近"、"坏人送交政府处理，不过关几天、罚些钱，不如自己处理痛快"。藏区、彝区如前述对命案处理，群众仍按习惯索要"命金"、"血价"，虽经司法机关判处死刑，但他们认为命价金更为重要。特别是藏区群众由于宗教意识影响，被告即使被判死刑也不是严重的处罚，认为人的灵魂不灭，生死可以轮回，人死了还可以转生，因此他们并不希望给被告判处重刑，可命价却不能少给分文，否则被告人家属必联合族人，实行血族复仇。再如强奸案在藏区按传统习惯法只赔偿奸价，如果司法机关依国法判刑，群众还认为是小题大做，被害人不仅得不到社会同情，还会受到不应有的歧视或嘲讽，出不了门，嫁不了人。如果按藏俗处理，由于罪犯未受到应有惩罚，本性难改，过些时候又会故态复萌，危害社会。[3]

---

[1]　刘广安：《对凉山彝族习惯法的初步研究》，载《比较法研究》1985年第2期。

[2]　张智勇，夏勇：《少数民族地区非法拘禁案件调查报告》，载《现代法学》1989年第1期。

[3]　陈光国：《藏族习惯法与藏区社会主义精神文明建设》，载《现代法学》1989年第2期，第70页。

第二节 习惯法的负面影响及当下畸变

一、习惯法的负面影响

新中国 60 多年的巨大变化给少数民族地区传统习惯法机制带来很大的冲击。少数民族传统习惯法在很多地方失去了合理、良性生存与发展的土壤，其消极因素自然也随之暴露无遗。一般而言，少数民族传统习惯法内容简单，规范笼统，立法技术粗糙，不重视程序，执行的任意性比较大，因人而定的情况较为普通，且处罚往往过重，有的内容甚至带有不人道、不科学和不文明的性质，明显落后于时代。正是传统习惯法自身的这种困境，致使其在今天走样，甚至变得有些面目可憎，进而一定程度上阻碍了少数民族地区社会、经济的发展。这也从另一个角度说明，当下少数民族地区国家与社会出现脱节，国家法与习惯法没能形成良性互动的关系，反而是各守一摊，越界不理。

（一）习惯法的部分内容与国家法相抵触

少数民族传统习惯法的部分内容与国家法相抵触，甚至与现代法治的精神格格不入，这在民族地区造成了一定的社会弊端。归纳起来，大致表现在以下几个方面。

1. 婚姻家庭继承方面

习惯法中的早婚、抢婚、买卖婚、包办婚、转房和姑舅表优先婚等内容，可能触犯国家制定法的规定，违反我国婚姻法的原则。有的民族剥夺女性的继承权，而赋予家长广泛的权力。

2. 民事方面

对欠债不还者，传统习惯法规定可以任意以债务人的牲畜、财务、土地和房屋清偿，甚至可以拉债务人子女做奴隶、拉债务人夫妻服劳役、父债子还，强调责任的无限性。

3. 刑事方面

传统习惯法视为正当的行为，国家制定法有时规定其有社会危害性而为违法犯罪行为。例如，"毁林开荒，刀耕火种"的生产方式在许多少数民族中存在，但这种行为很可能触犯盗伐滥伐林木罪、放火罪等。西双版纳勐海县的哈尼族习

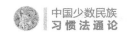
惯法规定，孪生子女出生后，要当场用灶灰堵住其鼻孔和嘴巴，窒息而死。如果让其生存，其父母乃至村寨的宗教头人一直要受到习惯法的惩罚。傣族传统习惯法中有驱逐琵琶鬼的内容，被指控"放鬼"者往往被抄家、逐出村寨，甚至被伤害致死。壮族、苗族、蒙古族均对杀人者以命抵命，景颇族对杀人案件的处理一般不判偿命，而是由杀人者赔命价，但通奸者如被女方丈夫撞见，丈夫可当场杀死奸夫，习惯法不为罪，无需赔偿。

4. 处罚方面

首先，少数民族的传统习惯法以罚款、罚物、开除村寨籍、肉刑和处死等为基本形式，表现出损害名誉、给予人身伤痛等特点，与国家制定法的处罚方式有一定距离。在对纠纷的处理时，许多民族的习惯法没有规定严格的诉讼程序，一般由有威望的长者、土司、头人和山官等出面处理，实在不得已才报官府。处理时所依据的习惯法的权力也较为特殊，一般只限于本族群或经常交往的区域里有权威的个人，没有专门的执行及调解、处理或审理的机构。其次，少数民族习惯法在适用过程中，表现出封闭、排外倾向，村民往往采用一种极端的方式诠释和运用习惯法，结果造成更大的危害。例如，1991年4月，在湖南通道县高铺村，数名青年到毗邻的侗族青年所在的广西三江县林溪乡高秀村行歌坐月，其中有人在姑娘家木楼上撒尿，并打烂电灯，偷走衣服。此事激起高秀全村人的愤怒，聚众数百人到高铺村去寻找肇事者，抓走肥猪4头、耕牛2头，回村后即杀猪宰牛举行"村规酒"。但因错拉了非肇事者1头牛和1头猪，反而又激怒了高铺村的群众。他们组织数百人，抄起鸟枪、棍棒和刀斧等，呼喊着涌往高秀村。高秀村的群众也拿起武器，准备迎战。此事因双方均有人上报乡政府和公安局派出所，双方政府、政法人员和县领导赶到现场，一场械斗惨剧才被避免[1]。

又如，1986年11月，拉祜族青年陈某到县城路边一小店吃午饭。陈某点了一碗面条，正欲取面，突然看见饭店案板上放着一条死狗。陈某就要退掉面条。店主问其原因，陈某不作解释，只是坚决要求退票，店主执意不从，二人发生争执，其后大打出手，陈某用扁担猛击店主，致店主重伤。陈某被捕，法院以其故意伤害罪，判处有期徒刑一年[2]。本案中，陈某的初衷是维护本民族的神圣信仰，因为按拉祜族的习惯法，严禁食狗肉，违者处罚。陈某拒绝吃饭，并在相互击打中致店主受重伤，事出有因，但却采用了一种极端的方式理解和实施

---

[1] 吴浩，邓敏文：《侗族"约法款"对现实生活的影响》，载《贵州民族研究》1993年第1期。

[2] 《云南少数民族罪犯研究》，中国人民公安大学出版社1990年版，第75页。

了习惯法。

（二）标准尺度不一

少数民族习惯法有时采用民族内部和外部双重标准，导致一些民族地区出现了社会行为标准价值尺度的混乱，导致社会秩序的不稳定。一个典型的例子是，凉山彝族跨家支的命案通常可以在双方的协商下通过赔命金的方式得以解决，而杀害家支内部成员的命案却由于凶手触犯了核心的道德价值、破坏了社会秩序的伦理根基而几乎不能用钱来了结；凶手往往只能在家支的逼迫下自杀偿命。而在家支内外，相同的行为也会引起习惯法不同甚至相反的评价，比如，抢劫本家支成员的财物，必须归还原主并且宰牲上酒赔礼；而抢劫敌对家支的财物不仅不是犯罪，还会被人们视作英雄行为而得到肯定的评价。

二、习惯法的当下畸变

少数民族的传统习惯法"并非都是宝"，由于时下市场经济的影响，传统习惯法本身已产生矛盾、断裂，有时候显得面目狰狞，甚至"为虎作伥"。我们绝不能以一种教徒式的虔诚来审视习惯法，相反，应对市场经济导致的混乱和扭曲更应保持警醒。

我们先来看下面一个案例。

A：煤厂老板，汉族　　　　B：麻子，附近农民，彝族
C：杨××，派出所民警，彝族　　D：巴普镇书记，彝族

1983 年，A 聘 4 个外地汉族工人。一天 B 喝酒醉后找到那几个工人，说他们以前在某地干活时曾偷过他的一个铁锤，要那几个人赔 20 块钱。A 听说后出面说："这几个人没有在某地做过事，算了算了。"B 则反过来找到A，A 不想事态扩大，找当地一位彝族打了一斤酒给 B 喝，试图调解。B 把酒喝了第二天又继续找A，并动手打了A 几下。A 说去派出所解决，B 不同意，当时附近彝族将 B 劝回去。后来 B 去派出所报了案，派出所民警 C 到巴普镇找到 A（C 与 B 是同一家支的），说："B 告了你，说你把他腿打伤了一大块，衬衣也被你撕烂了，要你赔医药费和衬衣。为了不让事情闹大，你赔 300 元钱和一件衬衣就算了。"A 反问道："这是你的想法还是麻子的想法？"当时只有A、C 与 D。A 又说自己根本没打过 B，很多人可以作证，另外 B 那天

根本就不是穿的衬衣，又怎么会被撕破？之后 D 出面调解，对 A 说："这个事你不用管，我清楚，B 的伤是自己摔的，如果 B 再去你那里，你就找两个工人捆到我这里来。"C 听后没说话。A 回去后再没出过事。（美姑县巴普镇，沙×× 讲述）[1]

本案是一起彝汉间的纠纷。A 属从外地到美姑做砖瓦生意的汉人，B 为当地居住之彝族，当事人双方地位结构失衡。B 家支在当地则有成百上千人，其间自然不乏各方面网络，因此 B 认为自己家支势力强，A 又是当地人，妄图恃强凌弱，趁机敲诈一笔。B 找到同家支的派出所干部 C 帮忙，获取了人情上的利益。本案中，A 既打了一斤酒给 B，又被 B 打了几下，受到一定物质损失和精神上的压力，而 B 在纠纷中并未受到任何损失。站在客观立场上看，彝方的行为显然是不道德的。B 利用家支势力欺压骗吃，盲目追随外界潮流，贪图享乐，大有欺生之意。彝族干部 C 竟然也不分青红皂白，以民族身份作为纠纷评判的唯一依据，利用"法律道德真空"做着让大多数彝族群众和汉族人都愤慨的行为。

值得庆幸的是，有的民族在现实生活中认识到了本民族传统习惯法的局限性，自觉地将本民族的习惯法加以修正，并通过地方人大立法的形式确立和巩固了下来。如贵州荔波县瑶麓瑶族乡关于婚姻改革的两个《决议》就是以现行国家制定法为指导，对瑶族陈规陋习进行的全面改革。现部分摘抄于下。

> 从古到今，瑶麓瑶族乡覃家寨与卢家寨，洞干寨与洞闷寨，洞闷寨与覃家寨不能通婚，传说缘由是卢家寨人为生活而给覃家寨人帮点火把照明，从此结拜兄弟；覃家寨人帮助洞闷寨人抬灵柩送葬，洞闷寨人回赠给覃家寨人粮食，后互相称兄道弟，结果这些支系间逐渐互不通婚，此种习俗已不知从何时何代开始，不知至今有多少年代。会议一致认为：再沿袭这种习俗下去，将会造成越来越多的近亲结婚，会使瑶族人口素质严重下降，影响子孙后代和社会的进化发展，这种习俗限制是不符合科学道理的。为了杜绝近亲结婚，提高人口素质，促进民族兴旺，有利于"四化"建设和社会发展，现决议：从 1987 年 5 月 1 日起，改变为覃家寨人可与卢家寨人通婚，洞闷寨人可与覃家寨人通婚，任何人不得干涉、阻挠、破坏。

---

[1] 杨志伟：《断裂的凉山彝族习惯法》，中央民族大学民族学专业硕士论文，2003 年 5 月。

　　我瑶麓瑶族人民的婚姻习俗，从古至今不断进行改革。现行的结婚礼仪程序给新婚夫妻仍带来严重的经济负担，影响生产、生活。会议全体代表一致认为：为减轻新婚夫妻经济负担，有利"四化"建设，现决定改革部分结婚礼仪习俗如下：其一，废除母舅认亲制。仍然尊奉母舅、舅妈，尊请他们同岳父母、内兄内弟的走亲，伙计朋友贺喜的各种礼仪程序，改为在同一天内进行，妇女可在第二天设宴接待。如超过两天以上者，按每天罚款 50 元论处。其二，岳父岳母、内兄内弟走亲只准带糯米粑 1 块，女婿回拜岳父母带送的米粑最多不准超过 3 块。超过者以破坏民族习俗论处，罚糯米 100 斤，交乡政府处理 [1]。

　　为了巩固这些地方人民代表大会的婚姻改革成果，确立瑶族新的婚姻观念与规范，他们还用石牌律的旧形式来刊刻新时代婚姻改革的新石牌，即"求留后记"。碑文大致内容是："上古瑶麓婚姻，屡经改革，始打奔，继九牛，贤哲姚娘笛、果银娜瞻高瞩远，倡立乃安。今又覃家、卢家、洞闷，虽古不婚，兹因人丁盛，为杜近亲婚，三邀父老，清讫缘由，决议：自 5 月 1 日起准予通婚。照此乞昌！" [2]

　　综上所述，否认现代法治秩序建构的必要性，听任传统习惯法完全"自生自发"，拒绝对其合理引导，最终结果是"非人道，反自由，不平等"。于是，有人开始否认少数民族传统习惯法的合理价值，甚至主张运用政府权力予以取缔。如凉山州有的司法官员就认为德古调解危害很大，是一种牟取个人利益而扰乱国家法制秩序、破坏社会稳定的个人调解形式，应打击取缔。德古的功过姑且不论，但实际上这种企图用政府权力消灭习惯法的办法自民改以来已运用过多次，不仅未达到预想目的，反而引发不好的社会后果 [3]。实际上，国家法也

---

[1]　黄海：《瑶麓婚碑的变迁》，贵州民族出版社 1998 年版，第 260—263 页。

[2]　黄海：《瑶麓婚碑的变迁》，贵州民族出版社 1998 年版，第 263 页。

[3]　例如，从 20 世纪 50 年代开始的由政府实施的帮助内蒙古和黑龙江鄂伦春族定居的政策，以国家力量干预的方式彻底改变了这个人口极少的民族的经济生活方式与文化特征。这个旨在促进鄂伦春族经济与社会发展的政策，尽管取得了显著成效，但从一开始，就在某种程度上忽视了鄂伦春本民族文化的适应能力，因此遗留下来一些问题。从那时到现在，60 年过去了，仍有相当比例的鄂伦春族人口不擅农耕，而传统的以狩猎为主的谋生方式也由于土地管理权转移、环境保护等原因而无以为继。文化上的不适应引发了多种社会问题，一些鄂伦春族居住社区人口的非正常死亡率就高于全国平均水平。参见北京大学，中央民族大学，国家民委民族问题研究中心：《人口较少民族经济与社会发展调查报告》。

并不完善，它需要习惯法来弥补。我们应该重视历史的经验，虚怀若谷，谦逊和宽仁，善待民族习惯法，尊重民族习惯法，寻找契机改造与转化习惯法，使之与国法真正交接、对接、互补、互动，共同维护民族地区的法治秩序，推动改革、开放的深入，促进经济的发展，不断提高少数民族的物质生活与精神文化生活水平。

第 12 章

回应与调适：习惯法
背景下的民族法治建设

我国各少数民族有着不尽相同的文化、经济和社会基础，因此在现代化进程中，"要特别注重少数民族现代化的特殊性，尊重他们对民族生活方式的选择，这将有利于协助各民族选择适合本民族特点的发展道路，从而有利于全面促进多民族国家现代化进程的实现"[1]。少数民族地区的当代法治建设也是如此，各少数民族习惯法传统的特殊性决定了其法制现代化进程的特殊性，因此在当代中国的法制现代化进程中，必须认真对待各少数民族习惯法的特殊忄生，这是实现中国各民族共同繁荣和建设多民族国家法制文明的重要内容。[2] "一个社会无论其发展变化是多么迅速，它总是无法摆脱与过去的纽带关系，更不会与过去的历史完全断裂。社会的今天与昨天的历史联系是客观存在的，并且是社会本质属性的一种体现，它不是凭一道法令就可以任意地创设或中断的。一个社会如果不在某种哪怕最小的程度上保持与过去的纽带联系，它就不成为社会"[3]，少数民族的传统习惯法也必然将在很长一段历史时期内给民族社会生活的各个方面带来影响。在现代化的背景下，传统习惯法之所以能历久弥新，有如此顽强的生命力，很大原因

---

[1]　高丙中：《现代化与民族生活方式的变迁》，天津人民出版社 1997 年版，第 41—43 页。

[2]　马克林：《回族传统法文化研究》，中国社会科学出版社 2006 年版，第 308 页。

[3]　公丕祥：《法理学》，复旦大学出版社 2002 年版，第 562—563 页。

在于其自身小传统的性质[1]。历史的实践证明，依靠国家立法一蹴而就地完成每一民族传统习惯法的让位，这是难以做到的，依靠国家强制力至多只能使传统习惯法在表面上"销声匿迹"，一旦外部环境发生变化，传统习惯法必将继续影响人们的生活。即使是在"文革"这样极"左"的时期里，凉山的彝族人仍偷偷地请德古调解他们之间的纠纷，传统习惯法的生命力之强可见一斑。其实，即使没有这种习惯法，少数民族地区仍然会源源不断地产生新的传统，这将是"国家制定法以及其他政令运作的一个永远无法挣脱的背景性制约因素"[2]。社会是由多种规范机制共同控制的复杂系统，这些规范机制的功能经常是互相交叉渗透、共同协同作用的。而多种社会规范机制的存在根源，恰在于人们向社会提出的管理模式的不同需求。少数民族的传统习惯法作为一种久经历史检验、行之有效的文化遗产，经过扬弃是能够而且应该与国家制定法整合起来，为当代法治建设以及少数民族经济社会健康发展服务的。

第一节　民族地方立法的完善

我国少数民族地区的法制现代化不可能在短期内实现，要维护社会秩序的稳定，首先要做的就是完善民族立法，吸收少数民族传统习惯法中有益的法资源，充分体现自治和民族特色。

一、民族立法吸收少数民族传统习惯法的必要性

重视少数民族传统习惯法在民族地区治理中的作用，在我国有着悠久的历史传统。在中国历史上，国家的统一法制向来不是维持全部社会秩序的唯一工具，各地、各民族有着不同的风俗，法制建设经常在少数民族地区面临着尴尬的境地。统治者应该考虑到各民族的特殊性并有原则地尊重他们的传统习惯法。在《周礼》、《汉书》和《唐律疏议》等史书上都有这方面的记载。如强调"修

---

[1]　梁治平认为："习惯法之所以能保有如此顽强的生命力，部分源自其自身小传统的性质，部分则是因为赖以存在的社会生活尚未被在根本上改变。"见梁治平：《清代习惯法：社会与国家》，中国政法大学出版社 1996 年版，第 182 页。

[2]　苏力：《中国当代法律中的习惯》，载《中国社会科学》2003 年第 3 期。

其教不易其俗，齐其政不易其宜"[1]、"以其故俗治"[2]、"各依本俗治"[3]、"临时制宜，略依其俗，防其大故，忍其小过"[4] 等。清朝在 "因俗为制"、"华夷并用"和 "缘俗为制"的指导思想下，制定了《蒙古律例》、《理藩院则例》、《苗例》和《回疆则例》。"无论哪一个朝代都认识到对少数民族地区的行政管理应与汉族地区有所区别，必须 '以其故俗治'"，所以，"尽管对少数民族进行行政管理的具体形式有发展变化，但以少数民族自己管理自己的原则却是一致的"[5]。

　　至于在当代社会，习惯法的多元化已成为学界的共识。有研究者指出："国家法在任何社会里都不是唯一的和全部的法律，无论其作用是多么的重要，它们只能是整个法律秩序的一部分，在国家法之外、之下，还有各式各样其他类型的法律，它们不但填补了国家法遗留的空隙，甚至构成了国家法的基础。"[6] 其中一个极为重要的原因是，在经济社会发展日益迅速的今天，社会关系复杂而且快速多变，尽管立法者在制定法律时试图穷尽一切，但其缺陷和漏洞仍然难以避免。这就造成了国家法律在一定程度上脱离了社会的现实需要，尤其是以"移植"西方发达国家法律制度为主要手段的法制现代化，使国家法律文本很难进入人们的现实生活，成为名副其实的 "书本上的法律"，从而导致国家法的正当性受到质疑[7]。就少数民族地区而言，国家的法律制度与民族地区现实生活的脱节更为严重。而各民族历代长期传承、广泛流行于社会和全民族的传统习惯法则根基于少数民族群众的社会生活，并由民族普遍流传的价值观念所决定，它反映着民族的经济生活、自然环境、历史传统、生产方式和心理感情，充分体现了民情的要求，有其 "活法"的长处，而且其作用与国家法的功能是一致的，这就成为其在我国民族立法中发挥作用的合理性及必要性的原因。

　　实质上，在我国现行民族法制体系中，少数民族的传统习惯法并非没有发挥其功能的平台，国家法事实上为其留出了极大的生存空间。[8] 中国共产党根据马列主义民族理论和少数民族风俗习惯的发展规律，遵循民族平等和民族团结的总

[1]　《周礼·王制》。

[2]　《汉书》卷 42《张周赵任申屠传》。

[3]　《唐律疏议·刑名》。

[4]　《后汉书》卷 87《西羌传》。

[5]　徐杰舜，韦日科：《中国民族政策史鉴》，广西人民出版社 1992 年版，第 14 页。

[6]　梁治平：《清代习惯法：社会与国家》，中国政法大学出版社 1996 年版，第 35 页。

[7]　田钒平，王允武：《善待少数民族传统习俗的法理思考》，载《贵州民族学院学报（哲学社会科学版）》2007 年第 3 期。

[8]　同上。

原则，从我国各民族共同繁荣进步的根本目的出发，把尊重少数民族的传统文化作为自己处理和解决中国民族问题的一贯政策之一。[1] 新中国成立之初制定的《政治协商会议共同纲领》就明确了要赋予了少数民族自治的权利和保持或改革其风俗习惯及宗教信仰的自由。历次颁布的《中华人民共和国宪法》中，都明确规定了各少数民族均有保持或改革本民族风俗习惯的自由。1984 年制定颁布的《中华人民共和国民族区域自治法》第 53 条规定：在民族自治地方要"教育各民族的干部和群众互相信任，互相学习，互相帮助，互相尊重语言文字、风俗习惯和宗教信仰，共同维护国家的统一和各民族的团结"。可以说，充分尊重并保护少数民族传统习惯法是我国民族立法的题中应有之意。

从另一方面看，在民族立法中充分吸收少数民族的传统习惯法，不仅可以更好地为民族地区的和谐稳定服务，同时也有利于消除文化阻隔，促进国家法律在民族地区的有效施行。法学家苏力教授在对法治的"本土资源"研究之后也得出结论："真正能够得到有效贯彻执行的法律，恰恰是那些与通行的习惯惯例相一致或相近似的规定。"[2] 我国民族地区的法治实践过程也证明了这一点。多年来，尽管国家的"普法"工作进行得有声有色，但由于有些法律与民族的道德及文化习俗不合，不易为人们所接受，无法成为他们的实际行为规范。于是在许多民族地区出现了用旧的习惯法替代国家制定法来解决民事纠纷甚至处理刑事案件的情况，造成制定法与习惯法之间的冲突。而当地司法机关从维护民族团结的大局考虑，往往也听之任之，导致制定法权威的丧失，法治建设受阻。[3]

二、我国的民族立法概况

为落实《中国人民政治协商会议共同纲领》关于民族区域自治的规定，1952 年中央人民政府委员会颁布了《中华人民共和国民族区域自治实施纲要》，初步规范了民族区域自治制度。1954 年 9 月，新中国颁布了第一部宪法。该宪法以国家根本大法的形式再次确认了民族区域自治制度，并在共同纲领和实施纲要的基础上对民族区域自治制度做了进一步的规范。"文革"期间，我国的各项法制建设受到了极大的破坏，民族自治制度也名存实亡。"文革"结束后的 1979 年年底，中央专门成立了由乌兰夫任组长的自治法起草领导小组。经过 4 年多的大量

[1] 吴大华：《民族法律文化散论》，民族出版社 2004 年版，第 342 页。

[2] 苏力：《法治及其本土资源》，中国政法大学出版社 1996 年版，第 10 页。

[3] 杨磊：《新疆地方立法与少数民族习惯法》，新疆财经大学 2007 级硕士学位论文，第 23-24 页。

调查研究，广泛征求意见，反复研讨修改，自治法于 1984 年 5 月 31 日由第六届全国人大二次会议通过并颁布，并于同年 10 月 1 日起实行。这标志着我国民族区域自治法制建设进入了一个新的发展阶段。2001 年 2 月 28 日，备受关注的自治法的修改得以完成。新修订的自治法吸收了我国改革开放 20 年来取得的许多宝贵经验，总结了 1984 年自治法实施 17 年的主要经验，这是我国民族区域自治法制建设的一个新的里程碑，标志着民族区域自治法制建设的进一步发展。

为有效贯彻宪法的原则精神，宪法性法律文件还赋予了民族自治地方自治机关的自治立法权和行政管理权。宪法、民族区域自治法和立法法均规定民族自治地方的人民代表大会有权依照当地民族的政治、经济和文化的特点，制定自治条例和单行条例。民族区域自治法规定民族自治地方的自治机关根据本地方的情况，在不违背宪法和法律的原则下，有权采取特殊政策和灵活措施，加速民族自治地方经济、文化建设事业的发展；上级国家机关的决议、决定、命令和指示，如有不适合民族自治地方实际情况的，自治机关可以报经上级国家机关批准、变通执行或者停止执行。立法法进一步明确了民族自治地方在不违背法律或者行政法规的基本原则，不对宪法、民族区域自治法以及其他有关法律、行政法规专门就民族自治地方所作的规定作出变通规定外可以自主立法的原则。

总的来说，新中国成立后 60 多年的民族立法工作取得了巨大成就，我国已经初步形成了以宪法为核心，以民族区域自治法为主干，包括其他关于民族事务的法律、法规和规章在内的民族法体系。但我国民族立法目前仍存在一系列亟待解决的问题，例如：民族区域自治法颁布实施已经十几年了，但始终没有一个实施细则；散居少数民族权益保障法至今尚未出台。从民族法调整的区域范围来看，民族自治地方制定的自治法规多，辖有自治州、自治县的省的人大及其常委会制定的有关民族事务的地方性法规少。就各自治地方而言，立法工作开展得也很不平衡。目前，共有 5 个自治区的自治条例没有制定出来；已经实施多年的民族自治地方的自治条例、单行条例、变通规定和补充规定，其中多数都面临着依据宪法修正案和民族自治地方情况的发展变化进行修正的任务。[1]

根据我国民族政策的基本原则，民族立法特别是民族自治地方的立法应当注重民族性。所谓民族性，也即民族特点，是指作为一个民族不同于其他民族的特殊性，这特殊性既包含该民族所处社会的政治经济文化特点，即社会发展特点；

---

[1]　陈洪波，王光萍：《当前民族立法工作中存在的主要问题、成因及对策研究》，载《民族研究》2001年第 2 期。

又包含其特有的语言文字、风俗习惯、表现在文化方面的共同心理素质等构成民族出身或族籍的特点，即民族的民族特点。[1] 民族立法只有充分注重了民族性，结合本民族的经济、文化和政治发展状况，制定出符合本民族特点、能够促进本民族发展的系统化的制度和措施，具体明确民族自治地方单行条例中的自治权，才能提高立法的适用性，避免简单抽象概括民族区域自治权。[2] 参照我国目前的民族立法，由于在形式上的求全和照搬照抄过多，结果导致自治法规地方特色、民族特色不明显，针对性和操作性不强，自治法规应有的作用未能得到有效的发挥。大多数民族自治地方的立法中能够体现民族性的条款几乎全部集中在婚姻家庭和计划生育领域，例如《新疆维吾尔自治区人口与计划生育条例》实行少数民族可宽于汉族的生育政策，规定少数民族公民男性年满 23 周岁，女性年满 21 周岁初婚的为晚婚，比汉族公民的晚婚年龄提前了两岁。新疆维吾尔自治区执行收养法的补充规定中规定少数民族收养人可以收养两名子女，突破了收养法关于收养人只能收养一名子女的限制。2005 年《伊犁哈萨克自治区州实施〈婚姻法〉补充规定》根据哈萨克族婚姻习俗规定，保持哈萨克族七代以内不结婚的传统习惯，同时针对艾滋病、性病蔓延的现状，提倡婚检。可以说，在我国民族法律渊源中，只有少量的少数民族传统习俗通过法律授权的途径进入了国家正式法律制度，宪法的原则精神并没有得到有效贯彻，少数民族习俗仅在一些个别案件的处理中得以显现其存在的价值意义。[3] 目前，134 项自治条例基本上是大同小异，地方特色和民族特色不明显，缺乏应有的针对性和可操作性。[4]

三、在民族立法中吸收传统习惯法的现实困难

当前民族立法中对少数民族自身传统习惯法的重视程度不够，是学界和法律实务的一个共识[5]。学界较为重视对少数民族传统习惯法的研究，但是已有的讨论并没能够提出一个切实解决问题的方案。目前已有研究者注意到这个问题，例

---

[1] 王勋铭：《论民族的民族特点》，载《内蒙古社会科学》1998 年第 6 期。

[2] 程建：《论单行条例——从内蒙古自治区单行条例立法现存问题谈起》，载《内蒙古大学学报（人文社会科学版）》2002 年第 6 期。

[3] 田钒平，王允武：《善待少数民族传统习俗的法理思考》，载《贵州民族学院学报（哲学社会科学版）》2007 年第 3 期。

[4] 陈洪波，王光萍：《当前民族立法工作中存在的主要问题、成因及对策研究》，载《民族研究》2001 年第 2 期。

[5] 同上。

如西南民族大学田钒平、王允武的研究指出："虽然学界目前十分重视对少数民族传统习俗的研究，但更多的是一种规范论证，缺少实证研究"，"在更多的场合学界的讨论似乎遗忘了理论研究的意义追问，将全部的精力放在了'理论范式'孰优孰劣的争论"。他们认为，在当前 "需要论证和解读的关键问题是，为什么在国家法律有明确授权的情况下，少数民族的习俗仍然未能真正进入立法者的视野，成为国家民族法律的有机组成部分"，并指出了造成这种状况的原因，"包括正当标准的模糊性、立法程序的简单化、技术性困难的制约、习俗的封闭性与生活的开放性矛盾的制约、社会目标的过度政治化等诸多方面"[1]。

正如田钒平和王允武研究所指出的，要在民族立法中充分吸收少数民族传统习惯法的内容，我们面临的第一个重大难题就是少数民族传统习惯法自身的正当性问题。"作为国家正式制度的法律，作为法治事业的基本规则，正当性或合理性是其根本特征。只有正当的、合理的少数民族习俗才有可能进入国家法律。因此，正当性论证是少数民族习俗法律化的必要过程。"[2] 研究者在这里虽然谈的是少数民族习俗，但习俗也是传统习惯法的一个重要组成部分，所以以上的论述对少数民族的传统习惯法当然也同样适用。毕竟我们处于一个现代社会，民族地区的立法不可能照搬传统习惯法的内容，民族立法在吸收少数民族的传统习惯法方面也存在一个扬弃的过程。例如对传统习惯法中一些好的、行之有效的内容，如劝善惩恶、禁偷治抢、保护山林和农业生产、保护公益事业、组织生产和分配、调解婚姻家庭等，予以保护和提倡，采取顺应、融合的过渡政策。而对少数民族传统习惯法中一些不好的内容则应当坚决地摒弃。然而，"正当性和合理性作为一种衡量标准，并不是不言自明的"，如何才能较为中肯客观地评价少数民族传统习惯法的正当性，这是亟须研究者和法律实务部门解决的重大课题，"需要通过充分的社会调查和严密的逻辑论证"[3]。同时，我们还应当注意的是，随着封闭状态的终结，民族社会与外界的联系日益密切，其社会成员的价值观、文化观正在不断地发生着新的变革，传统习惯法赖以存在的经济和社会文化基础都在发生着重大的变化，其自身也面临着适应国家统一法制和商品经济、民主政治等新的因素，不断作出自我调整的问题。同样，民族立法也应充分考虑到这一问题，需

---

[1]　田钒平，王允武：《善待少数民族传统习俗的法理思考》，载《贵州民族学院学报（哲学社会科学版）》2007 年第 3 期。

[2]　同上。

[3]　同上。

要用一种现代的、务实的眼光审视少数民族的传统习惯法，确立传统习惯法的当代价值与意蕴，如果传统习惯法的某些内容已经难以顺应现代社会发展、与时代进步相悖或是很难在现代社会发挥作用，则必须被剔除，这样才能实现其与国家法律、经济社会发展的合理接轨。

第二个重大难题是立法技术层面的。首先，所谓"十里不同风，百里不同俗"，各少数民族社会因为不同的文化背景和社会历史发展，故而其传统习惯法也异彩纷呈。在同一民族的不同支系甚至是不同村寨，其传统习惯法的内容也不尽相同。正因为此，强调少数民族传统习惯法部分内容的法律化，则必然会造成法律适用的差异性。但法律制度的统一适用是现代法治社会的基本要求，也是保证司法公正、维护法律尊严的基石，如何处理好这个矛盾就需要我们格外努力。其次，在实现自治的民族地方，其本身的民族构成情况可能较为复杂，其内部也存在多元的传统习惯法，如何在立法中既保证地方立法的统一性、严肃性，又能兼顾各民族（地域）传统习惯法的现实情况，这同样也需要我们在调查研究的基础上做更为细致的工作。最后，传统习惯法如何表现在民族立法的条文中，也值得我们去思考。

四、如何在立法中吸收少数民族传统习惯法，体现民族立法的自治和文化特色

（一）在遵循现代法律基本原则的前提下吸收少数民族传统习惯法内容

强调在民族立法中要吸收少数民族传统习惯法的内容，并非是对各少数民族传统习惯法的全盘照搬，甚至回到过去的状态。注重少数民族的传统习惯法，其目的不仅是尊重少数民族的传统文化和历史沉淀，更重要的是借助传统习惯法的有益内容为民族地区的法制建设和经济发展服务。因此在民族立法中，必须正确协调少数民族传统习惯法与现代法律精神之间的关系，遵循现代法律基本原则和精神理念，在法律实务工作中使传统习惯法不与国家法制冲突，不影响国家法制的统一，不干扰国家司法执法机构的正常活动。要坚持国家法制统一的原则，维护国家制定法的权威和尊严。当然，很多问题则应在立法技术层面予以解决。如前所述，我国各少数民族的传统习惯法构成内容也较为复杂，这些内容只能成为民族立法的一种渊源，但绝不能将其直接转化为法律条文。"从民间的民商事习惯到国家的民商法律，其间必须经过诸多的'加工'，既包括价值判断，更包括

技术提炼，而这种'加工'没有学者们对材料的深刻理解、深入研究和抽象、升华是绝不可能的。"[1] 这种抽象、升华的过程，其实就是将传统习惯法的内容与现代法律基本原则和精神理念结合起来的过程。

（二）建立多层次的地方立法

针对少数民族传统习惯法复杂的多样性和差异性，应当制定多层次的地方立法，绝不能搞一刀切，这既有利于地方立法执行，又能够促进经济的发展，实现地方立法的立法意义。再次，必须促进各地区不同文化的相互播化，促使少数民族地区由传统的、封闭的文化向现代的、开放的、文化方向发展。

（三）充分运用民族自治地方的变通补充立法权

变通补充法律制度是民族自治地方的自治法规体系不可缺少的组成部分，也是民族立法体系不可缺少的组成部分。民族自治地方的变通补充规定在整个社会主义法律体系中虽然占有很小的一席之地，但它的名称"变通"、"补充"四字已经清楚地表明：依据宪法的规定，自治地方的自治机关可以变通或补充地方性法规和有关法律的规定，还可以变通基本法律和其他法律或对基本法律和其他法律作出补充规定。[2]

在前文笔者已经谈到，目前各民族自治地方的相关立法中变通补充规定多集中在婚姻家庭领域。有学者对 1980 年 12 月底到 1994 年年底为止的全国各民族自治地方的变通补充规定作了统计，这一时期共制定变通规定 30 件，其中婚姻法的变通规定有 20 件，继承法变通规定 1 件，另有选举法变通规定 5 件，地方性法规变通规定 4 件；制定补充规定 32 件，婚姻法补充规定 20 件，继承法补充办法 1 件，地方性法规补充规定 6 件，其他补充规定 5 件。[3] 可以说，目前各民族自治地方对变通立法权的行使仍很不充分，多数立法文本在很大程度上大量复制国家法条文，很少涉及特定区域和民族的因素，法律授权的变通立法成了名副其实的统一立法[4]。民族立法充分吸收少数民族传统习惯法的内容，在坚持现代法律的基本原则和精神理念的基础上，要以有利于社会、民族发展的原则制定变

[1]　前南京国民政府司法行政部：《民事习惯法调查报告录》，中国政法大学出版社 2000 年版，第 15 页。

[2]　吴大华：《民族法律文化散论》，民族出版社 2004 年版，第 307 页。

[3]　同上，第 320 页。

[4]　田钒平、王允武：《善待少数民族传统习俗的法理思考》，载《贵州民族学院学报》2007 年第 3 期。

通补充规定，将目前的变通补充立法扩充到婚姻家庭以外的其他领域，例如在刑事领域，某些行为在少数民族地区不一定具有严重的社会危害性，那么对这种行为（如某些重婚、非法拘禁行为）就不宜按犯罪论处。有些行为（如某些流氓行为），按国家制定法为重罪，但少数民族传统习惯法却认为是轻罪的，可从轻或减轻处罚，等等。

第二节　传统权威作用的发挥

一、权威与少数民族社会的传统权威

对于权威的概念，在政治学和法学中从古至今都存在不同的解释。"权威"这一词最早可以追溯到古罗马时期的"创始人"和"威信"这两个词。马克斯·韦伯认为，提出了一种被人们广泛应用的权威分类，即把权威系统分为卡里斯马的权威、传统的权威、法律型权威三种，并以此作为"统治系统"最详尽的分类。[1]卡里斯马型的权威指的是非凡的、献身于一个人以及由他所默示和创立的制度的神圣性，或者一种个人魅力，即被认为是超自然的或者超人的，或者是特别非凡的，任何其他人不可企及的力量或者素质，因此也被视为领袖。建立在非凡的、献身于一个人以及由他所默示和创立的制度上的神圣性，或者英雄气概，或者楷模样板之上的魅力型统治称为卡里斯马的统治。[2]传统型权威的"统治的合法性是建立在遗传下来的（历来就存在的）制度和统治权力的神圣基础上，对它的服从是由于传统赋予它们的固有尊严"[3]，而法律型权威是建立在法律体系的基础上，依靠科层体制的管理进行的统治。[4]韦伯认为，法律型权威最具稳定性与合理性，也最具有理性意义，是现代社会的统治形式。笔者在此处借用"权威"这一政治学的概念，可作较为宽泛的理解，指少数民族社会中相关人物或力量对群体的控制与影响能力，这种影响与控制能力不仅指政治上的，同时还包括经济、宗教和文化等方面的影响与控制。

在我国少数民族社会中，曾经存在多种社会权威，如属于传统权威的家族权威、道德权威和宗教权威等，当然，也有政府权威。但是，在新中国成立以前的

---

[1]　［德］马克斯·韦伯：《经济与社会》（上册），林远荣译，商务印书馆1997年版，第241页。

[2]　同上，第269页。

[3]　同上，第251页。

[4]　同上，第272页。

民族社会中，发挥着最主要作用的是村寨的头人、寨老、家族的族长，以及宗教人物等。这些权威，是卡里斯马权威与传统权威的杂合，有些是因为品格高尚、做事公道、热心为众人服务，而为人所景仰信服，例如寨老；有些则是因为世袭的头人地位或传统赋予的对宗教身份的尊崇，例如部落头人和宗教人物。

这些权威人物在少数民族社会生活中发挥着至关重要的作用，寨老是经群众选举产生或自然产生的村寨领袖，负责维护地域内的社会秩序，保障社会生产的正常进行，处理或调解矛盾纠纷，在村寨中享有极高的威望；宗教人物既是本民族宗教代表人，负责主持祭祀、禳福祛病等各项宗教仪节，也是少数民族文化的承载者和传承者，在村寨中同样享有极高的威望；家族领袖对社会的控制也较为重要，他们通常是家族中辈分较高、通情达理者，有权处理族内各项事务。

二、当前少数民族的社会权威与基层社会控制

（一）传统社会权威的衰弱

新中国成立以后，特别是经历了十年"文革"，少数民族的传统社会权威逐渐停止了活动。国家政权深入社会生活的各个层面，在少数民族地区的村寨中，生产队、村委会等代替了过去的传统社会组织。但是在"极左"路线被纠正之后，人们逐渐恢复了他们的传统信仰和习俗，少数民族的传统文化得以恢复。在这个过程中，某些地区作为传统文化尤其是传统习惯法承载者的传统权威人物也部分恢复了其在村寨生活中的影响能力，例如在贵州的苗侗等族聚居区，寨老又逐渐在村寨生活中发挥作用；在大凉山的彝族聚居区，民间的德古再次担负起调解民间纠纷的职能。过去一度销声匿迹的祭祖、祭神等宗教活动也开始逐步恢复，宗族观念、宗教观念得以复兴。

应当看到的是，以上的这些现象并不表明寨老、宗族首领和宗教人物等传统社会权威的地位得以重新确立。任何政治权威最深厚的基础存在于一定的社会经济关系以及受经济关系决定和影响的社会关系之中。虽然传统文化得以部分恢复，但是过去的社会结构和经济制度都已经彻底改变了，在改革开放和经济发展大潮中，脱贫致富过上幸福生活已经成为村寨中几乎每一个村民的共同追求，经验型的治理方式无法满足人们的要求。此外，自 1958 年以来村寨中已逐渐形成了另一种新的权威，村委会和村党支部代替寨老成为村寨的权威中心，整个村寨在各种自上而下的命令下运转，寨老的职能已完全为村委会和党支部所替代，只

是在村寨事务中发挥策划、协调的功能，并没有实质的控制力。

家族与宗教权威的情形也是如此。虽然家族、宗教观念开始复兴，但这种复兴只是相对于此前的情形而言，是一种"长久压制之后的宣泄"[1]。这一阶段过后，人们更加热衷的是经济的发展，而祭祀等宗教活动很难给人们带来宗教精神世界以外的任何东西，进一步削弱了宗教人物在社区的影响和控制力。在家族内部，家族中的长辈人物虽然仍是人们尊重的对象，在人们遇到婚丧嫁娶、分家析产等大事时也多会请其主持或见证，但也仅仅是主持和见证，对族内甚至各家的事情，家族领袖实质上很难做主。

（二）村委会、党支部等政治权威的遭遇及对村寨社会的控制

新中国成立以后，寨老等传统社会权威逐渐退出了村寨的公共生活，取而代之的是新的公共权力。虽然这些村寨公共权力的确立所采取的形式、途径和步骤以及延续的时间在各个地区和各个民族中是不一样的，但它们本质上都是来自基层政权的授权。从根本上说，这些村社公共权力是基层政权的延伸。村社政治权力在建立起来以后和发展的过程中，随着整个国家政治法律的演变而采取了不同的形式。在村社权力建立的初期，它一般采取互助组、高级社的形式，以后又演变成为人民公社下属的生产大队，再后来又演变成村公所（办事处）以及村民委员会，当然还有村庄的党支部。这些组织取代了村寨传统权威对村寨的影响和控制力，成为村寨唯一的政治权威。

前文笔者已经谈到，在20世纪80年代改革开放以后，寨老等传统权威人物在社会生活中部分恢复了其在村寨生活中的影响力，但这种恢复并没有对村委会、党支部的权威构成威胁，目前在村寨社会生活中发挥最主要作用的仍然是作为政府代表的法律型权威村委会和村党支部。根据中山大学郭正林等人在四川省甘孜州拖坝村所做的调查，村民们在与周围的人发生纠纷之后，72.4%的人会选择首先向政府求助[2]。舒勉等人2001年前后在甘孜州康定县塔公乡作过类似的调查，发现有66.7%的群众在遇到纷争时首先会选择政府[3]。这说明在民族地区的村寨社会中，村委会、党支部等组织所代表的法律型权威仍是处理社区公共事务、

[1] 杨正文："复兴与发展：黔东南苗族社区的变迁态势"，载王筑生：《人类学与西南民族》，云南大学出版社1998年版，第651页。

[2] 郭正林，余振：《中国藏区现代化·理论·实践·政策》，中央民族大学出版社1999年版，第77页。

[3] 舒勉等：《藏族牧区稳定与发展中的权威分析》，载《西藏研究》2003年第3期。

维护社区日常秩序的主导力量。

但是我们也应该看到，改革开放以来，随着集体经济的解体、政治控制的放宽，村委会和党支部对村寨社会生活的影响和控制能力已经被极大地削弱了。不可否认，在某些地区，村委会或党支部在带领村民发展经济的过程中强化了自身的权威性。当然，这种情况并不多见。宥于地理条件和经济基础等因素，民族地区的发展缓慢，仍有相当部分的村寨处于贫困状态，在这种情况下，村委会和党支部的工作很难给人们带来实惠，其影响和控制力就非常微弱。在我们调查的很多少数民族村寨，人们都普遍反映现在村委会、党支部没有多大的威信，村干部的话没什么人听，人们更加尊崇的是村寨中那些已经富裕起来的人，而不是村里的干部。同时人们也反映现在的治安状况差了，特别是偷盗和赌博之风愈演愈烈，对社会稳定构成了严重的威胁。相比之下，人们比较怀念过去的时光，改革开放以前，人们虽然很穷，但路不拾遗、夜不闭户，年长的老人回忆说在寨老管理村寨的时代，没有人敢违反村寨的习惯法。当然，村寨社会秩序的弱化在一定程度上要归因于时代的变化和金钱观念的增强，但无论如何这种现象的较普遍存在也反映了目前的村寨社会控制功能衰弱。有研究者认为，这是因为在传统的社会控制系统断裂之后，寨老等传统权威力量没有得到持续有效的转移，一种能有效代替的权威和社会控制系统始终没能形成。[1] 也就是说，村寨社会控制功能衰弱的根本原因在于村寨权威的缺失，一方面寨老等传统权威已经失去了影响力，另一方面村委会和党支部对村寨社会的控制能力也已衰弱，村寨缺乏足以凝聚人心、维护秩序的权威力量。

三、少数民族传统权威在现代社会发挥的作用

（一）部分少数民族地区的有益尝试

如何才能解决传统权威影响力消失和村委会、党支部对村寨控制力不足带来的村寨社会控制问题，这是个值得法学家和政治学家深思的问题。村寨失序的原因在于传统的社会关系已经解体，传统社会权威失去了控制村寨社会的合法性，但并没有完全退出历史的舞台；现代社会关系尚未深入人心，以村委会和党支部为代表的现代权威难以维系村寨社会秩序的正常运转，可以说现在的民族地区村

---

[1]　方慧：《少数民族地区习俗与法律的调适——以云南金平苗族瑶族傣族自治县为中心的案例研究》，中国社会科学出版社 2006 年版，第 17 页。

寨处于一个多元权威并存但又都不足以维系村寨秩序的状态。基层社会秩序的建立和维护是各种权威互动和影响的结果。事实上，现代权威和少数民族的传统社会权威并不是没有相容之处，只要加以正确的引导，可以为村寨社会的和谐稳定提供坚实的保障，同时也"极有可能成为中国乡土社会多元权利主张形成和发展的契机，进而从不同方面制约长期处于一元化状态下的国家权力"[1]。目前，在一些少数民族地区已经出现了借助传统权威的影响力维持社会秩序的有益尝试，取得了一定的效果。

值得关注的是寨老等传统权威在贵州苗、侗、布依等族社会中的复苏，这种复苏最初只是个别村寨的行为，后来逐渐影响到其他村寨。贵州民族地区的寨老现在多以老人协会的名义活动，很多村寨都有这种老人协会，有的村寨几乎所有比较年长的老人都是老人协会的成员，例如安顺市镇宁县的坡孝布村，几乎60岁以上的老人都是老人协会的成员[2]；有的则是自然产生的，例如黔东南锦屏县的文斗寨，只要是办事公道、群众信服的老人，都被人们看成寨老，而从江县占里寨的寨老虽然也是自然产生的，但在寨内各家族之中还是有一定的平衡；有的则是通过推选产生的，例如黎平县岩洞乡岩洞寨按照各家族人口的比例，不定期推选出55名寨老，在这55名寨老中还推选出威望最高的4人作为老人协会的领导，其中1人作为"老人协会"的会长或主任[3]。至于寨老发挥作用的情况，各村寨不尽相同，但大都承担了调解纠纷的职能，有的还参与村里的管理。寨老的身份是独立的，成为寨老，就不能再担任村委或党支部的职务，同时寨老的工作是义务性的，没有工资，为群众处理问题也不收取任何报酬，人们只是出于感谢之情有时请他们吃饭。寨老身份独立，处事公道，所以很受群众的尊敬。也正由于这个原因，寨老在处理问题时具有村寨干部不具备的优势，在贵州一些地方也受到了地方政府的重视。例如贵州黔东南黎平县的岩洞镇，林业政策放开以后，山上的责任林和集体林被砍被盗现象非常严重，公安部门几次派人下乡调查处理，均未能有效地解决。当地政府于1984年利用老年协会，公布了乡规民约，几次群众大会之后，盗砍林木之风很快被肃清。当地在总结经验内部交流时

[1] 焦若水，马争朝：《少数民族现代化过程中的权力结构初探——在甘南卓尼县木耳、叶儿、柳林三地的实证调查》，载《甘肃教育学院学报》（社会科学版）2003年第2期。

[2] 于丽萍：《贵州布依族聚居地方村民自治问题个案研究——镇宁县扁担山乡坡孝村的调解制度》，贵州大学2007级法律硕士论文，第14页。

[3] 郭宇宽：《寨老制度：独特的农村基层组织——黔东南侗乡寨老制度复苏考察》，载《中国乡村发现》2007年第2期。

称："顺水挖沟，因势利导；制定规约，利用寨老；小案不出村，大案及时报告；各保一方平安，敞开大门睡觉。"村寨为了建鼓楼、修公路这样的公益事业，搞募捐也要寨老出面才能顺利开展。[1] 贵州省雷山县方祥乡格头村还存在明显的长老议事制度，村中重要的事情，特别是与传统有关的事情，必须先与寨老商议，取得寨老的同意和支持[2]。总的来说，贵州省少数民族村寨中寨老所发挥的作用，主要还是集中在纠纷调解领域。在人们心目中，寨老的威望仍然存在，只要是难以解决的纠纷，多半会请寨老参与调解。

　　黎平县岩侗镇岩洞寨的传统权威寨老，也是以"老人协会"的名义继续发挥作用的。整个黎平侗乡都普遍存在"老人协会"组织，"老人协会"的会员一般是村寨中 55 岁以上有公信力的年长男性，通过不定期推选产生，有协商民主的特点。而且推举过程中为了照顾广泛的代表性也有自发的"选区"划分。在当地每一个宗族居住相对集中，被称作"爪"，每一爪有几十户到上百户不等，以岩洞镇岩洞村为例，共有 10 个爪，每个爪按比例照顾人口若干名，全村一共推选出 55 个寨老。在这 55 寨老中又被推举出 4 位相对而言威望更高者，其中有一人被推举为"寨老主任"，对外则称"老年协会主任"，但他并没有超出其他人的权力，只是作为一个召集人发挥作用。当地寨老在村中最主要的职责是维护公共秩序。在农村乡里的纠纷往往非常具体，大到山林水土、婚丧嫁娶，小到天旱时放了邻家的田水、羊没拴好或者鸭子没看牢吃了人家的秧苗，如果不能妥善处理都会引发极大的矛盾。而这些非常具体的问题往往无法通过国家法来解决，而且即使能够解决，成本也过高。所以寨老们就承担起了民间法官和调解员的作用。而且各村讨论产生的乡规民约也产生了相应的作用，比如有的村就规定谁养的鸭子在抽穗的季节进了别人的水田，水田的主人就有权把鸭子吃掉，养鸭子的人不得争论；还有的村规定年轻人说脏话侮辱女同志或者长辈，每次罚放一场电影（让犯错误者请电影队来给大家放电影一次）。这样的问题显然是国家法律无法统一规定的，有了大家认同的规则，就可以化解很多矛盾。一般的小纠纷爪里的寨老就可以解决，比如谁家孩子不孝，寨老就去规训；大一些的矛盾则要村里的寨老出面，甚至在鼓楼召开有村民参见的"寨老联席会议"商讨。笔者听说过一个案例，2002 年有一个岩洞村外出打工的青年，背着妻子在外边包了二奶，

---

[1]　郭宇宽：《寨老制度：独特的农村基层组织——黔东南侗乡寨老制度复苏考察》，载《中国乡村发现》2007 年第 2 期。

[2]　周相卿：《黔东南雷山县三村苗族习惯法研究》，贵州人民出版社 2006 年版，第 60 页。

妻子是另一个村子的，妻子家里亲族出面要讨说法，闹得不可开交，几乎要械斗。于是两个村的寨老出面进行调解，最后商定由男方家赔偿女方家9千元，还由计生委出面扒了男方家一间厨房以示惩罚，给女方家出气，最后双方都能够认可这一处理结果。而且由于村里都有种种亲缘关系，为了保证处理问题公道，如果矛盾涉及寨老的直系亲属，还有回避制度，让其他寨老出面调解以避嫌疑。寨老有时还扮演治安调查员的角色，一些小案子，比如某家经常发生鸡鸭被盗，寨老还会利用自己的经验和观察，进行破案。前不久岩洞村的寨老就侦破了一起偷鸡案，在鸡毛等确凿的证据面前，一时糊涂占小便宜者低头认错，杀了家里的猪，用竹签穿成"串串肉"，挨家挨户做检讨，赔礼道歉。

据徐晓光、李相玉等人的调查，锦屏的林权制度改革试点充分发挥了寨老在解决林地权属纠纷中的作用，在实施中起到了经济、便捷的作用，达到国家司法判决所达不到的某种特殊效果。[1] 又如几年前，因国家重点水利工程三板溪水电站的建设，剑河县县城实行了搬迁，选址定在了原台江县的革东镇。大规模的城镇建设征地范围涉及革东镇的好几个村寨，祖祖辈辈靠种田为生的苗族村寨同胞对此很不理解，加上征地补偿费按当时的国家政策，每亩为9700元。村寨的老百姓都接受不了，和前来做征地宣传工作的县直机关工作人员发生了大规模的冲突；剑河县县委书记前来做工作，也被群众围攻。剑河县政府部门向州委、州政府请示，甚至动用了武警，这起围攻事件也引起了国外媒体的关注。剑河县县委据理力争，最后省政府提高了补偿标准，每亩提高到23000左右；又通过寨老做了大量工作，从国家建设项目的大局出发，通过寨老的威信使群众接受了这一事实，事件得到妥善解决，顺利平息了征地搬迁引发的群众矛盾。在这起事件中，政府部门充分认识到寨老的作用，在后续工作中，重大的事情都先与寨老沟通、协商，事先取得寨老的同意，使得新县城建设的步伐明显加快，提前一年完成了新县城建设任务，顺利搬迁，有力地支持了三板溪水电站的建设。[2] 总的来说，贵州省少数民族村寨中寨老所发挥的作用，主要还是集中在纠纷调解领域。在人们心目中，寨老的威望仍然存在，只要是难以解决的纠纷，多半会请寨老参与调解。

[1] 徐晓光，李向玉：《集体林权制度改革背景下林权纠纷及其解决途径》，载谢晖，陈金钊：《民间法（第八卷）》，山东人民出版社2009年版。

[2] 李向玉：《市场经济因素影响下的黔东南苗族习惯法变异与流失——以凯里周边两个苗族乡区标志性人和事物为例》，载《第五届全国民间法·民族习惯法学术研讨会会议论文集》，第729页。

　　与寨老的调解相比，彝族聚居区的德古调解则有一定的差别。关于德古调解的具体情况，前文也有详尽的描述。作为一个特殊的阶层，德古在旧凉山彝族历史的舞台上扮演着独特的角色，对凉山彝族社会的发展产生了重要的影响。但是在新中国成立后，特别是"文革"时期，对德古等特殊阶层的错误对待，德古的数量越来越少，其作用和地位也越来越低微。改革开放以后，彝族人很快恢复了自己的传统，社会民众对德古的期望也越来越高，其权威性和纠纷解决作用重新被认可，德古又一次在人们的社会生活中活跃起来。我们在凉山腹地调查发现，每个县法院受理和审理的案件大多是刑事纠纷，民事案件告到法院的很少。法院门庭冷落，但离法院几十米外的路边就有围坐一圈的彝人在说法论理。比如，布拖县法院 2002 年前后每年审理民刑案件也就 100 余件，而民间德古调解处理的达一两千件，一些著名的德古每年都要办理几十桩案件。在这些纠纷中，很大一部分是民众依据习惯法自愿送交德古处理；一些是因为当地乡村干部解决不了才邀请或召集德古进行调解的；也有的是经由国家法定程序判决后，双方当事人不满意又请求德古重新裁决的。此外，德古在地方政策的制定、地方事务的协调过程中，显示了不可低估的权威性和参与性。对于一般性的公共事务，很多乡村干部特别是资历较浅的年轻干部也会借助德古的权威和作用 [1]。

　　虽然目前德古仅以一种非正式的身份参与社会事务的管理，也很少有德古兼具村干部的身份，但是其在维护社会秩序、发扬彝族传统道德风尚等方面发挥的作用不容低估。凉山州布拖县法院一直在关注这一问题，开展了"携手'德古'共护和谐"的活动，聘请了该县 43 名德古作为特邀人民陪审员。在接受了相关法律、法规及特邀人民陪审员权利和义务等知识的培训后，这 43 名"德古"同县法院签订了《特邀人民陪审员管理规定和目标责任书》。在县法院遇到难以解决的案件时，往往邀请德古共同处理，2005—2007 年布拖县人民法院拖觉法庭携手德古共同调解了 86 起民间矛盾。而德古们成为特邀人民陪审员之后，在调解民间纠纷时也更有热情、更有底气了。[2] 同样是彝族聚居区的小凉山地区，人们则借助家支的力量来实施强制戒毒，取得了很好的效果。其具体情况，笔者在文中也有了介绍，此不予赘述。当然，寨老和德古等传统权威与过去相比，已经有了质的差别，他们不再是社会生活的实际控制者，虽然在人们的心目中寨老等

---

[1]　郭金云，姜晓萍：《凉山彝族"德古"的特征、现状与再造》，载《西南民族大学学报（人文社科版）》
　　　2005 年第 5 期。

[2]　《法院携"德古"共同促和谐》，载《凉山日报》新闻网 2007 年 12 月 7 日。

人的威望仍然存在，人们也愿意接受寨老的安排，但是寨老的意见已不是唯一的和最重要的，而只是作为公权力的有益补充而存在。而且，寨老等传统权威对社区生活的影响力在很大程度上也是建立在公权力默许及支持的基础上。此外，寨老、德古等人的权威也并不仅仅是来源于传统的力量，在调解矛盾纠纷的过程中，传统社会权威依据和凭借的并不是他们本人或少数人的意志，而是少数民族积淀深厚的传统道德。这些真、善、美的伦理道德和价值观念，如惩恶扬善、扶持弱小、抑制恶霸等，始终维护着绝大多数人的利益。寨老和德古等人公平调解矛盾的过程也就是调动整个社区真、善、美的价值观及其舆论，给予不道德的人和事以强大压力的过程。当代的寨老在人员组成上也有一定的变化。笔者在贵州民族地区调查时发现，在一些村寨中，退休后回乡下居住的党员干部只要热心村寨中的公共事务，一般都会成为寨老，村中有重大事情时往往都要和他们商量。同样，村中一些文化知识程度较高的中老年人也多半是寨老的人选。这些不同身份的寨老与过去相比，更有知识，对外界社会有较多的了解，也更容易接受新的事物。

例如藏族聚居区，虽然在 1959 年民主改革以后，宗教退出了社区管理，但由于长期的历史渊源形成的潜意识观念和宗教在藏族人生活中特有的功能，喇嘛和寺庙仍然是农牧民可能寻求帮助的对象。当然，人们向寺院、僧侣求助时，更多的是关于内心不安、孩子取名和疾病问卜等方面的生活事件；也有因为偷盗等纠纷而向喇嘛求助的，但并不占多数。此外，宗教在地方政府处理某些事务时往往能发挥重要的作用。例如草山纠纷和大规模的偷牛盗马事件，政府的权威往往不能单独解决问题，必须由宗教权威出面作为一定的补充手段协助政府解决问题。[1] 又如在甘孜州，人民调解员通常囊括了该地区最有影响力的寺庙的高层人士，他们有的具有"格西"学位，在佛法、说理方面有很高的学识和能力[2]。在西部民族地区，这可能是一个较为长期的现象，宗教对于维持社区秩序的稳定具有不可忽视的作用。

（二）进一步发挥传统权威在当代社会功能的思考

1. 传统权威与当代民族地区的法制建设和社会发展

上述种种传统社会权威在当代社会的运用，正说明了传统社会权威在现代社

---

[1] 舒勉等：《藏族牧区稳定与发展中的权威分析》，载《西藏研究》2003 年第 3 期。

[2] 张晓蓓，康晓卓玛：《论民族自治区域少数民族纠纷调解机制的建构——来自四川少数民族自治地区的调研》，载《中央民族大学学报（哲学社会科学版）》2007 年第 3 期。

会仍可以为地方百姓兴利除弊，同时也表明了他们在社会生活中所发挥的作用并不是与国家公权力的彻底分离，更不是对立，而是与整个社会的经济、社会目标相统一的。对于这些传统社会权威的复兴，地方政府不仅没有必要保持过度的警惕甚或予以限制，而且应当大力提倡，引导这些传统社会权威在当代社会中找到自己的适当地位。目前我国正处于社会的转型时期，国家与社会公共领域的关系调整也是社会结构转型的一项重要内容。

从理论上讲，我们不能回到过去那种国家公权力对社会一元化全面控制的时代，公权力的触角可能再次深入社会生活的每一个角落。转型期政府与民间的关系目标是社会分化的情况下政府对民间社会生活控制层面的减弱，建立社区自身的社会控制能力就尤为重要。在特定的地域、时空条件下，"民间权威确实还能扮演主要作用，对于地方社会秩序、公正和权力平衡起主要引导作用"[1]，寨老等传统社会权威在当代的复兴也正说明了民间社会对多元权威的需求。在我国现阶段的社会转型过程中，在相对落后的少数民族地区，地方各级政府及司法机关应当扮演起组织者和引导者的角色，更多地关注传统民间权威群体在民族地区现代社区生活中的影响力。例如少数民族地区的司法机关可以参照四川彝族地区的有关做法，在陪审员的选拔上注意传统习惯法的影响，利用传承下来的民间调解机制，将民众所信赖的德高望重之人选拔到陪审员队伍当中，经过专业培训，规范其个人行为，使之成为诉讼调解的中坚力量。在具有自己民族宗教的地区，特别是历史上曾经有过政教合一的地方，利用宗教人士参与调解的历史传统，利用少数民族对自己本土宗教的信仰和对宗教人士的信任，正确引导，使传统宗教随着社会经济的发展和人民生活的变化而增加新的内容。[2]

此外，目前寨老等民间力量在村寨社会生活中发挥的作用还只是一个开始，只要加以适当的引导，完全可以借助这些人物在民间社会的影响力对社会民众实施间接调控，达到稳定社会秩序、维护社会治安的目的。作为西部民族地区基层社会组织的村委会，也可以通过取得民间权威支持的方式来调动民间的权力资源建构有效的村落社会控制系统，恢复村落的社会秩序。[3] 在此过程中，国家公权力要做的不仅是对民间传统权威的支持或默许，更多的是一种积极的引导，将传

[1] 王铭铭：《村落视野中的文化与权力》，三联书店 1997 年版，第 336 页。

[2] 张晓蓓，康晓卓玛：《论民族自治区域少数民族纠纷调解机制的建构——来自四川少数民族自治地区的调研》，载《中央民族大学学报（哲学社会科学版）》2007 年第 3 期。

[3] 方慧：《少数民族地区习俗与法律的调适——以云南金平苗族瑶族傣族自治县为中心的案例研究》，中国社会科学出版社 2006 年版，第 57 页。

统权威的功能发挥纳入法律和政策许可的轨道，与国家的社会经济发展目标结合起来，例如引导民间传统权威在处理社区事务、调解纠纷时更多地以国家法律制度为依据，宣传国家的政策和法律，使群众能够更加透彻地领会国家政策、法律精神，并逐渐运用到生活中。

2. 对传统权威作用发挥的支持和引导

在现代社会，传统权威作用的发挥，仍然受到诸多的限制，其中最为主要的就是寨老自身权威的不足。寨老这种传统权威的合法性基础是历史上已经形成的规则和规范，在这种权威下，人们既服从于过去的经验、规则和规范，又服从基于传统的首领、家族长老等象征性力量。但在今天人口流动的大背景下，传统型权威显然已经不再具有其在历史上的那种威信，这就使得其在现代村寨中发挥的作用大打折扣。中国社会科学院研究员邓敏文老先生曾谈到一个发生在他的家乡黎平县岩洞寨的案例：岩洞村制定的乡规民约中有一条是"严禁在河道里炸鱼、药鱼、电鱼"，"违犯者每人每次罚款 200 元人民币，跟随捞鱼者每人每次罚款50 元人民币"。这一乡规民约制订之后，岩洞村的治安状况明显好转，自然环境也有所改善。原来几乎绝灭了的河鱼正在逐步得到恢复，下河钓鱼、撒网的人越来越多。大约在 2008 年前后，有四位从广东打工回来的当地年轻人竟敢用从广东带回来的"鱼炮"在岩洞河里炸鱼，此事被当地农民检举揭发。经调查了解，确有此事，当事人也承认。可他们就是不缴纳罚款，口口声声称自己"不知道村里有这样的规定"，而且说"鱼炮不是炸药，不能按规定处理"。于是在当天晚上 9 点多钟，村里的老人协会召开会议，包括邓敏文老先生在内的 10 多位德高望重的老人一起参加了讨论。老人协会认为"《乡规民约》每户一册，而且村里多次广播，还有公开树立的乡规民约碑为凭，不会不知道。即便不知道，也应该按照最低处罚标准处理——为首者补维（人名）罚款 200 元，其他三位每人罚款50 元。"老人们还认为："用鱼炮炸鱼也是炸鱼，不能以此为由免于处罚！"会议一直开到第二天凌晨 3 点多钟，双方争持不下，只好暂时休会。最后没有办法，老人协会只得将三位用鱼炮炸鱼者送到当地派出所处理。岩洞寨的寨老们是用新型"习惯法"——村规民约来处理公共事务，这说明寨老们所发挥的作用与村民委员会、村党支部的既有功能并不违背。不过，正如不少学者已经指出的那样，村民自治目前还存在种种不足，尤其是关于村规民约的法律地位、性质和拘束力等相关法律并不完善，因此效力和威慑力也受到了极大限制。寨老用村规民约来处理村寨的公共事务，也会受到同样的限制。

　　而在另一方面，我们也能看到村寨传统权威的作用超越法律边界的现象。例如在锦屏县隆里乡的华寨村有一个专司调解夫妻、婆媳矛盾与邻里不和等纠纷的"劝和组"。这种劝和组由村里有威望、能说理、会唱歌的 18 人组成，可以说大多是村寨的寨老和村民委员会、村党支部的成员。劝和组在调解纠纷后，当事人都要付出一定代价——安排一顿"劝和饭"，招待劝和组成员。据了解，这种"劝和"的形式促进了村寨的和谐，化解了许多家庭成员之间、邻里之间的矛盾。不过，一些被吃过"劝和饭"的家庭，内心并不是都很舒坦。自劝和组成立以来，华寨村里一旦有夫妻、婆媳、邻里发生争吵或打骂，除了劝和人员之外，左邻右舍也会加入其中，在他家门前放鞭炮，通知乡亲前来劝解，吵架家庭就得做饭款待。劝架村民边吃边唱，从夫妻缘分、为子女着想唱起，动之以情、晓之以理，使其冰释前嫌，重归于好。2007 年前后，华寨村在广泛征求村民意见之后，还把劝和制度写进了《村民自治合约》："讲文明、讲礼貌，尊老爱幼，邻里和睦相处。严禁说脏话、骂街，严禁夫妻、婆媳、邻里吵骂打架。违者要自愿承担参与劝和人员的伙食。"笔者以为，吃劝和饭这种做法尽管可能符合当地的传统习俗，也与地方文化有一定的联系，但是规定强制请客的方式确实有违法律的规定。

　　从上述两个案例中，我们可以看出，在发挥及调动民间传统权威作用的过程中，国家公权力要做的不仅是对民间传统权威的支持或默许，更多的是一种积极的引导，将传统权威的功能发挥纳入法律和政策许可的轨道，与国家的社会经济发展目标结合起来，例如可以引导民间传统权威在处理社区事务、调解纠纷时更多地以国家法律制度为依据，宣传国家的政策和法律，使群众能够更加透彻地领会国家政策、法律精神，并逐渐运用到生活中。

第13章

传承与维系：现代化语境下的习惯法发展

在上一章中，笔者指出，少数民族的传统习惯法作为一种久经历史检验、行之有效的文化遗产，经过扬弃是能够而且应该与国家制定法整合起来，为当代法治建设以及少数民族经济社会健康发展服务的。我国法制建设应当充分吸收和借鉴各少数民族传统习惯法的优秀成果。但与此同时，另一方面的问题则很容易被我们忽略：既然少数民族的习惯法作为一种文化现象将长久地存在，并在民族社会生活中发挥作用，那么我们应当如何冷静审视民族习惯法的发展出路？无疑，这一问题同样值得我们关注。

放眼世界，不同文化形态相互渗透、交融，预示人类文化将在一个新的层面超越当前所面临的分裂和冲突，一次空前的文化整合即将出现。今日的少数民族社会也不例外，随着封闭状态的终结，民族社会与外界的联系日益密切，其社会成员的价值观、文化观正在不断地发生着新的变革。这一方面对民族文化包括习惯法的发展构成了强大的压力，另一方面也为其发展提供了难得的机遇。因为它开拓了人们的文化视野，能够用一种全新的目光环顾世界，审视自身的民族文化。并且通过比较，加深了对本民族文化的认识，以便采取相应对策推进民族文化的发展。各少数民族的习惯法在这一大趋势中必须适应国家统一法制和商品经济、民主政治等新的因素，不断作出自我调整，才能在民族社会的变革中发挥积极的作用。

第一节 习惯法发展的可能

现代化的概念是美国学者在 1951 年提出来的，用来描述从农业社会向工业社会的转变。1958 年，美国学者丹尼尔·勒纳在《传统社会的消失》一书中提出了两种相对立的社会观，即传统社会与现代社会。所谓"现代化"，就是一个国家由传统社会向现代社会的过渡，社会中现代性因素由少到多，直至覆盖整个社会生活的历史进程[1]。因此，现代化实质上是人类社会及其各个层面由传统向现代转型的世界性的历史变革进程，是一个漫长的历史发展和变迁的进程。这一进程具有世界性，不管各个民族的发展道路如何，它都要自觉或不自觉地被纳入一个新的社会发展秩序轨道中[2]。我国是一个后发、外源型的现代化国家，现代化这一历史命题是我们无论如何都回避不了的。就我国民族地区来说，西部大开发是国家推动民族地区现代化的一个重要举措。在当代社会，现代化已经是全球范围内不以人的意志为转移的趋势，现代化成了人们思想、行为的标准和主要价值取向。

在这样一种现代化运动的背景下，我国各少数民族的民族传统文化（其中当然也包括习惯法）面临着巨大的挑战和难以为继的困境。关于少数民族传统习惯法在当代的种种困境，笔者在前文已经有较多的论述。此处笔者需要探讨的是，面对种种困境和挑战，少数民族传统习惯法应当如何来应对。当然，解决了这个问题，对少数民族传统文化的其他领域也同样具有借鉴意义。综观目前的社会舆论和学界观点，人们在这一系列问题上大致有三种错误的认识[3]，下文笔者将逐一进行分析。

1. 彻底摒弃论

这种看法认为，既然民族社会是后发展的落后的社会，其文化也是落后的，是与现代化的要求不相吻合的，甚至是社会落后的根源，应当予以彻底革除更新，给现代文明让路。具体到习惯法领域，有学者指出，要摒弃传统习惯法的影响。

要求彻底摒弃少数民族传统文化的看法显然是错误的，传统并不都是应抛弃

---

[1] ［美］吉尔伯特·罗兹曼：《中国的现代化》，江苏人民出版社 2005 年版，第 4 页。

[2] 孙立平：《全球性现代化进程的阶段性及其特征》，载《社会学研究》1991 年第 1 期。

[3] 施惟达：《现代化语境中的民族文化》，载《云南社会科学》2003 年第 3 期。

的历史包袱，也包含适用于现代和未来的合理成分，现代化离不开传统的肥沃土壤。民族文化作为一个民族长久的历史积淀，其存在是有其内在合理性的，在现代社会中同样显示了恒久的生命力，并不是外力可以任意改变的，这在前文已有论述，同时也可以说成了当今社会的共识。

2. "原汁原味"论

第二种观点恰好与第一种相反，主要存在于部分民族文化研究者中。他们强调所谓"原汁原味"的民族文化，注重少数民族文化的历史价值，要求民族文化不作丝毫的改变。这种观点也存在于其他人群之中，他们把民族文化、民族的生活方式作为城市生活的调剂品和差异体验对象，希望原汁原味地保留民族文化。

上述观点显然也是错误的。古往今来，文化的交融互动一直是其发展的强大动力，民族文化本就是在长期的历史发展过程中逐渐形成的，而且毫无疑问还要不断发展下去，绝不可能定格在某个历史发展阶段上，我们无法阻挡也不应阻挡。民族文化虽然不仅是单个民族的遗产，更是整个人类文明的遗产，但其首要的价值和意义仍然是对文化主体而言的。对学者而言，一些"原汁原味"的文化事象可以为其提供描述原生状态的对象；但对一个民族而言，却没有任何义务为学者的研究而保留这种生活状态。具体到习惯法领域，我国西南边陲的一些少数民族地区近现代的生活状态，确实可以为我们提供研究人类早期法起源和发展的研究资料，例如神明裁判、血族复仇等，我们无法要求这些民族为研究者的研究之便而自拒于现代法治之外。同样，我们更没有理由要求少数民族为了他者的"差异体验"而停滞自己的发展步伐。

3. 文化资源论

文化资源论认为少数民族的传统文化是一种资源，更具体地说是旅游开发的资源，应该充分挖掘利用，为发展民族经济服务，也即所谓"文化搭台，经济唱戏"。

当然，民族文化是一种资源，这种提法本身并没有任何问题。同时，笔者也认为应当把民族文化的发展与文化产业紧密结合起来。因为文化的发展不仅需要学者的努力，同时更需要把民众纳入文化的传承活动中，培养民族文化传承的主体。民众能否参与到这种传承活动中，关键是看文化传承能否提高人们的生活水平。如果文化发展无法达到这个目的，那么所谓民族文化的发展也只能是研究者的一厢情愿罢了。事实上，通过民族文化产业化的实践，我们也看到了，这一做法在某种程度上对于少数民族恢复民族记忆、增强民族意识、构建族群认同起到了积极的作用。但与此同时，这种做法的背后隐藏着深刻的问题。文化资源论的目的并不是发展民族文化，民族文化只是一种手段，是一种为经济发展服务的手段，因而真实的、有价值的民族文化常常被阉割、肢解，造成民族文化的虚假化、破碎化和表浅化。并且，更为严重的问题是，民族文化的最主要价值成了发展经济的手段，从而"割裂文化与主体的联系，把最表象的东西抽取出来，与文化主体的生活联系割断，这样的文化是表演的文化，缺少生命力的文化，甚至是伪文化"，使民族文化失去了存在下去的土壤和条件。[1]

　　我国是一个统一的多民族国家，各少数民族由于所处的生态环境、历史发展阶段的不同，其民族文化也存在巨大的差异，加之民族文化与政治、经济和宗教等问题有着密切的联系，所以关注特定区域内少数民族文化的发展就显得特别重要，有着非同一般的意义。在我国现代化的进程中，对少数民族的传统文化简单地全盘否定或者肯定甚至以保守的态度要求原汁原味地保留，这些做法都是不可取的。之所以在这一问题上会产生这样或那样的错误认识，根本原因在于我们是站在文化他者的立场上看待民族文化的发展，我们认可或否认的都是民族文化对他者的价值，至于文化主体者自身的需要和感受，我们则很少去触及。在这个基础上得出种种错误结论就不足为奇了。但这样的结论脱离了文化主体的生活，这种孤立地对待民族文化的做法又有何意义呢？文化人类学中以博厄斯为代表的美国历史学派主张放弃欧洲中心主义，持一种价值取向上的"多元立场"，主张种族平等并提出文化相对主义思想，认为每一种文化都有其独创性和充分的价值，每个文化都有自己的价值标准，一切文化的价值都是相对的，因此对文化的评价应该采用它所属的价值体系而非外来的或某一种统一的标准[2]。同样的道理，对文化的发展，我们也应当采用文化主体自己的标准，或者说根据文化主体者自身的愿望来选择。但是很遗憾，我们在做这种决策时往往越俎代庖，简单地把自己的想法强加给民族文化的主体者，以自己的需要代替他人的需要。

　　任何一个社会群体都有其独特性，很难彻底抛弃在独特历史环境下形成的习惯法，且不论长期形成的文化心理积淀更深、更不易变，如果无视民族地区的习惯法传统，不尊重客观实际情况，一味地加以否定，反而会激化矛盾，效果适得其反。即便"全球化"已是大势所趋的今天，我们也应看到，全球化、现代化并

[1]　施惟达：《现代化语境中的民族文化》，载《云南社会科学》2003 年第 3 期。

[2]　黄淑娉，龚佩华：《文化人类学理论方法研究》，广东高等教育出版社 1998 年版，第 166、203—206 页。

非是同质化,"差异是发展的动力,多样性是创造性的前提条件"[1]。即便是我们
眼中的西方世界,其现代化的方式也有差异,例如哈贝马斯的欧洲现代化理论就
不同于美国的现代化,他反对新自由主义思想,强调平等和个体的普遍主义,认
为这是欧洲现代性的主要成就。[2] 我国的各少数民族的文化、经济、生活方式和
发展水平都不尽相同,不可能走上同质化发展的道路。我们很难想象,未来 56
个民族的同胞,甚至是全世界的人竟有着毫无二致的习惯法,这样的习惯法必然
是无味的、缺乏创新精神的。习惯法,甚至民族文化,应该是各式各样、丰富多
彩的。正是这些各式各样、丰富多彩的文化,构成了世界的丰富性和人类生活的
多样性。而在另一方面,发展是人类的共同动力,人类永不会满足现状,少数民
族习惯法必须革故鼎新,显示出勃勃生机和活力,推动经济社会的发展,不能过
分强调其民族性、原生性,否则会导致民族地区法制建设的退步和某些陋习的死
灰复燃。

第二节　习惯法发展的动因

一、习惯法的现代化与民族习惯法的现代化

习惯法的现代化是现代化的一个重要层面,它既是文化现代化的组成部分,
也是社会现代化的重要内容。特别是因为法作为最为重要的社会控制方式在现代
社会的作用尤其突出,从而使得习惯法的现代化在整个现代化进程中有着至关重
要的地位。习惯法现代化一直是我国法学界研究的热点问题,学者们对习惯法现
代化的概念、理论、标准乃至实现途径等问题提出了诸多看法,颇受关注,笔者
仅就其中与少数民族习惯法的发展相关的内容作一探讨。

(一)传统与现代

传统与现代的关系,这是任何一位研究习惯法近现代化的学者都始终无法回
避的问题。清末的法制变革,通常被看做是我国法律近代化或现代化的开端。这
场法律变革运动,是在我国传统习惯法与西方近代习惯法冲突的背景下发生的,

---

[1] 〔德〕赖特·特茨拉夫:《全球化压力下的世界文化》,吴志成,韦苏译,江西人民出版社 2001 年版,
第 27 页。

[2] 〔德〕哈贝马斯:《欧洲是否需要一部宪法》,曹卫东译,载《读书》2002 年第 5 期。

其实质就是将中国传统习惯法转变为近代习惯法。[1] 直到今天，这一习惯法现代化的路程仍没有走完，以至于关于传统习惯法与现代习惯法的讨论 [2] 始终没有定论。习见之论是以自然经济和封建皇权政治为其产生土壤的传统习惯法，其主要内容与现代社会的要求是不相适应，甚至是截然对立的，已经成为当代法制建设最重要的障碍因素之一。

笔者以为，这样的错误认识既反映了论者自身的短视和文化自卑心理，同时也是研究者对"传统"与"现代"概念的误读所致。什么是现代化，或者说现代化所要达致的"现代性"究竟指的是什么？当代西方著名的马克思主义理论家詹姆逊认为："现代性不是一个概念，既不是哲学的概念，也不是别的概念，它是一种叙事类型。在这种情况下，我们希望放弃对现代性进行概念陈述的徒劳努力。"[3] 也就是说，什么是现代化，这一问题并不可能有一个简单明了的答案，每一个民族都有其特殊的现代化问题。"现代化则并不是在价值取向方面必须以西方文化为依归。以前的人，把'西化'和'现代化'简单地等同起来，显然是一个错误。"[4] 普通的文化如此，习惯法更应如此。陈弘毅教授将现代法的精神和价值取向归纳为八个向度，即自主性、法治原则、产权原则、人权原则、开放社会性、沟通理性、传统性与世界和平原则 [5]，可见传统性也正是现代习惯法的一个重要要求。西方习惯法是当今世界主流的习惯法，这是一个不容置疑的事实。我国习惯法建设固然应当向西方学习，这是毋庸置疑的，但是在这一过程中，我们不应对自己的习惯法传统妄自菲薄，同时也不应以西方的习惯法作为习惯法建设的目标和价值指归。法国学者勒内·达维德说得好："在法的问题上其实并无真理可言，每一个国家依照各自的传统自定制度与规范是适当的。"[6]

什么是"传统"？费孝通先生讲："传统是社会所累积的经验"，传统并不是静止的、一成不变的精神规定，不是停留在历史时空中的遗产，而是有生命的，是肇始于过去融透于现在直达未来的。甚至从文化生成的意义上讲，传统"既包含古代又涵盖现代，同时又吸纳外来文化并将其同化或与之结合不断产生新质的生生不已的生成过程。……处于当前状态的我们，也在建构着传统。传统既是在

---

[1]　曹全来：《西方法、中国法与法律现代化》，中央编译出版社 2005 年版，第 4 页。

[2]　在某种程度上，这种传统与现代的冲突又往往被本土与西化的冲突这一范畴来代替。

[3]　[美] 弗雷德里克·詹姆逊，王丽亚：《对现代性的反思》，载《文学评论》2003 年第 1 期。

[4]　余英时：《中国思想传统的现代诠释》，江苏人民出版社 1989 年版，第 50—51 页。

[5]　陈弘毅：《法治、启蒙与现代法的精神》，中国政法大学出版社 1998 年版，第 1—20 页。

[6]　[法] 勒内·达维德：《当代主要法律体系》，上海译文出版社 1984 年版，中译本序第 2 页。

内在的传承中生成的，又是在开放和交往中生成的"[1]。从这个意义上讲，我们的习惯法有过去的传统，又有现代的传统。在习惯法现代化的问题上，我们学习西方现代法治文明的成果，用以丰富和完善本民族的习惯法，并不意味着我们一定会被西化。人类学家拉尔夫·林顿认为，文化经由借用而来的东西占任何文化内容的90%以上[2]，我们需要解决的只是如何将这些吸收的外来文化成果转化为本民族文化的问题。

如果说学者们在我国习惯法现代化的问题上尚能有清醒的认识，那么关照到少数民族习惯法的发展问题上，即使是强调尊重本民族文化传统的人也往往会陷入文化他者的误区。关于我国少数民族习惯法在当代是否需要发展，又应当如何处理习惯法传统与现代习惯法关系的问题，笔者在上一节中已有论述，此处需要指出的是，习惯法现代化只是我们解决一系列社会生活问题的手段，而非目的。因此在少数民族习惯法现代化的问题上，我们评判的价值标准应当是各少数民族的现实问题。我们不否认少数民族习惯法的现代化需要大量地借鉴和吸收现代习惯法的成果，但是这种吸收和借鉴的目的在于解决这一特定少数民族的现实需要问题，那么首先就会面临着不同文化的碰撞和结合问题。由于不同民族、不同习惯法之间的历史性和现实性差异，这种碰撞和结合只能是在不同水平、不同层面上的结合，而不可能是一方覆盖、取代甚至消灭另一方的单项活动。结合的前提在于特定民族的现实需要，正是这种现实的需要才产生了民族习惯法的发展和现代化。也正是基于这样的原因，有学者把当今多民族国家里少数民族的现代化（当然也包括少数民族习惯法的现代化）称为第三种现代化，以区别于人们通常所说的原发型和后发型的两种现代化。这种第三种现代化的范畴，突出强调了少数民族现代化的特殊性，也充分尊重了少数民族的特殊历史文化，尊重他们对民族生活方式的选择，从而有利于全面加速多民族国家现代化进程。[3]

（二）少数民族习惯法现代化与社会发展

法学研究方法与社会学研究方法的结合，是近年法学研究领域和社会学研究领域都普遍存在的现象，由此还产生了法社会学这一门新兴的学科。同时，即使

---

[1] 王建疆：《反思全球化背景下的"传统"和"话语霸权"》，载《学术月刊》2006 年第 11 期。

[2] 转引自威廉·A·哈维兰：《文化人类学》，瞿铁鹏，张钰译，上海社会科学院出版社 2005 年版，第 46 页。

[3] 高丙中：《现代化与民族生活方式的变迁》，天津人民出版社 1997 年版，第 41-43 页。

是在一般人看来只会在故纸堆中寻找只言片语的法律史学界，也掀起了以社会学的视角研究习惯法问题的热潮。通过研究，学者们多认为习惯法的发展乃是社会繁荣强盛的基础，其中尤以古希腊、古罗马以及今天的西方社会为突出之证明，因此格外希望当代中国能够迅速建立起现代的法治文明，以全面推动社会的发展。这一看法似乎无须推敲，但是理性的研究者还是清醒地意识到：这不过又是一个误区。[1]

"社会"是一个有着复杂结构的系统，习惯法也是这个复杂系统中的一部分。所谓"社会发展"，是对社会进步的描述，或者说只是社会系统内部结构正向变动的结果。从这个意义上讲，习惯法与社会发展并非系统内结构与结构的关系，而是结构与结构变动结果的关系，也就是说这既是联动的又是因果性的。无疑，习惯法是因，社会发展是果，社会发展需要借助于习惯法的正向变动（亦即现代化）。但同时，绝不能忽略的是，社会是一个复杂的结构系统，最终决定社会发展的是整个系统结构的变动，习惯法作为整个系统的一个结构项，其对社会发展的作用只能是影响性的，而不是决定性的。如果按照木桶原理，一个木桶盛水量的多少并不是由木桶壁中最高的那一块木板决定，而是由最矮的那块木板来决定。最后还要注意的是，社会发展虽不是社会系统内的结构项，但事实上它对系统结构有着直接的反作用，一定的习惯法促进社会发展，而社会发展同时又要求建设相应的习惯法。

在我国习惯法现代化的问题上，有相当多的学者沉迷于日本走后发型现代化终获成功的事例，将法制变革当成推动社会发展的手段。事实上，学者们光看到了变法，并没有注意到明治维新时期，日本也对整个经济、文化和教育等都进行了相当彻底的变革，并且这些领域的变革程度，绝不亚于法律领域的变革。[2] 而在少数民族传统习惯法的发展问题上，我们尤应有此种认识。习惯法的现代化不是一蹴而就的，我们不能不顾民族社会的发展需要，一味地将我们认为现代的、先进的文明强加给民族社区，认为这样做很快就会带动民族社会的极大发展。事实证明，这样的做法也是行不通的。前文已述及，清雍正年间在西南民族地区大规模地推行改土归流，地方官员认为少数民族的风俗习惯法是"犷獉草昧之风"，"实系恶习，尤属大干法纪"，苦心孤诣，强制推行自认为文明的礼义教化和法

[1]　秦国荣：《论中国法制现代化过程中的几个重大关系》，载《山东社会科学》2000 年 5 期。

[2]　［美］斯塔夫里亚诺斯：《全球分裂——第三世界的历史进程》（上），商务印书馆 1995 年版，第313—376 页。

律制度。这种态度与当下某些人的看法是何其相似，但结果却并不尽如人意。其屡遭失败的根源之一即在于没有基于相应的社会生活条件来进行。这样的法律在现实生活中几乎形同虚设，没有起到任何作用。这种功利性的法制变革除了留下失败的惨痛教训外，对整个社会几乎没有带来任何实质性的影响与触动。现代习惯法和法治文明是在一国社会发展和内部结构变迁过程中缓慢生长起来的，并不是依靠理想主义者大刀阔斧的改革就可以一蹴而就的，因此少数民族习惯法的现代化切忌急功近利，否则恐有事倍功半、欲速不达之虞。此外，在习惯法的现代化之同时，尤应关注民族社会政治、经济和文化等社会结构项的建设，如此才能为习惯法的现代化和民族社会的发展进步提供恒久和可靠的原动力和保证。

（三）少数民族习惯法现代化的不同层面

我们知道，习惯法是一个宏观的范畴，既体现在作为显性的法律制度的结构之中（即显性结构），又体现在作为隐性的法律意识形态之中（即隐性结构）。一般认为，习惯法的现代化既包括法律制度的现代化、法律规范的现代化、法律组织机构的现代化和法律设施的现代化，同时还包括法律心理的现代化，法律意识、法律价值观念的现代化，以及法律思想体系的现代化。[1] 按照"文化堕距"理论，由相互依赖的各部分组成的文化在发生变迁时，总是物质文化的变迁速度快于非物质文化；就非物质文化的变迁来看，制度、风俗的变迁较快，而价值观念的变迁往往迟滞。[2] 因此，相对来讲，在习惯法诸要素的现代化中，法律意识、法律价值观念以及法律思想体系的现代化，是较习惯法的显性结构的变化而言更为复杂的内容。

近代中国法制变革之所以如此艰难坎坷，重要的原因之一就是现代法律意识一直未能在中国占主导地位。[3] 近代以来，对中国固有法的改革始终没有停息过，今天我们已经初步建立起了一整套的习惯法体系，虽然这一体系并不完善，法律制度现代化的过程还很漫长。但从整体上看，习惯法隐性结构要素的现代化更为重要。习惯法显性结构的现代化可以通过法律改革包括法律移植的方式逐步实现，而习惯法隐性结构的现代化，则需要经历一个相当艰难和漫长的时期。有研究者指出，"中国固然制定了不少的法律，但人的实际上的价值观念与

[1] 刘作翔：《法律文化理论》，商务印书馆 1999 年版，第 281—282 页。

[2] 郑杭生：《社会学概论新修》，中国人民大学出版社 2003 年版，第 68 页。

[3] 秦国荣：《论中国法制现代化过程中的几个重大关系》，载《山东社会科学》2000 年 5 期。

现行法律是有差距的，而且，情况往往是，制度是现代化或近于现代化的，意识则是传统的或更近于传统的"[1]，从而造成了习惯法显性结构与隐性结构的严重分离。因此，现代法律意识能否在全社会牢固确立，决定着我国习惯法现代化能否顺利实现。

在少数民族习惯法的发展问题上，民族法律观念和法律心理的现代化问题更具有特殊性。或有学者认为，随着近现代以来国家统一法制在民族地区的实施，除了在藏、蒙、彝、羌等少数几个民族地区习惯法还偶见踪迹之外，少数民族的传统习惯法在绝大多数民族地区已经逐渐淡出了人们的生活，让位给现代法律制度，成了历史的法[2]，所以根本谈不上什么当代发展的问题，需要解决的只是如何在少数民族地区确立现代法治意识、适应国家统一的现代习惯法[3]的问题。这种说法显然是无视习惯法隐性要素的特性。诚然，在绝大多数民族地区，显性结构层面的传统习惯法已经不再具有规范现实的意义，但是作为习惯法隐性结构层面的民族法观念、法心理作为少数民族传统文化孕育的产物，它在许多方面体现了少数民族独特的气质和心理，体现了其特有的世界观、生活方式和文化的内在底蕴。这就注定了此种习惯法不可能随着显性层面的消亡而归于沉寂，其隐性层面的要素在很长时期内仍然存在，其发挥的作用和影响也是不容忽视的。一个民族的人民只有从心理、态度和行为上与现代习惯法发展的历史进程相互协调，才能真正实现习惯法的现代化。在现阶段的我国民族社会，之所以会出现少数民族传统习惯法与现代法制的种种冲突，实质上就是现代习惯法的显性层面与少数民族传统习惯法隐性层面的抵牾。这种传统与现代二元结构的现状，要伴随着现代化的进程经过文化整合，才能逐步解决；否则，将会对法律秩序产生较大的冲击和影响。就这个层面而言，少数民族习惯法在当代社会的发展更是我国习惯法现代化的客观需要。因此，少数民族法观念和法心理的当代发展问题同样也是我国民族地区法制建设的当务之急。

强调少数民族法观念和法心理的发展，并不是说少数民族习惯法的当代发展只需要在这一层面进行。如果持这样的看法，仍然是笔者前文所批驳的彻底摒弃

---

[1]　梁治平等：《新波斯人信札》，贵州人民出版社 1988 年版，第 101 页。

[2]　文格：《静态习惯法与现代法及现代社会》，载张济民：《藏族部落习惯法专论》，青海人民出版社2002 年版，第 23 页。

[3]　有研究者指出："与特色鲜明的中国传统法律文化有别，当下我国的法律文化是一成分复杂的复合体，包含着源于西方的现代法律文化、中国传统法律文化和在中国革命与建设实践中形成的法律文化诸要素。"（张中秋：《略论法律文化与社会发展》）

论，那只能得出在彻底摒弃少数民族传统法观念、法心理的基础上建立统一的、无差别的现代习惯法的结论。笔者以为，少数民族传统法观念和法心理的发展，仍应当以特定民族的现实需要为出发点，尊重少数民族群体的自我选择，并不一定要（当然也没有可能）强行为历史文化千差万别的各少数民族构建统一的习惯法隐性结构。此外还应注意的是，少数民族传统习惯法显性层面的各要素也应当纳入到少数民族传统习惯法的发展之中。当然，关于这一层面的传统习惯法发展，更多的是在我国民族法体系的逐步完善过程中解决。

二、少数民族习惯法现代化的动因和目标

变化是"文化"的永恒主题，虽然在少数民族社会中，历史上曾经因为生产生活方式的自给自足性形成了自闭型的文化形态，但自闭并不意味着文化发展的停滞，从前文关于少数民族习惯法的历史发展来看，其习惯法的变迁仍是有迹可寻的。而近现代以来，随着封闭状态的逐步打破，少数民族与外界社会的交往增多，其固有文化与其他民族的文化发生了强烈的碰撞，文化的迅速变迁自然就在所难免。

改革开放以来，这种文化碰撞和变迁显得更为强烈，在少数民族地区开发、经济发展这样的大环境、大背景的辐射和影响下，少数民族传统习惯法的变迁可以说是颠覆性的。在 20 世纪中期之前，少数民族传统习惯法在外文化的冲击和国家统一法制实施的压力之下，不得不作出调整，这种调整还带有一些被动的无奈和失落之感。而在此后，随着改革开放和西部大开发的推行，传统习惯法的变迁更多的是一种主动姿态，是习惯法主体在面对本民族经济水平的落后状态时萌生的变革渴望。当然，此外还有诸如交通条件改变、受教育水平提高等诸多因素的影响。以交通条件的影响为例，1984 年贵州省荔波县县志整理委员会编纂的《荔波县志稿》有这样的评述："（瑶麓瑶族）住交通便利之地者，富模仿性；住交通阻塞之地者，富保守性。富模仿性者逐日更新；富保守性者常时守旧。历年既久，竟形成种种不同现象。然在若干年前，初无二致也。至种族间之优劣，系以文化为标准；而文化之是否昌盛则以交通与教育为转移。"[1] 由此可见交通、教育等条件的改善对少数民族文化变迁的影响。

建设社会主义法治国家、构建民族地区的和谐社会等这一系列我国当前社

---

[1] 荔波县县志整理委员会：《荔波县志稿》卷二，氏族志，1984 年 8 月，第 6—7 页。

会发展和政治生活中的重要议题，对少数民族传统习惯法的当代发展也提出了相应的要求。其重要性在前文已经有了较多的论述，此不予赘述。同时，习惯法作为少数民族文化的一项重要内容，实现民族文化的现代化是少数民族文化传承发展的趋势，少数民族习惯法也不例外。因此，虽然少数民族习惯法在当代面临着巨大的挑战，但同时也为少数民族的传统习惯法的当代发展提供了极大的机遇。可以说，少数民族习惯法的现代化与过去几千年来的发展有着本质的不同。至于这种变迁究竟会得到什么样的结果，笔者以为这个问题就如同我们要问中国的现代化将得到什么样的结果一样，并不可能有简单明了的答案。我国有 55 个少数民族，每一个民族内部还有着文化差异、经济发展不平衡的各个支系，可以说都有其各自的特殊性，因此绝不可能给每个民族的传统习惯法的现代化作出硬性的规定。尽管如此，在现代法治文明的背景下，似乎仍有一些共同的发展特性（或目标）可循。

（一）民族特性与时代需要的统一

"各民族的文化，因其民族性而呈现有别于其他民族的文化特质，又依其时代性而融汇成人类文化的共性特征。……民族性体现了一个民族的文化自身发展的特殊性，代表一定的民族文化传承积淀与特定地域文明的特点，表现为该民族的民族精神和文化类型。时代性则体现人类文化在一定历史时期的共同特征，反映文化发展由低向高的发展方向和文化之间传播、交融与相互渗透、相互影响的关系，表现为人类文化发展阶段的标识和特定的文化类型所展示的时代风貌与精神。"[1]

作为少数民族在社会历史发展过程中创造的并经时代传承的文明成果，少数民族习惯法的现代化必须体现其民族特性，这是其本质特征所在。习惯法的发展，不能脱离滋养这种习惯法的生态环境，这也是保持民族身份属性的基本要求。但同时，民族性也存在于时代性之中，不存在绝对独立的民族性。少数民族习惯法的现代化就是要求立足于时代需要，立足于全球意识的高度，创建一种符合少数民族现实生活环境和民族特点的发展方式，在这个目标下不断阐释、建构自己的民族习惯法，这也是少数民族习惯法在当代社会继续发展的生命力所在。

---

[1]　叶坦：《论民族文化的发展特性与动力》，载《思想战线》2000 年第 5 期。

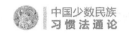
（二）包容与选择的一致

所谓"包容与选择的一致"，既是习惯法现代化所要达到的目标，同时也是习惯法现代化的方式。谈到包容，人们想到的多是少数民族习惯法与其他民族习惯法的兼容并蓄，吸纳其他文化的优秀成果。当然，包容也还有求同存异、和而不同之意，并不一定要强求一致。包容意味着在承认其他文化的基础上，认同其积极的一面，所以少数民族习惯法的现代化是要在继往开来与传播互感的习惯法整合中兼容并包、多元共生。实质上，包容不仅发生在同一时代不同主体的文化之间，还发生在文化新旧交替之时。在民族习惯法现代化的过程中，要有传统习惯法对新型习惯法的包容，才能使有利于民族发展的新型习惯法发展壮大；而当民族地区的现代习惯法发展壮大成主流习惯法之后，对传统习惯法当中的精髓也要包容，才能使民族意识和民族精神永远传承下来。值得注意的是，新旧习惯法的包容有着更为复杂的含义，文化发展是一个推陈出新的过程，并不能简单地用落后、进步这两个概念将新旧文化截然分开，毕竟进步与落后是相对的，精华和糟粕也往往杂陈，这些概念都受到评判主体的制约，受到某一时代价值取向和评判参照系的制约，所以无法决然判定这些交汇复合的内容。[1] 也正因如此，使文化的包容有了更为重要的意义。

选择是与包容相辅相成的概念，是习惯法包容的必然结果，它既包括对其他文化的吸收和排斥，同时也包括对自有传统文化的吸收和排斥。只有在文化包容的观念和状态下，才可以实现文化的选择，而选择的结果则使得文化更具有包容性。而选择的标准，仍然是民族主体的现实需要，而且只能是自我选择。在全球化的语境下，无论是发展经济，还是建设法治国家，都是取决于民族和国家生存发展的迫切内在需要，而不是基于某种理论的逻辑延伸。当然，民族习惯法如何发展，也只能基于习惯法主体当下的现实需要，而不是在传统和现代国家法制之间的简单对立和抉择。

第三节　习惯法发展的途径

"民族特性与时代需要的统一"，"包容与选择的一致"，这些既是少数民族

---

[1]　叶坦：《论民族文化的发展特性与动力》，载《思想战线》2000 年第 5 期。

习惯法现代化的目标，也是在习惯法现代化进程中所要贯彻的原则。那么，仍需要解决的问题是，这样的现代化需要我们通过什么样的途径去实现。这个问题不仅显得更为重要，同时也更为复杂。

美国人类学家默多克（G. P. Murdock）列举出六点给文化带来变化的因素，这也可以被看做是文化变迁的几种主要途径，现列举如下。

（1）革新（发明）：由社会的某一成员创始的新的反应方式；

（2）借用（传播）：采用从其他社会的成员模仿而来的新的方式；

（3）内部的传播：新的方式，从发明者或借用者扩散到他所在的其他成员；

（4）统合：新的方式适应文化的脉络以及已有的方式为适应新的因素而作出的调整；

（5）选择性排除：曾经在某一社会内流行一时的文化方式，因与其他方式相替换或者不再能够满足需要而最终归于消灭；

（6）社会化（教育）：在某一社会内向下一代传授文化方式。在这一社会过程中，很少有准确的再现。[1]

我国是一个多民族的国家，各少数民族的发展情况极不平衡，其习惯法的发展水平也不一样，如藏族、彝族、羌族、苗族、侗族和蒙古族等少数民族由于人口众多、居住相对集中，且长期处于相对封闭的状态，所以其习惯法至今仍保留着较鲜明的民族特色，其内部仍然存在革新因素；而其他一些民族，由于长期处于中央王朝或外民族土司的统治下，受中原文化或是其他民族文化影响较大，自身的习惯法特色不鲜明，甚至带有较多的汉文化印记，其内部不容易产生变革的因素，能够引发文化变迁的创新和发明等因素都不易出现。此外，因为经济、教育、地理交通等条件的不同，各少数民族地区的习惯法变迁状态也不一致。例如自然地理条件差的民族地区，经济生产方式转型的开发程度低，习惯法生态保存完整，传统习惯法资源丰富；相反的则是经济生产开发程度高，其习惯法变迁在接受其他民族传播方面很显著，甚至多是直接借用其他民族的习惯法。这些各自发展不同的习惯法，在其现代化过程中也应体现出非均衡性特点，不宜强求步调一致。当然，虽然习惯法的变迁有各自的特色，但是从总体上而言，我国各少数民族习惯法的现代化走的都是一条从传统到现代的道路，且习惯法现代化的目标是一致的，因此习惯法的现代化仍将呈现出一些普同化的趋势。

---

[1]　[日]石川荣吉：《现代文化人类学》，周星等译，中国国际广播出版社 1988 年版，第 8 页。

一、主体性发展道路

任何文化的发展，都必须基于文化主体的自我选择和创造，也只有文化的主体才是这种文化传承和发展的主要力量，因此在少数民族习惯法现代化过程中，必须充分发挥少数民族自身在传承民族习惯法方面的积极性和主动性，这就是我们所说的主体性发展道路。

主体性原理有三个要点：人作为主体是能动的；人是目的；人类通过异化和扬弃异化来实现主体的自由。首先，少数民族习惯法的现代化不能漠视和压抑文化主体的能动性和创造力，应当强调少数民族群体及个人的积极参与和自我主导，强调文化不能脱离其"母体"。若离开孕育它的主体，少数民族习惯法的生命力必将逐渐消退，乃至最终消失。其次，习惯法现代化是基于习惯法主体的现实需要，而不是源自任何外人的想法和意志。最后，少数民族习惯法现代化需要积极与其他文化交流、摄取和整合，但吸收他者是发展，继承自我才是根本，只有两者有机结合，民族习惯法的传承和发展才是有生命力的。

随着民族地区经济发展水平和少数民族群众受教育水平的提高，以及民族地区开放程度的提升，少数民族群众的文化视野扩大，发展需要增强，使他们逐步认识到发展民族习惯法、实现民族习惯法变迁的重要性，并从自身利益出发，自觉适应现代社会的经济发展和社会生活方式，改变一些传统、落后的习惯法内容，选择有利于时代发展和本民族需要的习惯法，从而显示了习惯法变迁的主动性、自觉性和积极性。

二、指导性变迁道路

指导性变迁指的是个人或群体主动地、有目的地介入另一个民族的技术、社会和思想的习俗[1]。作为一种技术或观念习俗的引进，指导性变迁是当今应用人类学的一种重要手段。指导性变迁主要包括技术和观念习俗引进两类，在各少数民族习惯法现代化过程中都普遍适用。例如，在少数民族聚居地区推广新型村规民约，在地方政府或学术机构指导下参与村民委员会的选举，这些都属于指导性变迁的范畴。特别是一些相对弱小的民族较为封闭，没有自己的文字，所以很难在内部产生变革的因素，且在与外部习惯法的接触和碰撞中，缺乏自主的选择性机能，或是不自觉地排斥外部习惯法，或是无意识地简单模仿复制，此时指导性

---

[1] ［美］克莱德·M·伍兹：《文化变迁》，何瑞福译，河北人民出版社 1989 年版，第 142-143 页。

变迁就显得格外重要，甚至可以说是这些民族习惯法现代化的最主要途径。

在指导性变迁这一途径中，示范性指导是重要的方式之一。所谓"示范性"，是指一个在短期内很快可以表现出与传统方式有着明显差异的结果性行为。某个人通过正常的法律途径获取了应得的合法权益，这件事的结果与人们习以为常的传统处理方式相比能带来更多的好处；或是在某个群体中建立一种新的法律关系，从而给这个群体带来更多的利益，那么经过简单的比较和判断之后，随之而来的就是纷纷仿效。在当代社会，由于民族地区交通、教育条件的逐步改善，到外面去工作、学习的人越来越多，他们在外面潜移默化地接受了其他民族的某些文化因素并带回到本民族居地，无形中他们成为文化传播的媒介和桥梁，本身也起着示范作用 [1]，这样的事例在民族地区已越来越多，从而在婚姻、家庭和继承等领域给民族地区习惯法的发展带来了新的因素。

从理论上讲，指导性行为或示范性指导行为所引起的反应通常有三种：(1)良性反应，即接受者感受到指导性观念或行为能给他们带来实际利益而又急切需要，同时又是他们在观念上容易认同且具体实施时较为简便；(2)中性反应，接受者不能感受到指导性观念或行为给他们带来明显的好处或坏处，他们在反应中采取一种漠然的态度；(3)恶性反应，接受者认为指导性观念或行为只能带来恶果，或与传统观念明显发生冲突，通常他们采取整体性抵触态度或激烈性反抗行为。因此，一个指导性变迁的计划，要经过细致的调查，更应对该计划实施效果及接受者的反应做认真的预测。[2]

一个社会的变迁取决于两种力量的作用，主体性发展是内部力量的变革方式，而指导性变迁则是外部力量的方式，是在其他民族文化作用下引起的变化。作为我国少数民族习惯法现代化的两条主要途径，主体性发展与指导性变迁并不矛盾，也不是非此即彼的两条道路，而是并行不悖的。这两种途径在任何一个少数民族习惯法现代化的过程中都存在，只是因为各民族具体情况的不同而有所侧重。因此，在强调主体性发展的同时，绝不能忽视指导性变迁的作用；重视指导性变迁，更不能忽略主体性发展的原则。例如云南金平的苦聪人，1958 年前还处于游耕父系公社时期，各级政府为消除苦聪人的贫困状态，长年持续不断地进行救济，先后多次将苦聪人搬出老林，迁到山下过定居生活，可以说这是一种政府主导型的变迁模式。但这种变迁方式并不顺利，苦聪人在这种变迁方式中出现

---

[1]　彭兆荣等：《文化特例：黔南瑶麓社区的人类学研究》，贵州人民出版社 1997 年版，第 254 页。

[2]　同上，第 266—267 页。

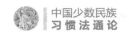
了不适应，变迁主体角色缺失，他们多次返回老林，不愿过定居生活；同时苦聪人对救济产生了依赖，导致内部自主发展动力不足。由此可见，在指导性变迁中，如果没有变迁主体的积极支持和配合，变迁是不能顺利进行的。[1] 又如在民族地区推广新型村规民约的做法，因为村规民约与少数民族历史上的村社习惯法有共通之处，它们都是由群众民主协商、共同制定且与生产生活密切相关的地方性规则，形式易被少数民族群众接受，规约本身也能得到有效的维护，因此通过推广新型村规民约引进部分现代习惯法的内容，这是一种行之有效的指导性变迁方法。但是要注意的是，文化的传播是在一个特定时空中发生的，任何特定群体都会依据族群、社区的需要去选择、接受文化变迁的内容，因此推行什么样的新型村规民约，在很大程度上还要尊重文化主体的需要，指导性变迁方式只有与主体性发展需要相结合，唤醒变迁主体的文化自觉和意识自觉，才能使文化发展得以延续。同时，文化主体的需要又带有很大的地域性、民族性和时代性差别。因此，我们不能只以自身的习惯法标准制定出一则所谓的"社会主义新型村规民约"，然后不分各民族文化背景的差异，试图统一推行这样的村规民约。这样的做法并不是我们主张的指导性变迁方式，而只是一种以某一个民族文化为中心对他民族进行的"强制性变迁"，甚至是文化同化，其所引起的通常只能是恶性反应。

---

[1] 赵建伟：《贫困与发展——苦聪人指导变迁的人类学研究》，载《广西民族学院学报》（哲学社会科学专辑）2005 年 12 月。

参考文献

一、资料类

1. 《中国少数民族社会历史调查资料丛刊》修订编辑委员会编．中国少数民族社会历史调查资料丛刊 [M]．北京：民族出版社，2009．

2. 贵州省民族事务委员会，贵州省民族研究所编．贵州六山六水民族调查资料选编 [M]．贵阳：贵州民族出版社，2008．

3. 张有隽．广西通志·民俗志 [M]．南宁：广西人民出版社，1992．

4. 翁家烈．贵州省志·民族志 [M]．贵阳：贵州民族出版社，2002．

5. 李涛．嘉戎藏族研究资料丛编 [M]．四川藏学研究所．

6. 海乃拉姆，曲木约质．凉山彝族习惯法案例集成 [M]．昆明：云南人民出版社，1998．

7. 张济民．青海藏区部落习惯法资料集 [M]．西宁：青海人民出版社，1993．

8. 张济民．渊源流近——藏族部落习惯法法规及案例辑录 [M]．西宁：青海人民出版社，2003．

9. 方慧．中国历代民族法律典籍："二十五史"有关少数民族法律史料辑要 [M]．北京：民族出版社，2004．

10. 潘定智．苗族古歌 [M]．贵阳：贵州人民出版社，1997．

11. 杨锡光．侗款 [M]．长沙：岳麓书社，1988．

12. 张子刚．从江石刻资料选编 [M]．从江县教育印刷厂，2007．

13. 张子刚．从江古今乡规民约、从江历代告示实录 [M]．北京：中国科学技术出版社，2013．

14. 吴江．侗族地区部分碑文选辑 [M]．黎平县志办公室，1989．

15. 陈新生．黔西南布依族清代乡规民约碑文选 [M]．黔西南布依族苗族自治州史志办公室，1986．

16. 黄平县民族事务委员会．苗族古歌古词，1988．

17. 张声震．融水苗族埋岩古规 [M]．南宁：广西民族出版社，1994．

18. 黄钰．瑶族石刻录 [M]．昆明：云南民族出版社，1993．

19. 黄朝中，刘耀荃．广东瑶族历史资料 [M]．南宁：广西民族出版，1984．

20. 刘尧汉. 凉山彝族案例集成 [M]. 昆明：云南人民出版社 1998 年.

21. 张培田. 新中国法制史研究资料通鉴 [M]. 北京：中国政法大学出版社，2003.

22. 吴大华，吴宗金. 中国民族法学研究概览 [M]. 贵阳：贵州民族出版社，2009.

二、著作类

1. ［美］E. 霍贝尔. 原始人的法 [M]. 严存生，等，译. 贵阳：贵州人民出版社，1992.

2. ［美］E. 博登海默. 法理学：法律哲学与法律方法 [M]. 邓正来，译. 北京：中国政法大学出版社，2004.

3. ［美］H. W. 埃尔曼. 比较法律文化 [M]. 贺卫方，高鸿均，等，译. 北京：三联书店，1990.

4. ［美］玛格丽特·米德. 三个原始部落的性别与气质 [M]. 宋践，等，译. 杭州，浙江人民出版社，1988.

5. ［美］巴伯若·尼姆里·阿吉兹. 藏边人家——关于三代定日人的真实记述 [M]. 翟胜德，译. 拉萨，西藏人民出版社，1987.

6. ［美］布莱克. 法律的运作行为 [M]. 唐越，苏力，译. 北京：中国政法大学出版社，1994.

7. ［美］吉尔伯特·罗兹曼. 中国的现代化 [M]. 南京：江苏人民出版社，2005.

8. ［美］卡多佐. 司法过程的性质 [M]. 苏力，译. 北京：商务印书馆，1998.

9. ［美］克莱德·M·伍兹. 文化变迁 [M]. 何瑞福，译. 石家庄，河北人民出版社，1989.

10. ［美］克利福德·格尔兹. 文化的解释 [M]. 纳日碧力戈，等，译. 上海，上海人民出版社，1999.

11. ［美］克福德·吉尔兹. 地方性知识：阐释人类学论文集 [M]. 王海龙，译. 北京：中央编译出版社，2000.

12. ［美］理查德·A·波斯纳. 法律的经济分析 [M]. 蒋兆康，译. 北京：中国大百科全书出版社，1997.

13. ［美］罗维. 初民社会 [M]. 吕叔湘，译. 上海，商务印书馆，1935.

14. ［美］罗伯特·C·埃里克森. 无需法律的秩序 [M]. 苏力，译. 北京：中国政法大学出版社，2003.

15. ［美］罗吉斯，伯德格. 乡村社会变迁 [M]. 王晓毅，译. 杭州，浙江人民出版社，1998.

16. ［美］斯塔夫里亚诺斯. 全球分裂——第三世界的历史进程 [M]. 北京：商务印书馆，1995.

17. ［英］A. R. 拉德克利夫－布朗. 原始社会的结构与功能 [M]. 潘蛟，等，译. 北京：中央民族大学出版社，1999.

18. ［英］ F. A. 哈耶克. 法律、立法与自由 [M]. 邓正来，等，译. 北京：中国大百科全书出版社，2000.

19. ［英］爱德华•汤普森. 共有的习惯 [M]. 沈汉、王加丰，译. 上海，上海人民出版社，2002.

20. ［英］爱德华•泰勒. 原始文化 [M]. 连树声，译. 上海：上海文艺出版社，1992.

21. ［英］埃文思－普里查德. 努尔人 [M]. 褚建芳，等，译. 北京：华夏出版社，2002.

22. ［英］雷蒙德•弗思. 人文类型 [M]. 费孝通，译. 北京：华夏出版社，2002.

23. ［英］罗杰•科特威尔. 法律社会学导论 [M]. 北京：华夏出版社，1989.

24. ［英］马凌诺夫斯基. 西太平洋的航海者 [M]. 梁永佳，等，译. 北京：华夏出版社，2002.

25. ［英］马凌诺夫斯基. 初民社会的犯罪与习俗 [M]. 许章润，译. 桂林：广西师范大学出版社，2003.

26. ［英］马凌诺斯基. 巫术、科学、宗教与神话 [M]. 李安宅，编，译. 上海：上海文艺出版社，1987 影印本.

27. ［英］梅因. 古代法 [M]. 沈景一，译. 北京：商务印书馆，1984.

28. ［前苏］波克洛夫斯基. 世界原始社会史 [M]. 卢哲夫，译. 南京：江苏教育出版社，2006.

29. ［前苏］谢苗诺夫. 婚姻和家庭的起源 [M]. 蔡俊生，译. 北京：中国社会科学出版社，1983.

30. ［法］安德烈•比尔基埃. 家庭史 [M]. 袁树仁，等，译. 北京：三联书店，1998.

31. ［法］勒内•达维德. 当代主要法律体系 [M]. 漆竹生，译. 上海：上海译

文出版社，1984.

32. ［奥］弗洛伊德. 图腾与禁忌［M］. 杨庸一，译. 北京：中国民间文艺出版社，1986.

33. ［芬兰］E.A. 韦斯特马克. 人类婚姻史［M］. 李彬，等，译. 北京：商务印书馆，2002.

34. ［日］栗本慎一郎. 经济人类学［M］. 王名，等，译. 北京：商务印书馆，1997.

35. ［日］石川荣吉. 现代文化人类学［M］. 周星，等，译. 北京：中国国际广播出版社，1988.

36. ［日］千叶正士. 法律多元——从日本法律迈向一般理论［M］. 强世功，等，译. 北京：中国政法大学出版社，1997.

37. ［日］穗积陈重. 法律进化论［M］. 黄尊三，等，译. 北京：中国政法大学出版社，1997.

38. ［日］棚濑孝雄. 纠纷的解决与审判制度［M］. 王亚新，译. 北京：中国政法大学出版社，1994.

39. 柏果成. 贵州瑶族［M］. 贵阳：贵州民族出版社，1990.

40. 北京大学社会学人类学研究所. 社区与功能——派克、布朗社会学文集及学记［M］. 北京：北京大学出版社，2002.

41. 曹全来. 西方法、中国法与法律现代化［M］. 北京：中央编译出版社，2005.

42. 常丽霞. 藏族牧区生态习惯法文化的传承与变迁研究：以拉卜楞地区为中心［M］. 北京：民族出版社，2013.

43. 岑家梧. 岑家梧民族研究文集［M］. 北京：民族出版社，1992.

44. 陈金全，巴且日伙. 凉山彝族习惯法田野调查报告［M］. 北京：人民出版社，2008.

45. 陈金全. 西南少数民族习惯法研究［M］. 北京：法律出版社，2008.

46. 陈金全. 彝族、仫佬族、毛南族习惯法研究［M］. 贵阳：贵州民族出版社，2008.

47. 陈庆英. 藏族部落制度研究［M］. 北京：中国藏学出版社，1995.

48. 陈秋云. 黎族传统社会习惯法研究［M］. 北京：法律出版社，2011.

49. 陈弘毅. 法治、启蒙与现代法的精神［M］. 北京：中国政法大学出版社，1998.

50. 邓敏文，吴浩．没有国王的王国——侗款研究［M］．北京：中国社会出版社，1995．

51. 范宏贵．少数民族习惯法［M］．长春：吉林教育出版社，1990．

52. 方慧．少数民族地区习俗与法律的调适——以云南金平苗族瑶族傣族自治县为中心的案例研究［M］．北京：中国社会科学出版社，2006．

53. 费孝通．乡土中国［M］．北京：北京大学出版社，1998．

54. 费孝通．中华民族多元一体格局［M］．北京：中央民族大学出版社，1999．

55. 冯祖贻等．仡佬族文化研究［M］．贵阳：贵州人民出版社，1999．

56. 尕藏才旦，格桑本编．青藏高原游牧文化［M］．兰州：甘肃民族出版社，2003．

57. 高丙中．现代化与民族生活方式的变迁［M］．天津：天津人民出版社，1997．

58. 高发元．跨世纪的思考——民族调查专题研究［M］．昆明：云南大学出版社，2001．

59. 高其才．瑶族习惯法［M］．北京：清华大学出版社，2008．

60. 高其才．中国习惯法论［M］．北京：中国法制出版社，2008．

61. 高其才．当代中国婚姻家庭习惯法［M］．北京：法律出版社，2012．

62. 高其才．当代中国民事习惯法［M］．北京：法律出版社，2011．

63. 高其才．当代中国少数民族习惯法［M］．北京：法律出版社，2011．

64. 龚佩华．景颇族山官社会制研究［M］．广州：中山大学出版社，1988．

65. 贵州民族学院民族研究所．中国南方少数民族社会形态研究［M］．贵阳：贵州人民出版社，1987．

66. 韩立收．查禁与"除禁"：黎族"禁"习惯法研究［M］．上海：上海大学出版社，2012．

67. 贺雪峰．新乡土中国［M］．桂林：广西师范大学出版社，2003．

68. 胡卫东．黔东南苗族山林保护习惯法研究［M］．成都：西南交通大学出版社，2012．

69. 黄才贵．独特的社会经纬——贵州制度文化［M］．贵阳：贵州教育出版社，2000．

70. 黄海．瑶麓婚碑的变迁［M］．贵阳：贵州民族出版社，1998．

71. 黄海．瑶山研究［M］．贵阳：贵州人民出版社，1997．

72. 黄淑娉，龚佩华．文化人类学理论方法研究［M］．广州：广东高等教育出

版社，1998.

73. 李根蟠，黄崇岳，卢勋. 中国原始社会经济研究 [M]. 北京：中国社会科学出版社，1987.

74. 李民胜，等. 中国少数民族宗教概览 [M]. 北京：中央民族学院出版社，1988.

75. 李鸣. 碉楼与议话坪——羌族习惯法的田野调查 [M]. 北京：中国法制出版社，2008.

76. 练铭志，马建钊，李筱文. 排瑶历史文化 [M]. 广州：广东人民出版社，1992.

77. 梁聪. 清代清水江下游村寨社会的契约规范与秩序 [M]. 北京：人民出版社，2008.

78. 梁治平. 清代习惯法：社会与国家 [M]. 北京：中国政法大学出版社，1996.

79. 梁治平. 法治在中国：制度，话语与实践 [M]. 北京：中国政法大学出版社，2002.

80. 梁治平. 法辩：中国法的过去，现在与未来 [M]. 北京：中国政法大学出版社，2002.

81. 梁治平. 法律的文化解释 [M]. 北京：三联书店，1994.

82. 梁治平，等. 新波斯人信札 [M]. 贵阳：贵州人民出版社，1988.

83. 林惠祥. 文化人类学 [M]. 北京：商务印书馆，2002.

84. 林耀华. 原始社会史 [M]. 北京：中华书局，1984.

85. 刘俊哲，等. 藏族道德 [M]. 北京：民族出版社，2003.

86. 刘黎明. 契约·神裁·打赌——中国民间习惯法则 [M]. 成都：四川人民出版社 2003.

87. 刘作翔. 法律文化理论 [M]. 北京：商务印书馆，2001.

88. 龙大轩. 乡土秩序与民间法律——羌族习惯法探析 [M]. 香港：华夏文化艺术出版社，2001.

89. 龙冠海. 社会学 [M]. 台北：三民书局，1997.

90. 龙建民. 市场起源论 [M]. 昆明：云南人民出版社，1988.

91. 龙生庭. 中国苗族民间制度文化 [M]. 长沙：湖南人民出版社，2003.

92. 娄云生. 雪域高原的法律变迁 [M]. 拉萨：西藏人民出版社，2000.

93. 罗康隆. 族际关系论 [M]. 贵阳：贵州民族出版社，1998.

94.　罗日泽．仫佬族风俗志 [M]．北京：中央民族学院出版社，1993．

95.　罗之基．佤族社会历史与文化 [M]．北京：中央民族大学出版社，1994．

96.　吕志祥．藏族习惯法：传统与转型 [M]．北京：民族出版社，2007．

97.　吕志祥．藏区生态法研究——从藏族传统生态文明的视角 [M]．北京：中央民族大学出版社，2013．

98.　吕志祥．藏族习惯法与其转型研究 [M]．北京：中央民族大学出版社，2014．

99.　马克林．回族传统法文化研究 [M]．北京：中国社会科学出版社，2006．

100.　马戎．西藏的人口与社会 [M]．北京：同心出版社，1996．

101.　蒙国荣，等．毛南族风俗志 [M]．北京：中央民族学院出版社，1988．

102.　莫金山．瑶族石碑制 [M]．南宁：广西民族出版社，2000．

103.　彭兆荣．西南舅权论 [M]．昆明：云南教育出版社，1997．

104.　彭兆荣．文化特例：黔南瑶麓社区的人类学研究 [M]．贵阳：贵州人民出版社，1997．

105.　钱宗范．广西各民族宗法制度研究 [M]．桂林：广西师范大学出版社，1997．

106.　秋浦．鄂伦春社会的发展 [M]．上海：上海人民出版社，1978．

107.　冉春桃，蓝寿荣．土家族习惯法研究 [M]．北京：民族出版社，2003．

108.　史继忠．西南民族社会形态与经济文化类型 [M]．昆明：云南教育出版社，1997．

109.　苏力．法治及其本土资源 [M]．北京：中国政法大学出版社，1996．

110.　孙怀阳，程贤敏．中国藏族人口与社会 [M]．北京：中国藏学出版社，1999．

111.　覃永绵，谭鹏星．毛南族研究文选 [M]．南宁：广西民族出版社，1987．

112.　佟德富，班班多杰．藏族哲学思想史论集 [M]．北京：民族出版社，1991．

113.　田成有．乡土社会中的民间法 [M]．北京：法律出版社，2005．

114.　王铭铭，王斯福．乡土社会的秩序，公正与权威 [M]．北京：中国政法大学出版社，1997．

115.　王铭铭．村落视野中的文化与权力 [M]．北京：三联书店，1997．

116.　王天玺．民族法概论 [M]．昆明：云南人民出版社，1988．

117.　王学辉．从禁忌习惯到法起源运动 [M]．北京：法律出版社，1998．

118.　王筑生．人类学与西南民族 [M]．昆明：云南大学出版社，1998．

119. 吴大华. 侗族习惯法研究 [M]. 北京：北京大学出版社，2012.

120. 吴大华. 民族法律文化散论 [M]. 北京：民族出版社，2004.

121. 吴大华. 民族法学前沿问题研究 [M]. 北京：法律出版社，2010.

122. 吴大华. 民族法学讲座 [M]. 北京：民族出版社，1997.

123. 吴大华. 民族法学 [M]. 北京：法律出版社，2013.

124. 吴万源. 湖南民族探秘（上下卷）[M]. 北京：人民出版社，2011.

125. 武树臣. 中国传统法律文化 [M]. 北京：北京大学出版社，1994.

126. 徐杰舜，韦日科. 中国民族政策史鉴 [M]. 南宁：广西人民出版社，1992.

127. 徐晓光，文新宇. 法律多元视角下的苗族习惯法与国家法：来自黔东南苗族地区的田野调查 [M]. 贵阳：贵州民族出版社，2006.

128. 徐晓光，吴大华，韦宗林，李廷贵. 苗族习惯法研究 [M]. 香港：华夏文化艺术出版社，2000.

129. 徐晓光. 藏族法制史研究 [M]. 北京：法律出版社，2000.

130. 徐晓光. 款约法——黔东南侗族习惯法的历史人类学考察 [M]. 厦门：厦门大学出版社，2012.

131. 徐晓光. 苗族习惯法的遗留，传承及其现代转型研究 [M]. 贵阳：贵州人民出版社，2005.

132. 徐晓光. 原生的法：黔东南苗族侗族地区的法人类学调查 [M]. 北京：中国政法大学出版社，2010.

133. 徐中起. 少数民族习惯法研究 [M]. 昆明：云南大学出版社，1998.

134. 严汝娴. 中国少数民族婚姻家庭 [M]. 北京：中国妇女出版社，1986.

135. 严汝娴. 中国少数民族婚丧风俗 [M]. 北京：中国国际广播出版社，2011.

136. 杨怀英. 滇西南边疆少数民族婚姻家庭制度与法的研究 [M]. 北京：法律出版社，1988.

137. 杨怀英. 凉山彝族奴隶社会法律制度研究 [M]. 成都：四川民族出版社，1994.

138. 余英时. 中国思想传统的现代诠释 [M]. 南京：江苏人民出版社，1989.

139. 俞荣根. 羌族习惯法 [M]. 重庆：重庆出版社，2000.

140. 玉时阶. 白裤瑶社会 [M]. 桂林：广西师范大学出版社，1989.

141. 张冠梓. 论法的成长———来自中国南方山地法律民族志的诠释 [M]. 北京：社会科学文献出版社，2000.

142. 张晓辉. 中国法律在少数民族地区的实施 [M]. 昆明：云南大学出版社，

1994.

143. 张济民．藏族部落习惯法专论［M］．西宁：青海人民出版社，2002.

144. 赵旭东．权力与公正——乡土社会的纠纷解决与权威多元［M］．天津：天津古籍出版社，2003.

145. 郑东日．鄂伦春社会变迁［M］．延吉：延边人民出版社，1985.

146. 郑杭生．社会学概论新修［M］．北京：中国人民大学出版社，2003.

147. 中国西南民族研究学会．西南民族研究（苗，瑶族研究专集）［M］．贵阳：贵州民族出版社，1988.

148. 周礼成，李绍明．民族立法的理论与实践［M］．成都：四川民族出版社，1999.

149. 周世中．广西瑶族习惯法和瑶族聚居地和谐社会的建设［M］．桂林：广西师范大学出版社，2013.

150. 周世中．西南少数民族民间法的变迁与现实作用——黔桂瑶族，侗族，苗族民间法为例［M］．北京：法律出版社，2010.

151. 周相卿．黔东南雷山县三村苗族习惯法研究［M］．贵阳：贵州人民出版社，2006.

152. 周相卿．台江县五个苗族自然寨习惯法调查与研究［M］．贵阳：贵州人民出版社，2009.

153. 周相卿．者述村布依族习惯法研究［M］．北京：民族出版社，2011.

154. 周相卿．黔东南台江县阳芳寨苗族文化调查与研究［M］．北京：民族出版社，2012.

三、学位论文

1. 程静．新疆穆斯林习惯法中的财产权［D］．吉林大学硕士学位论文，2013.

2. 淡乐蓉．藏族"赔命价"习惯法研究［D］．山东大学博士学位论文，2010.

3. 丁焱．新型村规民约对民族习惯法的继承和发展［D］．广西师范大学硕士学位论文，2012.

4. 方莉．中国回族民商事习惯法探析［D］．华南理工大学硕士学位论文，2013.

5. 高其才．中国少数民族习惯法研究［D］．中国政法大学博士学位论文，2002.

6. 郭婧．侗族刑事习惯法若干问题研究［D］．贵州民族学院硕士学位论文，2010.

7. 雷震．论蒙古族生态习惯法［D］．中央民族大学硕士学位论文，2012.

8. 李剑. 论凉山彝族的纠纷解决 [D]. 中央民族大学博士学位论文，2010.

9. 刘迪志. 鄂伦春族习惯法研究 [D]. 中央民族大学硕士学位学位论文，2007.

10. 刘芸. 渝东南土家族商事习惯法研究 [D]. 西南政法大学硕士学位论文，2004.

11. 刘振宇. 佤族婚姻家庭继承习惯法研究 [D]. 西南政法大学硕士学位论文，2009.

12. 吕志祥. 藏族习惯法及其转型研究 [D]. 兰州大学博士学位论文，2007.

13. 牛克林. 新疆哈萨克族习惯法研究 [D]. 新疆大学硕士学位论文，2010.

14. 孙晔. 回族民商事习惯法研究 [D]. 山东大学博士学位论文，2009.

15. 唐新林. 论习惯法的意义 [D]. 四川大学硕士学位论文，2004.

16. 吐尔洪•阿吾提. 新疆维吾尔族习惯法研究 [D]. 新疆大学硕士学位论文，2010.

17. 严文强. 凉山彝族习惯法的历史流变 [D]. 西南政法大学博士学位论文，2008.

18. 杨磊. 新疆地方立法与少数民族习惯法 [D]. 新疆财经大学硕士学位论文，2007.

19. 叶英萍. 黎族习惯法研究 [D]. 中国政法大学博士学位论文，2011.

20. 游志能. 民族习惯法的经济分析 [D]. 中央民族大学博士学位论文，2011.

21. 张璞. 鄂温克民族习惯法研究 [D]. 内蒙古大学硕士学位论文，2009.

22. 张文香. 蒙古族习惯法与多元纠纷解决机制 [D]. 中央民族大学博士学位论文，2011.

23. 周相卿. 黔东南雷山县三村苗族习惯法研究 [D]. 云南大学博士学位论文，2004.

24. 厉尽国. 法治视野中的习惯法：理论与实践 [D]. 山东大学博士学位论文，2007.

四、期刊论文

1. ［日］大林太良. 《到中国的少数民族地区去》中的"解说"[J]. 黄才贵，译. 贵州民族研究，1994(1).

2. ［日］小林正典. 中国少数民族习惯法序论——以民族法制及其相关领域为中心 [J]. 华热多杰，译. 青海民族研究（社会科学版），2002(1).

3. 参普拉敖力布. 我国游牧社会家庭财产的分配继承习惯初探 [J]. 中央民

族大学学报（哲学社会科学版），1997(5).

4. 曾宪义，马小红．试论古代法与传统法的关系 [J]．中国法学，2005(4).

5. 陈光国．藏族习惯法与藏区社会主义精神文明建设 [J]．现代法学，1989(2).

6. 陈洪波，王光萍．当前民族立法工作中存在的主要问题，成因及对策研究 [J]．民族研究，2001(2).

7. 陈金全，李剑．特殊的人命案与特殊的惩罚方式——凉山彝族习惯法 "死给案" 的文化解释 [M] // 韩延龙．法律史论集（第6卷）．北京：法律出版社，2006.

8. 陈金全．试论中国少数民族习惯法的性质与特征 [J]．贵州民族研究，2005(4).

9. 程建．论单行条例——从内蒙古自治区单行条例立法现存问题谈起 [J]．内蒙古大学学报（人文社会科学版），2002(6).

10. 崔莲．近20年来日本有关中国少数民族研究文献简述 [J]．西南民族学院学报（哲学社会科学版），2001(2).

11. 范文澜．介绍一篇待字闺中的稿件 [J]．光明日报，1956-05-24.

12. 冯引如．禁忌与图腾向习惯法的转变过程 [J]．现代法学，2000(6).

13. 高其才．试论农村习惯法与国家制定法的关系 [J]．现代法学，2008(3).

14. 关凯．现代化与少数民族的文化变迁 [J]．中南民族大学学报（人文社会科学版），2002(6).

15. 管彦波．西南民族聚落的形态，结构与分布规律 [J]．贵州民族研究，1997(1).

16. 郭金云，姜晓萍．凉山彝族 "德古" 的特征，现状与再造 [J]．西南民族大学学报（人文社科版），2005(5).

17. 海乃拉姆．凉山彝族习惯法的社会功能 [J]．彝族文化，1999(1).

18. 菅志翔．宗教信仰与族群边界——以保安族为例 [J]．西北民族研究，2004(2).

19. 姜晓萍．西南民族地区的居住模式与婚姻，家庭的变迁 [J]．西南民族学院学报（哲学社会科学版），2001(3).

20. 蒋超．论少数民族习惯法的现代化途径 [J]．甘肃社会科学，2008(3).

21. 焦若水，马争朝．少数民族现代化过程中的权力结构初探——在甘南卓尼县木耳，叶儿，柳林三地的实证调查 [J]．甘肃教育学院学报（社会科学版），2003(2).

22. 金少萍．白鸟芳郎与中国南方少数民族研究 [J]．云南民族学院学报（哲学社会科学版），1995(4)．

23. 金少萍．日本民族学家对中国大陆的调查与研究 [J]．学术探索，1999(1)．

24. 李冬莉．儒家文化和性别偏好：一个分析框架 [J]．妇女研究论丛，2000(4)．

25. 李怀．非正式制度探析：乡村社会的视角 [J]．西北民族研究，2004(2)．

26. 刘广安．对凉山彝族习惯法的初步研究 [J]．比较法研究，1985(2)．

27. 刘艺工．中国少数民族习惯法的特点 [J]．兰州大学学报（社会科学版），2004(1)．

28. 龙大轩．历史上的羌族习惯法与国家制定法 [J]．现代法学，1998(6)．

29. 龙大轩．民族习惯法研究之方法与价值 [J]．思想战线，2004(2)．

30. 马戎．试论藏族的"一妻多夫"婚姻 [J]．民族研究，2000(6)．

31. 缪文升．中国少数民族习惯法与现代化 [J]．重庆交通学院学报（社科版），2004(4)．

32. 莫日根迪．达斡尔族的习惯法 [M]//中国民族学研究会．民族学研究第六辑．北京：民族出版社，1986．

33. 秦国荣．论中国法制现代化过程中的几个重大关系 [J]．山东社会科学，2000(5)．

34. 瞿明安．近代中国少数民族家庭结构及其变迁 [J]．中央民族大学学报（哲学社会科学版），2002(4)．

35. 沈堂江．贵州苗族习惯的历史，现状及发展 [J]．贵州民族学院学报（哲学社会科学版），2000 特刊．

36. 施惟达．现代化语境中的民族文化 [J]．云南社会科学，2003(3)．

37. 施正一．中国少数民族宗教文化形态简论——兼论宗教文化形态学 [J]．广西民族学院学报（哲学社会科学版），1996(2)．

38. 舒勉．藏族牧区稳定与发展中的权威分析 [J]．西藏研究，2003(3)．

39. 苏力．中国当代法律中的习惯 [J]．中国社会科学，2003(3)．

40. 苏钦．试论清朝在"贵州苗疆"因俗而治的法制建设 [J]．中央民族大学学报（哲学社会科学版），1991(3)．

41. 孙国华，杨思斌．"习惯法"与法的概念的泛化 [J]．皖西学院学报，2003(3)．

42. 孙立平．全球性现代化进程的阶段性及其特征 [J]．社会学研究，1991(1)．

43. 覃主元. 壮族习惯法及其特征与功能 [J]. 贵州民族研究, 2005(3).

44. 田成有. "习惯法"是法吗 [J]. 云南法学, 2000(3).

45. 田成有. 从法律的起源和运行方式看民族习惯法的重要作用 [J]. 云南学术探索, 1995(5).

46. 田成有. 论民族习惯, 习惯法和法律的关系 [J]. 云南法学, 1995(3).

47. 田成有. 民族法研究的理论意义和实践价值 [J]. 贵州民族研究, 1995(3).

48. 田成有. 民族禁忌与中国早期法律 [J]. 中外法学, 1995(3).

49. 田钒平, 王允武. 善待少数民族传统习俗的法理思考 [J]. 贵州民族学院学报 (哲学社会科学版), 2007(3).

50. 王飞, 吴大华. 国外研究中国少数民族习惯法综述 [J]. 贵州民族大学学报 (哲学社会科学版), 2014(1).

51. 王建疆. 反思全球化背景下的"传统"和"话语霸权" [J]. 学术月刊, 2006(11).

52. 王杰, 王允武. 少数民族习惯法司法适用研究 [J]. 甘肃政法学院学报, 2014(1).

53. 王启梁. 关于习惯法的若干问题浅议 [J]. 云南法学, 2000(3).

54. 王学辉. 云南少数民族习惯法形成和发展的轨迹 [J]. 现代法学, 1998(3).

55. 吴大华, 徐晓光. 苗族习惯法的传承与社会功能 [J]. 贵州民族学院学报 (哲学社会科学版), 2000(1).

56. 吴大华. 论民族习惯法的渊源, 价值与传承 [J]. 民族研究, 2005(6).

57. 徐晓光. 芭茅草与草标——苗族口承习惯法中的文化符号 [J]. 贵州民族研究, 2008(3).

58. 徐晓光. 从苗族"罚3个100"等看习惯法在村寨社会的功能 [J]. 山东大学学报 (哲学社会科学版), 2005(3).

59. 徐晓光. 日本法人类学及民族法学研究的历史与现状 [J]. 中南民族大学学报 (人文社会科学版), 2006(3).

60. 杨经德. 回族伊斯兰习惯法的功能 [J]. 回族研究, 2003(2).

61. 杨玲, 袁春兰. 彝族民间司法官"德古"刍议 [J]. 西南政法大学学报, 2003(6).

62. 杨士宏. 藏族部落习惯法传承方式述略 [J]. 青海民族学院学报 (社会科学版), 2004(1).

63. 杨一江. 京族宗法制存在原因初探 [J]. 广西师范大学学报 (哲学社会科学

版），1995(2)．

64. 杨知勇．哈尼族"寨心""房心"凝聚的观念 [J]．云南民族学院学报（哲学社会科学版），1994(2)．

65. 叶坦．论民族文化的发展特性与动力 [J]．思想战线，2000(5)．

66. 于维敏，文小勇．阿昌族习惯法的传承与社会功能 [J]．中南民族大学学报（人文社会科学版），2002(5)．

67. 云翼．法律的一种人类学解释 [J]．研究生法学，2003(4)．

68. 扎呷，刘德锐．西藏昌都四种传统社会组织调查 [J]．中国藏学，2001(4)．

69. 张殿军．少数民族习惯法的制度空间与"合法化"路径 [J]．吉首大学学报（社会科学版），2012(4)．

70. 张佩国．民间法秩序的法人类学解读 [J]．开放时代，2008(2)．

71. 张晓蓓，康晓卓玛．论民族自治区域少数民族纠纷调解机制的建构——来自四川少数民族自治地区的调研 [J]．中央民族大学学报（哲学社会科学版），2007(3)．

72. 赵旭东．秩序，过程与文化——西方法律人类学的发展及其问题 [J]．环球法律评论，2005(5)．

73. 赵玉中．中心和边缘——海外中国西南少数民族研究 [J]．广西民族大学学报（哲学社会科学版），2008(6)．

74. 周勇．初民社会纷争调处的法则——黔东南苗族"佳"歌的法律分析 [J]．比较法研究，1993(2)．

75. 周勇．法律民族志的方法和问题 [M] // 王筑生．人类学与西南民族．昆明：云南大学出版社，1998．

76. 朱艳英．清代西南少数民族地区多元纠纷解决机制中习惯法的变迁 [J]．玉溪师范学院学报，2008(6)．

77. 邹渊．习惯法与少数民族习惯法 [J]．贵州民族研究，1997(4)．

后　记

　　《中国少数民族习惯法通论》这本书是笔者承担的司法部"法治建设与法学理论研究部级科研项目——《中国少数民族习惯法研究》"的最终研究报告。说来惭愧，这一课题自 2002 年 6 月提出申请，2002 年 11 月正式获得立项，原定2004 年 5 月完成已不现实，故课题组于 2004 年 12 月 23 日专门写了"关于申请课题延长研究期限的报告"说明情况，申请延期，后由于笔者受上级组织委派，外出学习一年半，工作又调动，直至 2009 年才基本完成。2009 年 7 月 22 日，由贵州民族大学科研处邀请青海民族大学法学院王佐龙教授、山东大学陈金钊教授、北京理工大学法学院谢晖教授等人对本课题的最终研究成果进行了鉴定，参与鉴定的各位学者一致同意通过鉴定，也将课题材料送至司法部研究室原主任王公义研究员评审，后因种种原因未按程序办理结题手续。书稿延宕至今，才在课题立项的 10 余年后出版问世。

　　课题设计过于庞大、研究内容贪大求全是本课题一再延误结题的重要原因，课题组在申报该课题时曾设计到全国各少数民族聚居区域进行调查，全面搜集整理少数民族的习惯法资料，编写全国各少数民族习惯法的历史与现实资料汇编，并在此基础上对中国少数民族习惯法进行综合性、系统性研究。显然，这一调查及资料搜集整理工作耗费的人力和财力巨大，以课题组的力量和区区数万元课题研究经费显然是无法完成这一宏大愿望的。时至今日，这个调查及资料搜集整理计划仍没有实现的可能，但笔者以及课题组的其他成员这些年来始终是围绕着这

个计划在开展习惯法的田野调查工作、搜集整理习惯法资料、开展相关的学术研究。

2002 年课题获批至今，课题组成员吴大华、徐晓光和周相卿等人已出版相关领域的研究著作 10 余部，发表与课题相关文章 50 余篇，获省部级以上奖项 11 项。主要有：（1）著作《侗族习惯法研究》，2010 年获得国家社科基金后期资助项目，由北京大学出版社 2012 年出版，2013 年获"中国法律文化研究奖"著作类一等奖、贵州省第十次哲学社会科学优秀成果著作类三等奖。（2）论文《论民族习惯法的渊源、价值与传承——以苗族、侗族习惯法为例》，发表在《民族研究》2005 年第 6 期，被中国人民大学报刊复印资料《民族问题研究》2006 年第 3 期全文转载，并于 2007 年获贵州省第七次社会科学优秀成果论文类一等奖。（3）著作《民族法学前沿问题研究》，由法律出版社 2010 年出版，2012 年获贵州省第九次哲学社会科学优秀成果著作类三等奖。（4）教材《中国少数民族法制史教程》，由香港华夏文化艺术出版社 2004 年出版，本教程是我国第一本中国少数民族法制史的著作，2005 年获贵州省高等教育省级教学成果一等奖。（5）著作《苗族习惯法的遗留传承及其现代转型研究》，由贵州人民出版社 2005 年出版，2006 年获国家民委社会科学优秀著作类成果二等奖。（6）著作《法人类学理论问题研究》，由民族出版社 2009 年出版，获 2010 年国家民委社会科学优秀成果三等奖。（7）论文《黔东南雷山县三村苗族习惯法研究》，发表在《民族研究》2005 年第 3 期，于 2007 年获第二届贵州省高校人文社科优秀成果一等奖。（8）著作《民族法律文化散论》，由民族出版社 2005 年出版。（9）著作《法律多远视角下的苗族习惯法与国家法——来自黔东南苗族地区的田野调查》，由贵州民族出版社 2006 年出版。（10）著作《中国民族法学研究概览》，由贵州民族出版社 2009 年出版。（11）著作《苗族法制史》，由远方出版社 2009 年出版。（12）著作《者述村布依族习惯法研究》，由民族出版社 2011 年出版。 此外，本课题相关成果还获得国家社科基金资助项目立项，如《侗族习惯法研究》。有的获得贵州省优秀科技教育人才省长专项基金、贵州省社科规划基金资助项目；并承担国家民委委托的全国民族院校统编教材《民族法学》、《中国民族法治发展报告（2011）》的主编工作，两部著作分别由法律出版社和中央民族大学出版社 2012 年出版发行；还承担了"习惯法·民间法学术研讨会"、"法律人类学高级论坛"等全国性学术会议，分别出版了《民族法学评论（第 6、7、8 卷）》、《法律人类学论丛（第 1、2 卷）》，在全国具有广泛影响。

遍数这些相关的学术成果，我们不得不承认，课题组成员 10 余年来在少数民族习惯法研究领域所取得的成绩大多与本课题密切相关，可以说正是本课题的研究任务一再鞭策着我们在少数民族习惯法研究领域不断深耕细作。当然，课题组目前取得的成绩与我们的预期相比，还有很大的差距，例如我们对少数民族习惯法资料的整理汇编工作还处于起步阶段，对西北地区、东北地区、华北地区和东南地区少数民族习惯法的田野调查和学术研究仍比较薄弱。今后，笔者及课题组其他主要成员仍将以少数民族习惯法研究作为我们的主要学术方向，本领域的研究将是课题组长期不懈的奋斗目标。

《中国少数民族习惯法通论》这本书是在课题组前期大量调研、资料搜集和相关研究基础上作的一个综合性、系统性的总结，因此尽管撰稿者只有笔者、潘志成博士、王飞博士三位，但没有课题组其他成员前期的工作努力，这本书也是无法完成的。本课题组 2002 年设计时，还有一些课题组成员：贵州民族大学法学院的邹渊教授，他于 20 世纪 90 年代主持了"中华社科基金项目——《贵州少数民族习惯法的调查与研究》"，我曾参加了几个民族习惯法的调查研究与撰写，本课题的研究思路得益于该课题的启发。还有国家民委政法司原司长、中国民族法学研究会名誉会长毛公宁，全国人大民委法案室原主任、中国民族法学研究会顾问敖俊德，国家民委政法司王平副司长，我们于 1996 年共同主办全国首届民族法师资培训班结识至今，一直致力于中国法学会民族法学研究会的推动工作。凯里学院副院长、贵州民族大学特聘教授徐晓光博士，贵州民族大学法学院教授、纪委副书记周相卿博士，贵州民族大学法学院副教授兰元富，贵州师范学院政治与经济学院副教授郭婧博士，贵州省社会科学院法律研究所副研究员文新宇也是本课题的成员，由于时间关系，他们未参与本研究报告最终文本的撰写，但其中部分章节直接引用了他们关于苗族、布依族和侗族习惯法的研究成果。应该说，本书凝聚了他们的智慧与心血。

本书的具体分工情况如下：吴大华：前言（与潘志成合写）、第一章第二节（与王飞合写）、第三章、第四章、第十章（与潘志成合写）、第十一章（与潘志成合写）和后记；潘志成：前言（与吴大华合写）、第一章第一节、第五至九章（与王飞合写）、第十章（与吴大华合写）、第十一章（与吴大华合写）、第十二章和第十三章；王飞：第一章第二节（与吴大华合写）、第二章、第五至九章（与潘志成合写）。

需要说明的是，因本课题历时较长，本书中的部分内容或以论文形式发表在

学术期刊上，或是由作者在相关的学术会议上作了交流。我们在撰写本书时，也本着科学严谨的态度对相关内容作了修订，认为自己以往观点有误的，也不惜以今日之我否定昨日之我。但因本书涉及民族较多，各少数民族的习惯法就像是一个个蕴藏无穷财富的宝库，每一个都是多姿多彩、韵味无穷，但我们力有不逮，终无法将其一一描绘出来，书中难免错漏，诚请朋友们不吝赐教。

10 余年来，课题组在少数民族的田野调查工作得到了相关民族地区党政领导、民族事务部门、文化史志部门和当地学者的悉心帮助，也与他们结下了深厚的情谊，在此一并对他们表示由衷的感谢。同时也感谢司法部司法鉴定局局长霍宪丹、司考司法学教育处王红处长、研究室原主任王公义研究员、科研管理处处长吴玲的指导，感谢贵州民族大学科研处各位同志们辛勤的服务工作，感谢王佐龙教授、陈金钊教授、谢晖教授和王公义研究员对课题研究提出的诸多宝贵意见。本书的写作得益于课题组其他成员 10 余年来坚持不懈的田野调查和习惯法研究工作，他们的努力是本书的基石。此外，还要感谢知识产权出版社的大力支持和责任编辑张筱茶的辛勤工作，也感谢贵州省社会科学院"民族法学重点学科"和贵州兴商律师事务所的学术资金资助及对本书的研究和出版有过帮助的所有朋友。

吴大华

2014 年 4 月于林城贵阳